德语听说强化训练

DEUTSCH INTENSIV
Hören und Sprechen

Arwen Schnack

B1

上海外语教育出版社
外教社® SHANGHAI FOREIGN LANGUAGE EDUCATION PRESS

Klett

图书在版编目（CIP）数据

德语听说强化训练. B1 / (德) 施纳克编. -- 上海：上海外语教育出版社, 2023
（德语强化训练系列）
ISBN 978-7-5446-7568-0

Ⅰ.①德… Ⅱ.①施… Ⅲ.①德语－听说教学－习题集 Ⅳ.①H339.9-44

中国国家版本馆 CIP 数据核字（2023）第 032373 号

出版发行：**上海外语教育出版社**
　　　　　（上海外国语大学内） 邮编：200083
电　　话：021-65425300 (总机)
电子邮箱：bookinfo@sflep.com.cn
网　　址：http://www.sflep.com
责任编辑：陈　懋

印　　刷：上海宝山译文印刷厂有限公司
开　　本：889×1194　1/16　印张 8　字数 313 千字
版　　次：2023 年 4 月第 1 版　2023 年 4 月第 1 次印刷

书　　号：**ISBN 978-7-5446-7568-0**
定　　价：**45.00 元**

本版图书如有印装质量问题，可向本社调换
质量服务热线：4008-213-263　电子邮箱：editorial@sflep.com

Vorwort

Liebe Lernerinnen und Lerner, liebe Lehrerinnen und Lehrer,

in diesem Intensivtrainer *Hören und Sprechen B1* finden Sie Aufgaben und Übungen, mit denen Sie das Hören und Sprechen trainieren können.

Wer kann mit dem Intensivtrainer arbeiten?

Der Intensivtrainer ist für Lernerinnen und Lerner auf dem Niveau B1. Wenn Sie nicht sicher sind, wie gut Sie Hörtexte verstehen und selbst sprechen, können Sie den Selbsttest auf S. 6 machen. So erfahren Sie, welche Textsorte Sie beim Hören besonders üben sollten und in welchem Bereich Sie noch mehr Wörter und Ausdrücke lernen können.

Mit dem Intensivtrainer können Sie allein arbeiten. Hinten im Buch stehen die Lösungen zu den Höraufgaben. Ferner finden Sie auch die Hörtexte zum Nachlesen. Zu den Sprechaufgaben gibt es teilweise auch Lösungen. (Näheres dazu siehe unten.) Wenn Sie einen Deutschkurs machen, können Sie das Hören und Sprechen mit dem Intensivtrainer zusätzlich trainieren.

Wie übe ich mit dem Buch?

Das Buch hat zwölf thematische Kapitel. Die ersten Kapitel sind einfacher, die letzten Kapitel schwieriger. Sie können vorne im Buch anfangen und dann ein Kapitel nach dem anderen bearbeiten. Aber natürlich können Sie auch sofort zu einem schwierigeren Kapitel gehen, wenn Sie das Thema gerade brauchen.

Wie finde ich, was ich suche?

Im Inhaltsverzeichnis (S. 5) stehen alle Themen. Die Lösungen zu den Aufgaben sind hinten im Buch. Außerdem gibt es in den Kapiteln folgende Hinweise:

Diese Nummer sagt Ihnen, welcher Audio-Track zu der Aufgabe gehört. Sie können die Audio-Tracks mit der App online hören oder herunterladen. (Mehr Information finden Sie auf S. 2.)

Hier finden Sie Übungen zum Sprechen.

Hier stehen einige Satzanfänge und Ausdrücke, mit denen Sie Ihre Aussagen leichter und besser formulieren können.

Hier gibt es Informationen zu Wörtern, Grammatik, Aussprache oder Landeskunde.

Wie bereite ich eine Prüfung vor?

Am Ende des Buches finden Sie ein Prüfungstraining (Block C). Dieses hilft Ihnen, sich auf den Deutschtest für Zuwanderer oder die Goethe-Prüfung B1 vorzubereiten. In den Tipps steht auch, wie die Prüfungen bewertet werden und wie viel Zeit Sie haben. Schauen Sie unbedingt immer wieder auf die Uhr, wenn Sie für Prüfungen üben.

Viel Erfolg beim Lernen und viel Spaß mit dem Buch wünschen Ihnen

Autorin, Redaktion und Ihr Verlag

So lernen Sie am besten

Hören

Lesen Sie die Aufgaben: Lesen Sie immer zuerst die Aufgaben. Hören Sie dann die Tracks und lösen Sie die Aufgaben. Zu allen Hörübungen finden Sie am Ende des Buches die Lösungen.

Hören Sie die Texte mehrmals: Vielleicht verstehen Sie beim ersten Hören nicht gleich alles. Seien Sie deswegen aber nicht enttäuscht. Die Höraufgaben sind so geschrieben, dass Sie sich das Verständnis selbst erarbeiten müssen. So lernen Sie mehr und machen größere Fortschritte. Und natürlich können Sie alle Tracks so oft hören, wie Sie möchten. Auch wenn Sie meinen, dass Sie alles verstanden und richtig bearbeitet haben, hören Sie jeden Hörtext am besten noch einmal, bevor Sie weitermachen. So gewinnen Sie mehr Sicherheit und merken sich gleich viele passende Wörter und Ausdrücke, die Sie beim Sprechen gebrauchen können.

Schauen Sie in die Audioskripte: Wenn Sie die Texte mehrere Male gehört haben und trotzdem noch nicht alles verstehen, können Sie die Texte im Anhang auch finden. Arbeiten Sie aber nicht sofort mit den Lesetexten. Verwenden Sie diese nur, wenn Sie ohne Hilfe wirklich nicht weiterkommen. Wenn Sie alles verstanden und bearbeitet haben, können Sie die Texte beim Hören noch einmal mitlesen, um sicher zu gehen, dass Sie alle Wörter kennen und wissen, wie sie geschrieben werden.

Frei sprechen

Sprechen Sie laut: Das freie Sprechen kann man nur lernen, wenn man wirklich spricht. Lösen Sie die Aufgaben zum Sprechen deshalb nicht nur in Gedanken. Sprechen Sie die Sätze lieber laut. Das ist am Anfang vielleicht etwas komisch, aber Sie werden sich daran gewöhnen. Gerne können Sie die Sprechaufgaben auch mehrere Male machen. Viele Wiederholungen helfen dem Gehirn, das Gelernte zu speichern.

Benutzen Sie die Satzanfänge und Ausdrücke aus dem Buch: Zu vielen Sprechaufgaben finden sie Satzanfänge und Ausdrücke, mit denen Sie Ihre Sätze natürlich und authentisch formulieren können. Viele Formulierungen kennen Sie schon aus den Höraufgaben. Versuchen Sie, so ähnlich zu sprechen wie die Sprecherinnen und Sprecher in den Texten. Dabei kann es Ihnen helfen, die Hörtexte als Vorbereitung noch einmal zu hören. Manche Sätze lernen Sie am besten komplett auswendig. Bei anderen Sätzen können Sie nur Teile benutzen. An den Stellen, an denen Punkte (…) stehen, müssen Sie eigene Informationen ergänzen.

Machen Sie Tonaufnahmen: Wenn Sie möchten, können Sie sich selbst aufnehmen. Hören Sie sich Ihre Beiträge danach an und versuchen Sie, das nächste Mal noch etwas flüssiger oder richtiger zu sprechen.

Nutzen Sie die Beispiellösungen aus Kapitel 1: Da die Inhalte der Sprechaufgaben von Sprecher zu Sprecher verschieden sind, finden sich im Buch kaum Lösungen zu den Sprechaufgaben. Nur in Kapitel 1 sind ein paar Beispiellösungen vorgegeben, damit Sie sehen, wie man die Satzanfänge benutzen und variieren kann. (Gehen Sie dazu auf S. 92.)

Inhalt

A Durchsagen

🎧 1 | **1** Hören Sie die Durchsagen und ordnen Sie den Durchsagen (A-F) die Orte zu.

1. Durchsage A   _____ a) am Bahnhof

2. Durchsage B   _____ b) im Supermarkt

3. Durchsage C   _____ c) im Radio

4. Durchsage D   _____ d) Navi im Auto

5. Durchsage E   _____ e) Anrufbeantworter

6. Durchsage F   _____ f) auf dem Markt

🎧 1 | **2** Hören Sie die Durchsagen noch einmal und ergänzen Sie die fehlenden Informationen.

1.

Äpfel – _____ Euro

2.
Zum Rathaus:

geradeaus, nach 50m

_____, dann

_____

3.
Hey du! Mein Zug hat Verspätung. Ich komme _____ Minuten später an. Bis gleich!

4.
Hallo Hannah! Marek hat angerufen. Er kann heute nicht kommen, weil er _____ ist. Du sollst das Lied vom letzten Mal üben.

Bis später

Papa

5.
Joghurt – _____ Euro
Kartoffeln – _____ Euro
Kaffee – _____ Euro

6.
Hi Max! Wenn wir morgen spazieren gehen wollen, dann am besten am _____.
Am _____ und am _____ soll es regnen.

B   Gespräch

🎧 2 **1**   **Richtig oder falsch? Kreuzen Sie an.**

		richtig	falsch
1.	Frau Dragan möchte einmal in der Woche ins Fitnessstudio gehen.	○	○
2.	Frau Dragan findet den Preis günstig.	○	○
3.	Herr Bergström sagt, dass die Trainerinnen und Trainer gut sind.	○	○
4.	Frau Dragan sagt, dass Sie beim Training keine Hilfe braucht.	○	○
5.	Frau Dragan würde beim Training gern Leute kennenlernen.	○	○
6.	Herr Bergström sagt, dass am Frauentag keine Männer kommen.	○	○
7.	Herr Bergström sagt, dass Musik und Fernsehen beim Training helfen.	○	○
8.	Herr Bergström bietet Frau Dragan an, zum Probetraining zu kommen.	○	○
9.	Frau Dragan möchte lieber gleich den Vertrag unterschreiben.	○	○

🎧 2 **2**   **Lesen Sie Frau Dragans Notizen. Was ist richtig? Kreuzen Sie an.**

Fitnessstudio „Fit und gesund"

1. Preis: 40 Euro   ○ a) für 4x Training   ○ b) pro Monat
2. Öffnungszeiten: ○ a) Mo. – Fr. 8 – 21, Sa + So 8 – 23
   ○ b) Mo. – Fr. 10 – 17
3. Frauentag: ○ a) Mo   ○ b) Di   ○ c) Mi   ○ d) Do   ○ e) Fr
4. Probetraining: ○ a) 1x   ○ b) 3x
5. Vertrag: ○ a) 1 Jahr   ○ b) ½ Jahr

🗣 **3**   **Mit welchen Satzanfängen können Sie um Informationen bitten? Kreuzen Sie an.**

○ 1. Am liebsten würde ich …

○ 2. Was kostet denn …

○ 3. Wie ist/sind denn …

○ 4. Wie finden Sie …

○ 5. Können Sie mir sagen, …

○ 6. Ich habe noch eine Frage: …

C   Radiointerview

🎧 3 **1**   Hören Sie. Was ist richtig? Kreuzen Sie an. Manchmal gibt es mehrere Möglichkeiten.

1. Was ist Gonzalo Rodriguez von Beruf?

◯ a) Schauspieler.

◯ b) Musiker.

◯ c) Sportler.

2. Woher kommt er?

◯ a) Aus Deutschland.

◯ b) Aus China.

◯ c) Aus Chile.

3. Worüber spricht er in dem Interview?

◯ a) Über seinen neuesten Erfolg.

◯ b) Über Erinnerungen aus seiner Kindheit.

◯ c) Über die aktuelle Situation in seinem Heimatland.

◯ d) Über seine Jugend.

◯ e) Darüber, wie er Profi geworden ist.

◯ f) Über die Zitronenbäume in seiner Heimat.

🎧 3 **2**   Hören Sie das Interview noch einmal. Ergänzen Sie die Sätze.

1. Gonzalos Familie ist in den 70er Jahren nach _____ gezogen.

2. Da war Gonzalo _____ Jahre alt.

3. Er erinnert sich noch an seinen _____ _____ aus der Nachbarschaft.

4. Als kleines Kind ist Gonzalo manchmal mit seiner Mutter zum _____ gegangen.

5. Gonzalo macht Rockmusik mit _____ Texten.

6. Seit er dreizehn Jahre alt ist, spielt er _____.

7. Das Instrument hat er von seinen Eltern zum _____ geschenkt bekommen.

8. Das Spielen hat er von seinen _____ gelernt.

9. Als er zwanzig Jahre alt war, hat er mit seiner Band Konzerte gegeben und das erste _____ als Musiker verdient.

⊙ **3**   Mit welchen Satzanfängen kann man über die Vergangenheit erzählen? Kreuzen Sie an.

◯ 1. Ich erinnere mich an …

◯ 2. Als ich 13 Jahre alt war, …

◯ 3. Wenn ich meine Eltern besuche, …

◯ 4. Früher haben wir immer …

◯ 5. Ich gehe/mache selten …

◯ 6. In letzter Zeit …

1   Kontakte

1   Und? Was machst du so?

1 Auf einer Party von Sonja treffen sich Micha und Tarek zum ersten Mal. Hören Sie den Dialog. Kreuzen Sie an, über welche Themen gesprochen wird.

- ○ 1. Über gemeinsame Bekannte.
- ○ 2. Über Sprachkenntnisse.
- ○ 3. Über Beruf und Studium.
- ○ 4. Über Herkunft.
- ○ 5. Über die gemeinsame Zeit an der Uni.
- ○ 6. Über Reisen.
- ○ 7. Über Essen und Trinken.

2 Beruf oder Studium? Ordnen Sie die Begriffe aus dem Kasten in die Tabelle.

Medizin • Biologie • Anwalt • Geschichte • Zahnarzthelfer • Altenpfleger • Busfahrer • Philosophie • Maler • Metzger • Mathematik • Jura

Beruf	Studium

3 Stellen Sie sich vor, Sie sind auch auf der Party von Sonja. Sören kommt zu Ihnen und beginnt ein Gespräch. Hören Sie die Fragen und antworten Sie. Die Satzanfänge helfen Ihnen.

1.

Ich bin ... von Beruf.

Ich studiere ... an der Uni ...

2.

Ja/Nein. Ich komme ursprünglich aus ...

Ich bin in ... aufgewachsen und mit ... Jahren / vor ... Jahren nach Deutschland gekommen.

Meine Familie kommt ursprünglich aus ...

3.

In Rumänien? Leider noch nie, aber ich habe gehört, dass ...

Ja, ich war ein-/zwei-/drei-/ein paarmal in Rumänien. Ich finde es ...

TIPP Viele Leute sprechen auf Partys darüber, was sie beruflich machen. Man spricht aber nie über das Einkommen, das wird in Deutschland als sehr privat angesehen.

4 **4** Hören Sie den Dialog zwischen Micha und Tarek noch einmal. Kreuzen Sie an, was richtig ist. Korrigieren Sie dann die falschen Aussagen.

○ 1. Micha kennt Sonja ~~von einem Zahnarztbesuch.~~   *von der Arbeit*

○ 2. Micha und Sonja arbeiten als Zahnarzthelferinnen.   _____

○ 3. Tarek studiert Medizin.   _____

○ 4. Tareks Eltern kommen ursprünglich aus Marrakesch.   _____

○ 5. Tarek hat in der Umgebung von Marrakesch Familie.   _____

○ 6. Tarek ist in Kiel aufgewachsen.   _____

○ 7. Sonja und Tarek sind zusammen.   _____

○ 8. Tarek möchte Salami-Pizza.   _____

○ 9. Micha nimmt auch ein Bier.   _____

TIPP *zusammen sein* bedeutet, eine Liebesbeziehung zu haben. *Wir sind nur Freunde* bedeutet, dass man keine Liebesbeziehung hat.

5 Orts- und Zeitangaben

6 **a** Hören Sie einen Teil des Gesprächs noch einmal. Ergänzen Sie dabei die Lücken in den Sätzen.

1. Ich habe sie _____ _____ kennengelernt.

2. Es ist wunderschön! Ich glaube, das erste Mal war ich _____ _____.

3. Da hat mich meine Mutter eingeladen, und wir waren fast _____ _____.

4. Du hast Sonja kennengelernt und bist _____ _____ gezogen?

b Sehen Sie sich die Sätze in a noch einmal an. Was ist richtig? Kreuzen Sie an.

1. Ortsangaben stehen vor Zeitangaben. ○

2. Zeitangaben stehen vor Ortsangaben. ○

7 **6** Hören Sie ein Gespräch zwischen Micha und Sören. Machen Sie Notizen zu den Fragen. Beantworten Sie die Fragen dann mündlich. Achten Sie auf die Reihenfolge der Zeit- und Ortsangaben!

1. Wie lange und wo war Sören im Urlaub?   *zwei Monate, Kuba*

> Sören war zwei Monate auf ...

2. Wann und wo hat Micha Tarek kennengelernt?   _____

3. Wann und wo hat Sören Tarek kennengelernt?   _____

4. Wie lange wohnt Sören schon in Kiel?   _____

7 Umgangssprache

🎧 4 **a** Was passt zusammen? Verbinden Sie. Zur Kontrolle können Sie das Gespräch noch einmal hören.

1. Woher kennst du sie   _____ a) hast du auch Hunger?

2. Und was machst du   _____ b) denn?

3. Sag mal,   _____ c) Gerne!

4. Soll ich dir vielleicht eins mitbringen?   _____ d) so?

TIPP In informellen Kontexten können *bitte* und *danke* recht förmlich wirken. *mal* und *gerne* dagegen sind informeller und wirken in Situationen wie Partys manchmal natürlicher. Einige Partikel kann man auch kombinieren: *Mach doch mal bitte das Fenster zu.*

b Kleine Wörter: Ergänzen Sie *denn, so, mal* und *gerne*.

Die Partikeln (1) _____ und _____ drücken Interesse aus und werden in Fragen verwendet. Dabei fragt man mit (2) _____ eher nach einer konkreten Information. Fragen mit (3) _____ dagegen sind offener.

Die Partikel (4) _____ macht eine Aufforderung höflicher. Man kann sie aber auch mit **bitte** kombinieren: **Kannst du mir bitte (5) _____ einen Löffel geben?**

Mit dem Adverb (6) _____ kann man Einladungen und Angebote annehmen.

TIPP Achten Sie in Gesprächen, Filmen oder Radiosendungen auf kleine Wörter wie *ja, mal, denn, doch* usw. Hören Sie auch auf die Satzmelodie.

🎧 8 **c** Hören Sie und sprechen Sie nach. Achten Sie dabei auf die Intonation.

d Ergänzen Sie die passenden kleinen Wörter aus a.

1. Möchtest du einen Rotwein? – _____.   3. Mach _____ bitte die Musik leiser!

   Hast du Lust auf Kuchen? – _____.   Hör _____, hat es nicht gerade an
                                                       der Tür geklingelt?

2. Und? Wie geht es dir _____?   4. Wie heißt du _____?

   Was hast du am Wochenende _____ vor?   Wo wohnst du _____?

🎧 9 **8** **Auf Sonjas Party unterhalten Sie sich mit einem Gast, den Sie gerne näher kennenlernen würden. Lesen Sie die Aufgaben. Stellen Sie dann Fragen und hören Sie, wie Ihr Gesprächspartner antwortet und Ihnen eine Gegenfrage stellt. Antworten Sie.**

1. Fragen Sie Ihren Gesprächspartner, wen er auf der Party kennt.
2. Fragen Sie Ihren Gesprächspartner, was er beruflich macht.
3. Fragen Sie Ihren Gesprächspartner, ob er ursprünglich aus Kiel kommt.
4. Fragen Sie Ihren Gesprächspartner, was er in seiner Freizeit macht.
5. Fragen Sie Ihren Gesprächspartner, ob er auch Hunger hat und mit in die Küche kommen möchte.

2   Haben Sie gut hergefunden?

🎧 10   **1**   Hören Sie den ersten Teil eines Vorstellungsgesprächs. Beantworten Sie dann die Fragen. Kreuzen Sie an.

1. Wer ist gerade mit dem Bus angekommen?
   ◯ Frau Yildiz   ◯ Herr Wolter

2. Wer bewirbt sich bei dem Unternehmen?
   ◯ Frau Yildiz   ◯ Herr Wolter

3. Wer stellt das Unternehmen vor?
   ◯ Frau Yildiz   ◯ Herr Wolter

🎧 10   **2**   Hören Sie den ersten Teil des Gesprächs noch einmal. Was ist richtig? Kreuzen Sie an.

1. Nils Wolter hat den Weg von der Bushaltestelle
   ◯ nicht gefunden.   ◯ gut gefunden.   ◯ nur schwer gefunden.

2. Das Unternehmen ist
   ◯ 2005 gegründet worden.   ◯ 2009 gegründet worden.   ◯ 2013 gegründet worden.

3. Das Unternehmen hat Büros in
   ◯ Berlin, Fürth und Stuttgart.   ◯ Berlin, Nürnberg und Hamburg.   ◯ Bonn, Wien und Graz.

4. Das Unternehmen ist im Bereich … tätig.
   ◯ IT und Software   ◯ Unternehmensberatung   ◯ Betreuung

5. Der neue Mitarbeiter soll … sein.
   ◯ nur fachlich gut   ◯ vertrauensvoll   ◯ fachlich gut und außerdem freundlich und zuverlässig

6. In dem Büro in Nürnberg arbeiten
   ◯ 35 Praktikanten.   ◯ 35 Mitarbeiter im Büromanagement.   ◯ 35 Leute.

🗣 **3**   Nun Sie: Stellen Sie das Unternehmen vor, bei dem Sie arbeiten, eine Ausbildung oder ein Praktikum machen. Sie können auch über ein Unternehmen sprechen, bei dem Sie gerne arbeiten würden. Die Satzanfänge helfen Ihnen.

> Die Firma ist seit … im Bereich … tätig.

> Wir betreuen/beraten/produzieren …

> Das Unternehmen ist … gegründet worden.

> Zu unseren Kunden gehören …

4   In Vorstellungsgesprächen werden häufig bestimmte Adjektive verwendet. Finden Sie acht Adjektive und setzen Sie diese in die Lücken ein.

SORGKREATIVSDFEZHVERTRAUENSVOLLSDUFTEAMFÄHIGOSDZFFACHLICHSDFGRÜNDLICHSIDFZINDIVIDUELL
SODFZZUVERLÄSSIGSDFZKOMPETENTSODIF

1. Software, die persönlich ist und genau zum Kunden passt, ist _____.

2. Wenn jemand viele gute Ideen hat, ist er oder sie _____.

3. Wenn man seine Arbeit ordentlich und genau macht, arbeitet man _____.

4. Ein Verhältnis, bei dem sich beide Partner aufeinander verlassen können, ist _____.

5. Eine Person, auf die man sich verlassen kann, ist _____.

6. Wenn man etwas gut kann, ist man _____.

7. Jemand, der gut mit anderen Menschen zusammenarbeiten kann, ist _____.

8. Wenn man in seinem Arbeitsbereich gut ist, ist man _____ gut.

5 Hören Sie den zweiten Teil des Vorstellungsgesprächs. In welcher Reihenfolge sprechen Herr Wolter und Frau Yildiz über diese Themen? Nummerieren Sie.

_____ a) Frau Yildiz und Herr Wolter sprechen über die Arbeitsbedingungen.

_____ b) Herr Wolter erzählt von seinem Studium und seinem Umzug.

_____ c) Frau Yildiz fragt Herrn Wolter nach seinen Zielen für die Zukunft.

_____ d) Frau Yildiz fragt Herrn Wolter nach seinen Stärken und Schwächen.

6 Hören Sie den zweiten Teil des Gesprächs noch einmal. Was ist richtig? Kreuzen Sie an.

1. Nils Wolter hat
   ○ ein Informatikstudium abgeschlossen.
   ○ in Nürnberg Projektmanagement studiert.
   ○ keine Qualifikation im Bereich IT.

2. Nils Wolter bewirbt sich, weil er sich
   ○ schlecht bezahlt fühlt.
   ○ weiterbilden und weiterentwickeln möchte.
   ○ mit dem alten Chef nicht versteht.

3. Als Schwäche nennt Nils Wolter, dass
   ○ er nicht gut im Zeitmanagement ist.
   ○ er es nie schafft, Projekte abzuschließen.
   ○ er nicht gern zwei Sachen gleichzeitig macht.

4. Als Stärke gibt er an, dass
   ○ er gut kritisieren kann.
   ○ er gut auf Kritik antworten kann.
   ○ er gut mit anderen zusammenarbeiten kann und andere ihn auch kritisieren dürfen.

5. Nils Wolter würde gern
   ○ Vollzeit arbeiten und mehr als 3.700 Euro verdienen.
   ○ mehr als dreißig Stunden in der Woche arbeiten.
   ○ Teilzeit arbeiten und mindestens 3.700 Euro verdienen.

7 Was sind Ihre Stärken und Schwächen? Erzählen Sie. Dabei können Sie die folgenden Satzanfänge benutzen.

Also, eine Stärke von mir ist, dass ich...
Ich bin sehr / mache / arbeite / denke ... und kann gut...

Eine Schwäche von mir ist, dass ... /
Was ich nicht so gut kann, ist ... /
Meine größte Schwäche ist wahrscheinlich mein/e...

12 **8** Hören Sie das ganze Gespräch noch einmal. Ergänzen Sie die Lücken in den Sätzen.

1. Guten Tag, ich bin Özlem Yildiz. Haben Sie gut _____?

2. Bitte, setzen Sie sich. Ich _____, dass ich erst einmal ein bisschen was zu unserem Unternehmen erzähle.

3. Das Unternehmen ist in Berlin _____ worden. Seit 2009 gibt es unser Büro hier in Nürnberg.

4. Wir _____ Unternehmen bei der Entwicklung von individueller Software.

5. Wie viele Mitarbeiter sind denn hier in Nürnberg _____?

6. Seitdem arbeite ich bei einem kleinen Unternehmen hier in Nürnberg. Dafür bin ich von Bonn _____ _____.

7. Warum sollten wir gerade Sie _____?

8. Einerseits _____ ich durch mein Studium und meine Arbeitserfahrung die fachlichen Voraussetzungen.

9. Ich glaube, ich könnte die Kunden deshalb auch gut beraten und _____.

10. Ich stelle mir vor, dass ich noch mehr Verantwortung _____.

11. Wenn ich fünf Projekte auf einmal auf dem Schreibtisch _____ habe, kann ich nicht so gut arbeiten.

12. Wenn wir im Team Ideen _____, habe ich kein Problem damit, wenn mich jemand kritisiert.

9 Lesen Sie die Fragen aus einem Vorstellungsgespräch. Machen Sie Notizen zu Ihrer Person. Beantworten Sie die Fragen dann.

1. Erzählen Sie etwas über sich und Ihre Ausbildung.

> Ich habe ... in ... studiert und ...

> Ich bin ausgebildete(r) ...

2. Sind Sie mit Ihrem jetzigen Job nicht zufrieden?

> Nein. Was mir dort nichts so gut gefällt, ist ... /

> Doch, schon, aber ...

3. Fühlen Sie sich durch Ihre Ausbildung gut auf diesen Job vorbereitet?

> Ja / Nein, ich denke ...

4. Wo liegen Ihre Stärken?

> Ich kann gut ...

5. Und Ihre Schwächen?

> Was ich nicht so gut kann, ist ...

6. Wie stellen Sie sich Ihre Position in fünf Jahren vor?

> Also, in fünf Jahren würde ich gern ...

7. Möchten Sie lieber in Vollzeit oder in Teilzeit arbeiten?

> ... würde mir besser gefallen.

8. Wie stellen Sie sich Ihr Gehalt vor?

> Also, bei meinem jetzigen Job verdiene ich ...

13 **10** Hören Sie die Fragen aus einem Vorstellungsgespräch und antworten Sie. Sie können ähnliche Antworten formulieren wie in Aufgabe 9.

TIPP Gerade beim Sprechen sind Wiederholungen sehr wichtig. Sie können eine Sprechsituation zwei-, drei- oder auch fünfmal üben, bis Sie beim Sprechen nicht mehr nachdenken müssen. Beim fünften Mal werden Sie flüssiger und mit einer natürlicheren Intonation sprechen.

2 Gefühle und Konflikte

1 Wie geht's dir heute?

 1 Drei Personen erzählen von ihren Gefühlen. Hören Sie und ordnen Sie den Personen die Gefühle aus dem Kasten zu.

> Langeweile · Freude · Ärger · Wut · Aufregung · Nervosität · Traurigkeit · Einsamkeit · Enttäuschung

Maria Petrescu   Daniele Vitale   Katharina Nürnberger

1. _____   2. _____   3. _____

_____   _____   _____

> **TIPP** *nervös* bedeutet auf Deutsch nicht *wütend* oder *aggressiv*. Es bedeutet etwas Ähnliches wie *aufgeregt* oder *ängstlich*.

2 Verben mit Präpositionen

 a Hören Sie noch einmal. Ergänzen Sie die Lücken.

> **TIPP** Präpositionen wie *für*, *über* oder *auf* stehen vor einer Nominalgruppe oder vor einem Pronomen, wenn dieses für eine Person steht. Präpositionaladverbien wie *dafür*, *darüber* oder *darauf* ersetzen die Nominalgruppe bzw. das Pronomen, wenn dieses für eine Sache steht. Außerdem können sie ein Verb aus dem Hauptsatz mit einem Nebensatz verbinden.

Maria Petrescu: Ich muss zugeben, dass ich mich schon öfter (1) _____ sie geärgert habe. Aber so wütend wie jetzt gerade war ich noch nie (2) _____ sie. Eigentlich bin ich nicht nur wütend oder ärgerlich. Ich bin enttäuscht (3) _____ ihr, das ist es.

Daniele Vitale: Wochenlang habe ich mich (4) _____ diesen Tag gefreut. Und auch jetzt freue ich mich natürlich (5) _____, dass ich hier bin.

Katharina Nürnberger: Mit ihr war es nie langweilig. Ich erinnere mich (6) _____ so viele lustige Geschichten mit ihr.

b Ergänzen Sie die Verben zu den Präpositionen. Die Sätze in a helfen Ihnen.

1. sich ärgern _____ etwas oder jemanden

2. wütend sein _____ jemanden

3. enttäuscht sein _____ jemandem

4. sich freuen _____ etwas, das in der Zukunft liegt

5. sich freuen _____ etwas in der Gegenwart

6. sich erinnern _____ etwas oder jemanden

15 3 Hören Sie weiter, was Maria Petrescu erzählt. Was ist richtig? Kreuzen Sie an.

1. Die Einladungen für die Familienfeier hatte Maria
   ○ schon geschrieben.
   ○ noch nicht geschrieben.

2. Die Schwiegermutter hat
   ○ die Fahrt zur Familienfeier gebucht.
   ○ eine Reise gebucht. Deswegen kommt sie nicht zur Feier.

3. Maria
   ○ plant die Feier jetzt ohne die Schwiegermutter.
   ○ muss alles neu planen und ist sehr wütend.

15 4 Wut ausdrücken.

a   Hören Sie noch einmal und ergänzen Sie die Verben.

1. Das _____ es doch nicht.

2. Das _____ doch wohl nicht wahr sein.

3. Wie _____ denn das sein?

4. Was _____ sie sich nur dabei?

5. Darüber könnte ich mich ohne Ende
   _____.

b   Lesen Sie die Sätze aus a laut und wütend vor. Achten Sie darauf, dass Ihre Intonation so ähnlich klingt wie die von Maria Petrescu.

5 Wählen Sie eine der Situationen. Stellen Sie sich vor, Sie sind sehr wütend und erzählen einer Freundin oder einem Freund davon. Verwenden Sie auch Ausdrücke aus 4.

Situation 1:	Situation 2:	Situation 3:
Sie haben jemanden zum Essen eingeladen und zwei Stunden lang gekocht. Fünf Minuten vor der Verabredung sagt die Person ab.	Sie haben jemandem ein Geheimnis erzählt. Die Person hat es weitererzählt. Jetzt weiß es der ganze Freundeskreis.	Jemand hat versprochen, Sie vom Flughafen abzuholen, da Sie schweres Gepäck dabeihaben. Nun ist es 11 Uhr abends und die Person ist nicht da.

16 6 Daniele Vitale erzählt. Hören Sie. Was ist richtig? Kreuzen Sie an.

○ 1. Daniele Vitale hat als Kind davon geträumt, zum Zirkus zu gehen.

○ 2. Er hat sich als Jugendlicher fürs Theater interessiert.

○ 3. Er hatte nie Angst davor, vor vielen Leuten auf der Bühne zu stehen.

○ 4. Er hat immer darüber gelacht, wenn jemand etwas falsch gemacht hat.

○ 5. Beruflich hat er sich nicht für die Schauspielerei entschieden.

○ 6. Er hat darauf gehofft, später noch einmal Theater spielen zu können.

○ 7. Für seine Kinder hat er ein paar Kartentricks gelernt.

○ 8. Wenn er heute auf der Bühne steht, konzentriert er sich nur auf seine Angst.

7   Mehr Verben mit Präpositionen: Verbinden Sie. Hilfe finden Sie in Übung 6.

vor • für • auf • von • über • auf

1. sich interessieren/entscheiden _____
2. sich konzentrieren _____

3. träumen _____
4. Angst haben _____

5. hoffen _____
6. lachen _____

🎧 17 **8**   Hören Sie, was Katharina Nürnberger erzählt. Was ist richtig? Kreuzen Sie an.

	richtig	falsch
1. Seit dem Umzug hat Katharina nichts von Monika gehört.	◯	◯
2. Monika ist in der neuen Stadt wahrscheinlich sehr beschäftigt.	◯	◯
3. Es kann gut sein, dass Monika schon neue Bekannte hat.	◯	◯
4. Monika vermisst ihre alten Freunde nicht.	◯	◯

🎧 17 **9**   Hören Sie noch einmal. Ergänzen Sie die fehlenden Wörter und überlegen Sie, was man damit ausdrückt.

1. Natürlich habe ich ihr schon ein paar Mails geschrieben. Aber bisher hat sie noch nicht geantwortet. Ich _____ _____, dass sie noch viel mit dem Umzug und der Arbeitssuche zu tun hat.

2. Bestimmt geht sie oft aus, um neue Leute kennenzulernen. Ich könnte mir _____, dass sie jetzt in den ersten Wochen schon ein paar neue Freunde gefunden hat.

3. Allerdings sind alte Freunde, die man schon lange kennt, auch sehr wichtig. Ich _____ _____, dass es ihr gut geht, sie mich aber bestimmt auch vermisst.

Mit den Ausdrücken formuliert man   ◯ Gefühle   ◯ Traurigkeit   ◯ Vermutungen.

💬 **10** Sehen Sie sich die Fotos an. Was machen und fühlen die Personen? Formulieren Sie zu jedem Foto drei Vermutungen. Verwenden Sie Ausdrücke aus Übung 8 und 9 und Verben mit Präpositionen.

1.

2.

3.

4.

5.

Ich könnte mir vorstellen, dass sich der Mann auf dem ersten Bild darüber ärgert, was jemand zu ihm gesagt hat.

Ich würde denken, dass der Mann auf dem ersten Bild auf jemanden wartet und wütend auf die Person ist, die ihn so lange warten lässt.

Es könnte aber auch sein, dass er gar nicht wütend oder ärgerlich ist, sondern etwas nicht verstanden hat.

TIPP   Lange Sätze wie hier bei den Vermutungen sind schwierig. Nehmen Sie sich Zeit dafür und sprechen Sie am Anfang langsam. Üben Sie regelmäßig. Dann werden Sie mit der Zeit schneller.

TIPP   Denken Sie bei Bild 4 daran, dass *das Mädchen* grammatikalisch nicht feminin, sondern neutral ist: *Das Mädchen ist traurig, weil es …*

2 Ich würde gern mal kurz mit Ihnen sprechen.

[18] 1 Hören Sie ein Telefongespräch. Was ist richtig? Kreuzen Sie an.

◯ 1. Dev Paretkar muss in den Unterricht und den Schülern Noten geben.

◯ 2. Die Schuldirektorin schaut, ob Dev gut unterrichtet.

◯ 3. Dev Paretkar ist bald mit seiner Ausbildung zum Lehrer fertig.

2 Seine Meinung zu etwas sagen: Wie können Sie eine Arbeit loben oder kritisieren? Sammeln Sie Ausdrücke.

```
              Lob                              Kritik

           einen positiven Eindruck                  jemandem negativ
           von etwas haben                            auffallen
mit etwas zufrieden sein          jemandem nicht gefallen
```

[19] 3 Nach der Lehrprobe: Hören Sie ein Gespräch zwischen Dev Paretkar und seiner Chefin. Was ist richtig? Kreuzen Sie an.

1. Wie findet Dev Paretkar seinen eigenen Unterricht?
   ◯ eher gut   ◯ nicht so gut

2. Was hält die Schuldirektorin von Devs Unterricht?
   ◯ viel   ◯ wenig

3. Wie haben die Schüler im Unterricht mitgemacht?
   ◯ aktiv   ◯ nicht so aktiv

[19] 4 Hören Sie das Gespräch noch einmal und ergänzen Sie die Ausdrücke.

● Wie haben Sie die Unterrichtsstunde erlebt?

○ Also, erst einmal habe ich ein (1) _____ _____ _____.

● Gab es etwas, was Ihnen nicht so gut gefallen hat?

○ Ganz am Anfang (2) _____ _____ _____
_____, dass von den Kindern mehr Ideen gekommen wären.

● Gut, vielen Dank für Ihre Einschätzung. Ich (3) _____ _____, dass mir Ihr Unterricht
sehr gut gefallen hat.

Man hat gemerkt, dass sie Ihnen die Lehrprobe möglichst leicht machen wollten. Das (4) _____
_____ auch, dass Sie eine gute Beziehung zu den Kindern haben.

Die Art, wie Sie mit dem Thema angefangen haben, (5) _____ _____ aber
kreativ und passend.

5   Mit welchen Sätzen kann man auf eine positive Bewertung reagieren? Kreuzen Sie an.

○ 1. Vielen Dank für die Glückwünsche.

○ 2. Vielen Dank für die positive Rückmeldung.

○ 3. Es freut mich, dass Ihnen ... gefallen hat.

○ 4. Danke. Ich freue mich, wenn ich einen positiven Eindruck vermitteln konnte.

○ 5. Ich bin zufrieden, danke.

○ 6. Ja, das war toll.

🎧 20   **6**   Hören Sie ein Gespräch zwischen Frau Schneider und ihrem Chef. Welches Bild passt? Kreuzen Sie an.

○ 1.   ○ 2.   ○ 3.

🎧 20   **7**   Hören Sie das Gespräch noch einmal. Wer sagt das, Frau Schneider oder ihr Chef? Kreuzen Sie an.

	Frau Schneider	der Chef
1. Hätten Sie mal kurz Zeit? Ich würde gerne etwas mit Ihnen besprechen.	○	○
2. Wie war denn Ihr Eindruck von dem Gespräch?	○	○
3. Herr Medvedev hatte eine etwas eigene Art.	○	○
4. Wo genau lag denn das Problem?	○	○
5. Was ich schwierig finde, ist seine Art zu kommunizieren.	○	○
6. Mir gegenüber hat er die Situation anders dargestellt.	○	○
7. Das würde erklären, warum er so wütend geworden ist.	○	○
8. Was mir aber nicht so gut gefällt, ist die Art, wie Sie mit dem Problem umgegangen sind.	○	○
9. Mir wäre es sehr lieb, wenn Sie mir in Zukunft Bescheid sagen würden.	○	○

TIPP   Die Ausdrücke in Aufgabe 7 sind sehr höflich. Man kann sie aber auch in privaten Situationen verwenden. Natürlich sagt man dann nicht *Sie*, sondern *du*.

8   Redemittel und ihre Funktionen: Was passt zusammen? Ordnen Sie zu.

1. Erst einmal habe ich einen positiven Eindruck.
   Ich muss sagen, dass mir … sehr gut gefallen hat.
   Die Art, wie Sie … haben, fand ich …

2. Ich hätte mir gewünscht, dass …
   Was ich schwierig finde, ist …
   Was mir nicht so gut gefällt, ist …

3. Mir wäre es lieb, wenn Sie … würden.
   Ich würde Sie bitten, nächstes Mal …

4. Vielen Dank für die positive Rückmeldung.
   Es freut mich, dass Ihnen … gefallen hat.
   Danke. Ich freue mich, wenn ich einen positiven Eindruck
   vermitteln konnte.

5. Wie haben Sie … erlebt?
   Wie war Ihr Eindruck von …?

_____ a) jemanden nach seiner
           Meinung fragen

_____ b) eine positive Rückmeldung
           geben

_____ c) sich für eine positive
           Rückmeldung bedanken

_____ d) Kritik üben

_____ e) Anweisungen geben

 9   Lesen Sie die Situationen. Reagieren Sie dann. Verwenden Sie Redemittel aus Übung 8.

Ihre Kollegin hat eine Präsentation gehalten. Sie fragt Sie nach Ihrer Meinung.	Sie haben mit einem Kollegen zusammen ein Projekt abgeschlossen.	Ihr Chef hat Sie kritisiert und ist dabei wütend geworden. Sie finden das ungerecht.
1. Geben Sie eine positive Rückmeldung (klare Struktur, gute Grafiken, angenehme Art zu sprechen).	3. Fragen Sie Ihren Kollegen nach seiner Meinung zu Ihrer Teamarbeit.	5. Üben Sie Kritik an seinem Verhalten.
2. Üben Sie Kritik (keine klare Struktur, schlechte Bilder, zu leise / zu schnell / nicht frei gesprochen).	4. Bewerten Sie die gemeinsame Teamarbeit. Geben Sie dabei positive Rückmeldungen (offener Austausch / angenehme Stimmung / gute Ideen) und üben Sie in einem Punkt Kritik (Termine nicht eingehalten).	6. Machen Sie Vorschläge, wie man Ihrer Meinung nach mit solchen Konflikten besser umgehen sollte (nicht unterbrechen / zuhören / sich um gemeinsame Lösungen bemühen).

3 Umzug und Wohnung

1 Wo sollen die Sachen denn hin?

1 Welche Wörter kennen Sie? Notieren Sie zu jedem Zimmer möglichst viele typische Möbel und Einrichtungsgegenstände. Notieren Sie auch die Artikel.

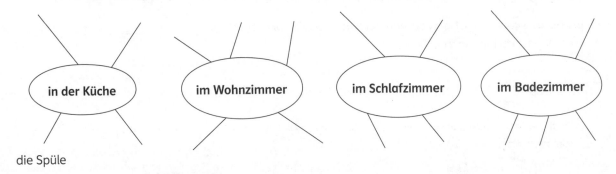

in der Küche   im Wohnzimmer   im Schlafzimmer   im Badezimmer

die Spüle

21 **2** Welche Wohnung ist das? Hören Sie ein Gespräch zwischen Janos und Miriam und kreuzen Sie an.

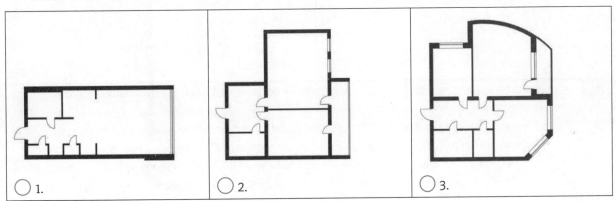

○ 1.   ○ 2.   ○ 3.

21 **3** Hören Sie das Gespräch noch einmal. Richtig oder falsch? Kreuzen Sie an.

	richtig	falsch
1. In der Küche ist noch kein Kühlschrank.	○	○
2. Es gibt ein Badezimmer mit Dusche und Toilette.	○	○
3. Die Küche hat kein Fenster.	○	○
4. Im Schlafzimmer ist viel Licht.	○	○
5. Janos hat ein großes Wohnzimmer und einen Balkon.	○	○
6. Janos möchte keine Pflanzen auf dem Balkon.	○	○
7. Janos und Miriam glauben, dass der Umzug einfach wird.	○	○

4 Hören Sie einen Teil des Gesprächs noch einmal und ergänzen Sie.

● Wow, ist das groß. Und einen Balkon hast du! Wie schön! Der ist auch nicht gerade klein. Da kann man gut zu zweit drauf sitzen und noch ein paar Pflanzen (1) _____ stellen.

○ Das habe ich auch gedacht. Ich werde Tomaten pflanzen, die kommen dann (2) _____. Und Blumen hätte ich auch gerne, die stelle ich (3) _____. Aber jetzt gehen wir erst mal wieder (4) _____ und ich mache uns einen Kaffee.

● Gerne, den kann ich gut gebrauchen bei dem Berg Kartons, der da (5) _____ auf uns wartet. Warum hast du bloß so viele Sachen?

5 Wo oder wohin? Ordnen Sie die Angaben in die Tabelle. Eine Angabe passt in beide Spalten.

unten • oben • rauf • runter • hier • dorthin • weg • hierher • dort • da • (da)hin • raus • rein • draußen • drinnen • her

Wo?	Wohin?

TIPP Achten Sie beim Sprechen darauf, ob Sie einen Ort angeben (*wo?*) oder eine Richtung (*wohin?*). Mit Verben wie *gehen, stellen, setzen* oder *legen* geben Sie beispielsweise eine Richtung an: *Ich gehe die Treppe runter. Lass uns die Kartons dahin stellen.* Mit den Verben *sitzen, liegen, stehen* geben Sie Orte an. *Die Kartons stehen unten.* Das Verb *hängen* ist ein Sonderfall. Mit den Formen *hängen - hängte - gehängt* gibt es eine Richtung an, mit den Formen *hängen - hing - gehangen* einen Ort: *Ich habe den Mantel in den Schrank gehängt. Der Mantel hat lange im Schrank gehangen.*

6 Sie helfen bei einem Umzug in den dritten Stock. Lesen Sie die Fragen und antworten Sie wie im Beispiel mit *Nein.* Verwenden Sie dabei die Wörter aus Übung 5 und die Verben *bringen, holen* oder *tragen.*

1. Sind die Kartons mit den Küchensachen schon oben?

   Nein, noch nicht. Ich trage sie gleich rauf.

2. Ist das Bett schon drinnen?

3. Ist der Müll schon unten?

4. Sind die Pflanzen schon draußen auf dem Balkon?

5. Ist die Schlafzimmerlampe schon da?

6. Ist der Wagen schon wieder beim Autoverleih?

7 Hören Sie ein weiteres Gespräch zwischen Miriam und Janos. Was ist richtig? Kreuzen Sie an.

◯ 1. Die beiden räumen Janos' alte Wohnung aus.

◯ 2. Sie haben noch den ganzen Umzug vor sich.

◯ 3. Zuletzt tragen sie zwei Kartons und eine Lampe.

◯ 4. Janos will den Wagen wegfahren.

◯ 5. Sie müssen noch das Bett aufbauen.

◯ 6. Miriam will Pizza bestellen.

8 Hören Sie das Gespräch noch einmal. Wie sagt Janos das? Ergänzen Sie.

◯ Wo sollen die Sachen denn hin?

● Die (1) _____ du ins Wohnzimmer stellen, (2) _____ auf die linke Seite. Oder ... nein, doch nicht. Stell sie doch (3) _____ auf die rechte Seite.

◯ Wo sollen die Sachen hin?

● (4) _____ sie uns ins Schlafzimmer stellen, am besten da hinten hin.

TIPP Informelle, aber freundliche Aufforderungen können Sie mit *können, lass uns ..., lieber* oder *am besten* formulieren. So klingen sie eher wie Vorschläge als wie Anweisungen.

9 Hören Sie noch einmal. Lesen Sie dabei den Ausschnitt und markieren Sie alle Sätze, die im Passiv stehen.

◯ Muss jetzt noch was gemacht werden?

● Hm ... Der Wagen muss noch weggefahren werden. Wollen wir das zusammen machen, oder soll ich das machen und du ruhst dich hier ein bisschen aus?

◯ Also, wenn es okay ist, würde ich hierbleiben. Ich räume mir das Sofa frei und schließe den Fernseher an, ja?

● Das kannst du gern machen. Dann habe ich nachher schon nicht mehr so viel zu tun.

◯ Was muss denn sonst noch gemacht werden?

● Die Kartons müssen ausgepackt werden. Jedenfalls die, in denen die wichtigsten Sachen drin sind, zum Beispiel ein paar Küchensachen. Die meisten Badezimmersachen sind zum Glück schon ausgepackt. Die hatte ich in einer Tasche, und die habe ich gleich bereitgestellt.

◯ Und das Bett muss noch zusammengebaut werden, damit du heute Nacht darin schlafen kannst.

● Ja, stimmt, das Bett ist noch nicht aufgebaut!

TIPP Denken Sie an den Unterschied zwischen dem Vorgangspassiv mit *werden* und dem Zustandspassiv mit *sein*: *Der Karton wird gerade ausgepackt.* (Das passiert jetzt in diesem Moment.) *Der Karton ist schon ausgepackt.* (Die Handlung ist abgeschlossen.) Mit dem Vorgangspassiv im Perfekt lassen sich ebenfalls abgeschlossene Handlungen ausdrücken: *Der Karton ist vorhin schon ausgepackt worden.* Denken Sie daran: Hier steht dann *worden* statt *geworden*.

10 Sie helfen einer Freundin beim Umzug. Lesen Sie die Checkliste. Hören Sie die Fragen und antworten Sie. Verwenden Sie verschiedene Formen des Passivs, wie in den Beispielsätzen.

1. Kartons nach Zimmern sortieren	5. Bett aufbauen ✓
2. Schrank aufbauen ✓	6. Küchensachen auspacken
3. Waschmaschine rauftragen ✓	7. Essen bestellen
4. Waschmaschine anschließen	8. Umzugswagen zurückbringen

1. Sag mal, sind die Kartons eigentlich schon nach Zimmern sortiert? — Nein, die müssen noch sortiert werden. / Nein, die sind noch nicht sortiert.

2. Hast du den Schrank schon aufgebaut, damit wir die Sachen da reintun können? — Ja, der ist vorhin schon aufgebaut worden. / Ja, der ist schon aufgebaut.

2   Und dann müssten Sie noch die Mieterselbstauskunft ausfüllen.

🎧 25   **1**   Lesen Sie die Zusammenfassungen. Hören Sie dann das dazu gehörende Gespräch.
         Welche Zusammenfassung passt? Kreuzen Sie an.

○ 1. Frau Riveira besichtigt eine Wohnung im dritten Stock. Herr Novak von der Hausverwaltung zeigt ihr die
     Wohnung und beantwortet ihre Fragen. Frau Riveira fragt nach einem Aufzug, dem Fußboden, dem
     Straßenlärm und feuchten Wänden im Badezimmer. Am Ende nimmt sie die Wohnung.

○ 2. Frau Riveira hat einen Termin mit dem Vermieter der Wohnung, Herrn Novak. Es ist eine Altbauwohnung
     im dritten Stock. Frau Riveira fragt nach dem Treppenhaus und möchte sich die Küche genauer ansehen.
     Am Ende möchte sie die Wohnung nicht mieten, weil die Straße zu laut ist.

○ 3. Frau Riveira möchte eine Wohnung kaufen. Der vorherige Besitzer, Herr Novak, zeigt ihr die Wohnung. Sie
     liegt im Erdgeschoss und ist relativ neu. Frau Riveira fragt nach dem Fußboden, dem Straßenlärm und
     der Lüftung im Badezimmer. Am Ende nimmt sie die Wohnung.

🎧 25   **2**   Hören Sie das Gespräch noch einmal. Was ist richtig? Kreuzen Sie an.

1. In alten Häusern
○ a) gibt es meistens Aufzüge.
○ b) sind die Treppenhäuser meistens sehr schön.
○ c) gibt es selten Aufzüge.

2. Der Fußboden
○ a) in den Zimmern und im Flur ist neu.
○ b) in der Küche und im Badezimmer ist neu.
○ c) ist relativ alt.

3. Die Wohnung
○ a) hat zwei Zimmer, ein Badezimmer und eine große Küche.
○ b) ein Schlafzimmer, eine Küche und ein Bad.
○ c) hat drei Zimmer, Küche und Bad.

4. Frau Riveira
○ a) möchte das kleinste Zimmer als Schlafzimmer einrichten.
○ b) würde das kleinste Zimmer als Arbeitszimmer nutzen, weil sie es beim Schlafen gern ruhig hat.
○ c) würde beim Schlafen die Fenster schließen, sodass der Lärm nicht stört.

5. Das Badezimmer
○ a) liegt an der Straßenseite.
○ b) liegt innen und hat keine Fenster.
○ c) hat keine Fenster und ist deshalb feucht.

3   Bei der Wohnungsbesichtigung

a   Ordnen Sie den Fotos die Ausdrücke im Kasten zu.

dünne Wände / Decken, laute Nachbarn • ein kaputter Fußboden • eine sehr alte Heizung • feuchte
Wände • ein kaputtes Schloss (vielleicht nach einem Einbruch) • eine kaputte Steckdose

1. _____   2. _____   3. _____

4. _____   5. _____   6. _____

 b   Sie besichtigen eine Wohnung und bemerken die Probleme auf den Fotos. Sprechen Sie diese
Schwierigkeiten an. Beachten Sie dabei folgende Punkte:

1. Sagen Sie, was Sie bemerken.
2. Stellen Sie Fragen zu den Problemen.
3. Fragen Sie, was der Vermieter dagegen tut, bevor Sie einziehen.

1.

> Sehen Sie mal, hier am Fenster ist …
> Die Heizung ist aber ziemlich …
> Leise ist es nicht gerade. Ich höre …

2.

> Gab es hier früher schon Probleme mit …?
> Wie alt ist …?
> Können Sie mir sagen, …?

3.

> Kommt da noch mal der Handwerker, bevor …?
> Lassen Sie vor dem Einzug noch …?
> Hier müsste auf jeden Fall …

26 | **4** Hören Sie den zweiten Teil des Gesprächs zwischen Frau Riveira und Herrn Novak. Was ist richtig? Kreuzen Sie an.

◯ 1. Frau Riveira unterschreibt den Mietvertrag.

◯ 2. Frau Riveira zeigt Herrn Novak ihren Ausweis und füllt ein Formular aus.

◯ 3. Sie ist nicht verpflichtet, das Formular auszufüllen, aber der Vermieter kann sich für einen anderen Mieter entscheiden, wenn sie es nicht tut.

◯ 4. Den Schlüssel bekommt sie, wenn der Mietvertrag unterschrieben ist.

◯ 5. Die Papiere sind in drei Wochen fertig.

TIPP Als zukünftiger Mieter ist man nicht verpflichtet, eine Mieterselbstauskunft auszufüllen, aber häufig bewerben sich auf eine Wohnung mehrere Interessenten. Dann wählt der Vermieter normalerweise diejenigen, die seine Forderungen erfüllen. Sie können das Formular mit nach Hause nehmen und sich zum Beispiel von einem Verein für die Rechte von Mietern beraten lassen.

26 | **5** Hören Sie das Gespräch noch einmal. Welche Informationen soll Frau Riveira in der Mieterselbstauskunft über sich geben? Kreuzen Sie an.

◯ 1. ihr Gehalt

◯ 2. die Adresse ihres aktuellen Vermieters

◯ 3. ihre Kontonummer

◯ 4. ihren Beruf

◯ 5. ihre Ausbildung

◯ 6. ihren Arbeitsplatz

◯ 7. wo sie zur Schule gegangen ist

◯ 8. alte Schulden

◯ 9. Haustiere

27 | **6** Lesen Sie die Themen, zu denen Sie bei einer Wohnungsbesichtigung gefragt werden. Machen Sie sich Notizen. Hören Sie dann die Fragen und antworten Sie.

1. Beruf _____

2. Arbeitgeber _____

3. Einkommen _____

4. Schulden aus alten Mietverhältnissen _____

5. jetzige Anschrift _____

6. Haustiere _____

Von Beruf bin ich ...

Ich arbeite bei ...

Monatlich bekomme ich ... brutto.

Aus meinem letzten Mietverhältnis habe ich ...

Meine Adresse ist ...

Ich habe einen kleinen Hund / ...
Haustiere habe ich (nicht), ...

4 Unterwegs

1 An der nächsten Kreuzung links abbiegen

28 **1** Ein Navi verstehen: Hören Sie und ordnen Sie die Buchstaben zu.

1. _____ 2. _____ 3. _____ 4. _____ 5. _____

29 **2** Was ist richtig? Hören Sie und kreuzen Sie an.

○ 1. Das Auto fährt über eine Brücke.

○ 2. Eine Brücke ist gesperrt.

○ 3. Das Navi muss die Route neu berechnen.

○ 4. Die Person muss umdrehen und einen anderen Weg nehmen.

○ 5. Die Person kommt nicht am gewünschten Ziel an.

29 **3** Das Auto startet an dem roten Punkt. Hören Sie noch einmal und zeichnen Sie den Weg ein. Wo will die Person hin?

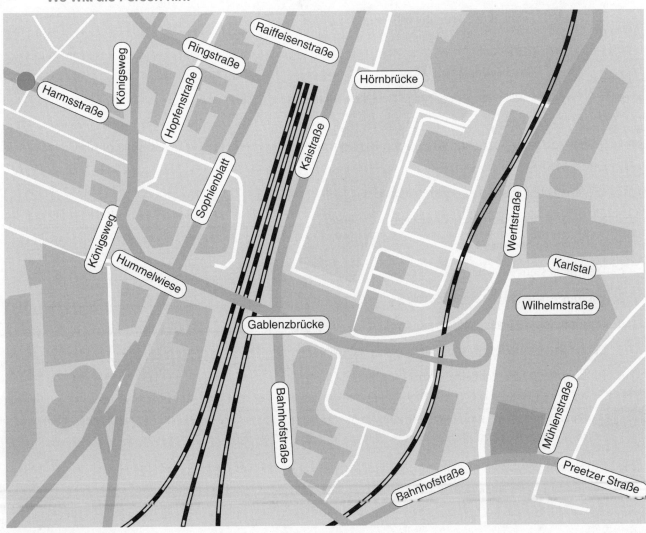

Die Person will _____.

30   **4**   Was sehen Britta und Kiri auf der Autofahrt? Kreuzen Sie an.

- ⃝ 1. einen Stau
- ⃝ 2. eine Brücke
- ⃝ 3. einen Fluss
- ⃝ 4. einen Kreisverkehr
- ⃝ 5. eine Kreuzung
- ⃝ 6. eine Ampel
- ⃝ 7. das Rathaus
- ⃝ 8. eine Tankstelle

30   **5**   Welche Person macht was? Hören Sie noch einmal und kreuzen Sie an.

	Britta	Kiri	
1.	⃝	⃝	fährt das Auto.
2.	⃝	⃝	glaubt, den Weg auch ohne Navi finden zu können.
3.	⃝	⃝	orientiert sich an der Sonne und den Himmelsrichtungen.
4.	⃝	⃝	sieht, dass die Ampel rot ist.
5.	⃝	⃝	sieht, dass die Ampel wieder grün ist.
6.	⃝	⃝	möchte tanken.
7.	⃝	⃝	hat die Uhrzeit im Blick.
8.	⃝	⃝	will im Auto warten und freut sich auf ein Eis.

30   **6**   Gesprochene Sprache: Wie sagen Britta und Kiri das? Hören Sie noch einmal und notieren Sie.

1. Das Navigationsgerät funktioniert nicht richtig. _____

2. Ich fühle es. Ich muss darüber nicht viel nachdenken. _____

3. Das habe ich doch gesagt. _____

4. Die Ampel steht auf Rot. _____

5. Wir müssen der Straße ein Stück folgen. _____

6. Dort müssen wir nach links fahren. _____

7. Die Ampel steht auf Gelb und springt gleich auf Grün. _____

8. Ich biege jetzt hier rechts in die Straße ab. _____

TIPP   Wenn Sie eine Richtung angeben, müssen Sie die Verben *fahren* oder *gehen* in der Alltagssprache nicht sagen: *Hier müssen wir nach links.*

7 Was passt? Ordnen Sie zu.

> rechts vor links • Wohngebiet • Vorfahrt achten • Einbahnstraße

1. Dieses Schild heißt

_____.

Die anderen dürfen
zuerst fahren.

2. Dieses Schild heißt

_____.

Man darf nur in eine
Richtung fahren.

3. Das ist ein

_____.

Hier gibt es fast keine
Läden und Büros, aber
Häuser, Spielplätze und
Kindergärten.

4. An einer Kreuzung ohne
Schilder gilt die Regel:

_____.

 8 Was ist richtig? Kreuzen Sie an.

	richtig	falsch
1. Kiri hat Angst, sich im Wohngebiet zu verfahren.	○	○
2. Britta hat die Einbahnstraße nicht gesehen.	○	○
3. Britta bremst, weil sie sonst nicht sehen kann, ob von rechts ein Fahrzeug kommt.	○	○
4. Kiri hat das Fahrrad nicht gesehen.	○	○
5. Vor der Hauptstraße steht das Schild „Vorfahrt achten".	○	○
6. Britta weiß auf einmal, wo sie hinfahren muss.	○	○

 9 Noch mehr gesprochene Sprache: Wie sagen Britta und Kiri das? Hören Sie noch einmal und
notieren Sie.

1. Achtung, da kommt ein Auto! _____

2. Jetzt kommt kein Auto oder Fahrrad mehr. _____

3. Wohin müssen wir jetzt fahren? _____

4. Du musst die Hauptstraße überqueren. _____

10 Sie fahren bei einem Freund im Auto mit. Lesen Sie die Notizen. Hören Sie dann und
beantworten Sie die Fragen. Die Ausdrücke aus Aufgabe 6 und 9 helfen Ihnen.

– Sie sagen Ihrem
Freund, dass er die
Kreuzung überqueren
muss.

– Von rechts kommt ein
Radfahrer.

– Ihr Freund stellt das Navi
ein. Sie bemerken, dass
die Ampel grün
geworden ist.

– Ihr Freund möchte
ans Handy gehen. Sie
sehen, dass die Ampel
vor Ihnen rot wird.

– Er fährt vorbei, dann ist
die Straße frei.

– Sie glauben, dass ihr
Freund links in die Straße
hineinfahren muss.

2   Die Abfahrt unseres Zuges verzögert sich um einige Minuten.

33 **1**   Hören Sie einige Durchsagen. Wo ist das? Ordnen Sie die Buchstaben A-E zu.

1. am Bahnhof   _____

2. im Zug   _____

3. im Flugzeug   _____

4. am Flughafen   _____

5. in einer U-Bahnstation   _____

33 **2**   Was ist richtig? Kreuzen Sie an.

1. Durchsage A: Wenn man nach Marrakesch fliegen möchte, soll man zu ◯Gate H ◯Gate F gehen.

2. Durchsage B: Man darf ◯nicht ◯nur in den Zonen rauchen, die auf dem Boden aufgemalt sind.

3. Durchsage C: ◯Zwei ◯Drei U-Bahn-Linien haben Verspätung, weil die Polizei auf der Strecke gerade im Dienst ist. Vielleicht gab es einen Unfall.

4. Durchsage D: Der Pilot begrüßt die Fluggäste auf dem Flug nach ◯Singapur ◯Malaysia.

5. Durchsage E: Der Zug muss kurz warten, weil ein ◯Regionalzug ◯ICE vorbeifährt.

3   Wie war das genau?

a   Welche Wörter haben eine ähnliche Bedeutung? Ordnen Sie zu und ergänzen Sie, wo nötig, die Artikel.

1. _____Fahr- oder Fluggast   _____ a) _____Verzögerung

2. _____Verspätung   _____ b) _____Passagier

3. erlaubt   _____ c) _____Einsatz

4. _____Dienst   _____ d) gestattet

33 **b**   Hören Sie noch einmal und ergänzen Sie die passenden Wörter.

1. _____ für den Flug MA11-16 nach Marrakesch bitte zu Gate F.

2. Hinweis! Das Rauchen am Bahnhof ist nur in den markierten Bereichen _____.

3. Wegen eines Polizeieinsatzes im Bereich Wöhrder Wiese kommt es zu _____ im Fahrbetrieb der U-Bahn-Linien U2 und U3.

4. Der Kapitän und die Crew wünschen Ihnen einen _____ Flug.

5. Sehr geehrte Fahrgäste, unsere Weiterfahrt _____ sich leider um einige Minuten.

4   Ordnen Sie zu und ergänzen Sie den Artikel, wo nötig.

Gepäck • Gleis 3 Abschnitt D • Halteverbot • Kennzeichen

1. _____   2. _____   3. _____   4. _____

TIPP   Ausdrücke wie *Gleis 3 Abschnitt D* sind eine Ortsbezeichnung und stehen ohne Artikel.

34   **5**   Am Bahnhof: Hören Sie und ordnen Sie den Sätzen (1-4) die Buchstaben A-D zu.

1. Die Wagen des Zuges sind anders sortiert als normalerweise.   Durchsage _____

2. Man soll immer auf seine Koffer und Taschen aufpassen.   Durchsage _____

3. Ein Zug hat Verspätung, weil ein Gleis kaputt ist.   Durchsage _____

4. Jemand hat sein Auto falsch geparkt und soll es wegfahren.   Durchsage _____

34   **6**   Wie war das genau? Hören Sie noch einmal und ergänzen Sie die Wörter.

Der (1) _____ des Wagens mit dem Kennzeichen ERB KK 911 wird aufgefordert, sein
(2) _____ sofort aus dem Halteverbot vor dem Bahnhofsgebäude zu entfernen.

Beachten Sie bitte die (3) _____ Wagenreihung: Die Wagen der zweiten Klasse
befinden sich heute in den (4) _____ A bis C, die Wagen der ersten (5) _____
in den Abschnitten E bis F. In Abschnitt D hält der Waggon mit unserem (6) _____.

Der ICE 6210 nach München Hauptbahnhof fährt heute leider 45 Minuten später. Grund dafür ist ein
(7) _____ am Gleis. Wir bitten, die Verzögerung zu entschuldigen.

Hinweis! Lassen Sie Ihr Gepäck nicht (8) _____.

34   **7**   Sie müssen einer anderen Person, die nicht gut Deutsch spricht, die Durchsagen
erklären. Hören Sie Track 34 noch einmal. Stoppen Sie die Aufnahme nach jeder
Durchsage und erklären Sie den Inhalt. Die Zusammenfassungen in Aufgabe 5 und die
Satzanfänge helfen Ihnen.

Sie sagt, dass man ... soll, weil ...

Sie sagt, dass der Zug ...

8   Im Zug: Welche Durchsage passt? Hören Sie und ergänzen Sie die Buchstaben A-E. Zwei Texte passen nicht. Ergänzen Sie hier ein X.

1. Der Zug muss ein paar Minuten im Bahnhof warten. Auf der Strecke hinter dem Bahnhof steht noch ein anderer Zug. _____

2. Der Zug muss anhalten, weil Pferde auf die Gleise gelaufen sind. _____

3. Der Zug kommt in ein paar Minuten in Lübeck an. Alle Leute sollen aussteigen. Wenn Sie mit einem anderen Zug weiterfahren möchten, finden Sie am Bahnhof Informationen dazu. _____

4. Der Zug hält normalerweise in Frankfurt Hauptbahnhof, heute aber nicht. Wenn man nach Frankfurt Hauptbahnhof möchte, soll man an der Messe aussteigen und die U-Bahn nehmen. _____

5. Im vorderen Teil des Zuges ist es sehr voll. Die Fahrgäste sollen nach hinten durchgehen. _____

6. Der Zug hat einen vorderen und einen hinteren Teil. Diese fahren zu unterschiedlichen Zielen: nach Bamberg und nach Bayreuth. An der Tür steht, wohin der Wagen fährt, in dem man sitzt. _____

7. Der Zug kommt 10 Minuten zu spät in Leipzig an. Der Zug nach Halle ist schon weg. Wenn man nach Halle fahren möchte, muss man am Bahnhof nachsehen, welchen Zug man nehmen kann. _____

 9   Was stimmt da nicht? Hören Sie noch einmal, unterstreichen Sie die Fehler und korrigieren Sie diese.

Dieser Zug hält heute nicht in Frankfurt Hauptbahnhof. Grund dafür ist ein Unfall. Wir bitten, dies zu entschuldigen. Fahrgäste nach Frankfurt Hauptbahnhof steigen bitte im Bahnhof Frankfurt Messe aus. Hier haben Sie Anschluss an die U-Bahn Linie 6 nach Frankfurt Hauptbahnhof.
In Kürze erreichen wir unseren Ziel- und Endbahnhof Lübeck Hauptbahnhof. Dieser Zug endet hier. Alle Fahrgäste bitte einsteigen. Es besteht Anschluss an den Fern- sowie den Nahverkehr. Achten Sie bitte auch auf die Durchsagen und Anzeigen am Hauptbahnhof.
Sehr geehrte Damen und Herren, wir erreichen Leipzig Hauptbahnhof mit einer Verspätung von 30 Minuten. In Leipzig erreichen Sie noch den ICE 6210 Richtung Hamburg Hauptbahnhof auf Gleis 9 und den RE Richtung Dresden Hauptbahnhof auf Gleis 12. Der RE Richtung Rostock konnte leider nicht warten.
Die Abfahrt unseres Zuges verlängert sich um einige Minuten, weil der vor uns liegende Streckenabschnitt noch nicht fertig ist.
Herzlich Willkommen im Regionalexpress RE 1321. Bitte beachten Sie: Der Zug wird in Weiden gereinigt. Der vordere Zugteil fährt weiter nach Bayreuth, der hintere Zugteil nach Bamberg. In welchem Zugteil Sie sitzen, entnehmen Sie bitte den Durchsagen an der jeweiligen Wagentür.

1. *eine Baustelle* _____

2. _____

3. _____

4. _____

5. _____
6. _____
7. _____

8. _____
9. _____

10. _____

11. _____

TIPP   In den Durchsagen der Bahn heißt es manchmal *in Frankfurt Hauptbahnhof.* In der Alltagssprache ist das nicht richtig. Da sagt man: *Der Zug hält heute nicht am Frankfurter Hauptbahnhof.* oder: *Der Zug hält heute nicht in Frankfurt am Hauptbahnhof.*

 10   Sie müssen einer anderen Person, die nicht gut Deutsch spricht, die Durchsagen erklären. Hören Sie Track 35 noch einmal. Stoppen Sie die Aufnahme nach jeder Durchsage und erklären Sie den Inhalt. Die Zusammenfassungen in Aufgabe 8 helfen Ihnen.

5 Konsum

1 Das Beste daran ist, dass es so praktisch ist.

36 **1** Hören Sie den Beginn eines Radiofeatures. Was ist richtig? Kreuzen Sie an.

1. Wie lautet das Thema des Features?

○ a) Vor- und Nachteile von elektrischen und elektronischen Geräten
○ b) Vor- und Nachteile von Smartphones
○ c) Vor- und Nachteile von Smart Homes

2. Was sind Smart Homes?

○ a) Häuser, in denen man viele Geräte online bedienen kann.
○ b) Häuser, in denen es eine Fernbedienung oder ein Smartphone gibt.
○ c) Häuser, in denen man jedes elektrische Gerät ganz genau einstellen kann.

36 **2** Hören Sie noch einmal. Welche Person macht was? Verbinden Sie.

1. Nazanin Amiri   _____ a) arbeitet im Bereich Datenschutz und Datensicherheit und wird über die Gefahren von Smart Homes sprechen.

2. Julian Heidegger   _____ b) arbeitet für den Radiosender und führt das Interview.

3. Melanie Reimann   _____ c) lebt in einem Smart Home und wird von den positiven Seiten dieser neuen Art zu wohnen erzählen.

3 Technik im Haus

a Welche Wörter kennen Sie? Ordnen Sie den Fragesätzen (1-4) die Wörter aus dem Kasten zu. (Ein Wort passt an zwei Stellen.) Notieren Sie dann noch mehr Wörter.

speichern • ein Laptop • spielen • ein Smartphone • sammeln • schützen • etwas bedienen • hacken • etwas einschalten • im Internet surfen • die Lautstärke regeln

1. Welche Geräte kann man mit dem Internet verbinden?

2. Was kann man mit Daten machen?

3. Was kann man mit einer Fernbedienung machen?

4. Was kann man mit einem Computer machen?

b Welche elektronischen Geräte nutzen Sie zu Hause? Wie sind sie verbunden? Erzählen Sie. Verwenden Sie auch Ausdrücke aus Übung a.

> Ich habe zu Hause ein ... . Das ist mit dem ... verbunden.
> Ich verwende oft mein ... .
> Zu Hause habe ich viele ... . Die sind (nicht) miteinander verbunden, weil ...

37 4 Hören Sie das Interview mit Julian. Welche Vorteile eines Smart Homes nennt er? Kreuzen Sie an.

○ 1. Es ist praktisch.

○ 2. Handwerker können online sehen, was kaputt ist.

○ 3. Man muss sich nicht mehr bewegen.

○ 4. Man kann Strom sparen.

○ 5. Es ist sicherer.

37 5 Hören Sie das Interview noch einmal. Welches Gerät ist das? Ergänzen Sie. Notieren Sie auch den Artikel.

1. _____ putzt selbstständig die Wohnung.

2. _____ weiß, wann der Kuchen fertig ist.

3. _____ kann Julian auf dem Weg nach Hause höherstellen.

4. _____ kann Julian mit seiner Stimme bedienen.

5. _____ lassen sich sehr einfach ausschalten.

6. Die Heizung geht aus, wenn Julian _____ öffnet.

7. Die Aufnahmen _____ kann Julian auf seinem Smartphone live sehen.

37 6 Hören Sie das Interview noch einmal und ergänzen Sie.

1. ○ Herr Heidegger, erzählen Sie uns doch mal, welche Vorteile so ein Smart Home für Sie hat.

   ● Also, _____, dass es so praktisch ist.

2. ○ Was für Vorteile gibt es noch, außer dass ein Smart Home praktisch ist?

   ● Ein _____, dass man mit intelligenten Geräten Strom sparen kann.

3. ○ Man hört aber auch oft, dass manche sich aus Gründen der Sicherheit für ein Smart Home entscheiden. Stimmt das?

   ● Ja, auf jeden Fall. Ein _____ eines Smart Homes _____ _____, dass man es sehr sicher gestalten kann.

7 Wählen Sie ein Gerät, dass Sie oft und gerne benutzen. Nennen Sie drei Vorteile. Verwenden Sie dabei die Ausdrücke aus Übung 6.

38 8 Hören Sie das Interview mit Melanie Reimann. Welche Aussagen sind richtig? Kreuzen Sie an.

○ 1. Wenn Geräte online sind, entstehen Daten, die man nicht kontrollieren kann.

○ 2. Unterschiedliche technische Standards der verschiedenen Geräte sind ein Problem.

○ 3. Wenn die Daten auf ausländischen Computern liegen, sind sie nicht durch das deutsche Datenschutzgesetz geschützt.

○ 4. Es besteht die Gefahr, dass die Daten verkauft werden.

○ 5. Man braucht viel technisches Wissen, um auf Störungen reagieren zu können.

○ 6. Hacker können einzelne Geräte hacken und dann das System kontrollieren.

38 9 Hören Sie das Interview noch einmal. Ergänzen Sie.

1. ● Sie sehen Smart Homes eher kritisch, habe ich recht? Welche Nachteile können diese denn haben?

   ○ Eine ganz _____ _____ besteht _____, dass wir keine Kontrolle über die Daten haben, die da von uns gesammelt werden können.

2. ● Aber die meisten Systeme sind doch relativ sicher, oder?

   ○ Das _____ _____: Sie wissen nicht, auf was für Computern Ihre Daten gespeichert werden.

3. Viele Käufer wollen ihr Zuhause mit smarten Geräten sicherer machen und verbinden alle möglichen Geräte miteinander. Der _____ _____ _____, dass jedes dieser Geräte gehackt werden kann und das ganze System, also Ihr ganzes Zuhause, dann nicht mehr gut geschützt ist.

10 Lesen Sie die Vor- und Nachteile der Produkte auf den Bildern. Beschreiben Sie diese dann. Verwenden Sie Ausdrücke aus Übung 6 und 9.

1. Tablets / eReader

+ Man kann leicht viele Bücher mitnehmen.

+ Man kann Bücher herunterladen. Diese brauchen weniger Platz als echte Bücher.

– Man kann alte Bücher nicht tauschen oder verschenken.

– Es geht leichter kaputt als Bücher.

2. Soziale Netzwerke

+ Man kann leichter Kontakt halten.

+ Man lernt Leute kennen, die ähnliche Interessen haben.

– Man verbringt viel Zeit online.

– Viele Unternehmen verkaufen die Daten.

3. Schrittzähler

+ Man weiß, wie weit man gegangen ist.

+ Man bewegt sich mehr.

– Schrittzähler können zum Stressfaktor werden.

– Man weiß nicht, was mit den Daten passiert.

2　Kann ich Ihnen helfen?

39 **1**　Hören Sie den Beginn eines Verkaufsgesprächs. Welche Eigenschaften soll die Jacke haben, die die Kundin sucht? Kreuzen Sie an.

○ 1. wasserdicht　　　　○ 2. warm　　　　　　○ 3. für den Alltag geeignet

○ 4. winddicht　　　　　○ 5. besonders leicht　○ 6. atmungsaktiv

39 **2**　Hören Sie noch einmal. Ergänzen Sie.

○ Was für eine Jacke soll es denn sein?

● Ich (1) _____ _____ eine Jacke, (2) _____ _____ ich durch den Regen gehen kann, ohne nass zu werden.

○ Eine Regenjacke?

● Nein, keine richtige Regenjacke. Ich (3) _____ eine Jacke, (4) _____ ich ganz normal im Alltag tragen kann.

TIPP　Wenn man Wünsche genauer beschreibt, verwendet man häufig Relativsätze.

3　Lesen Sie die Beschreibungen. Erklären Sie den Verkäuferinnen und Verkäufern dann, was Sie suchen. Verwenden Sie Ausdrücke aus Übung 2.

1. ein Fahrrad
Man kann damit im Gebirge fahren.

2. ein Kleid
Man kann es auf einer indischen Hochzeit tragen.

3. Hustensaft
Er enthält keinen Alkohol und ist für Kinder geeignet.

4. ein Auto
Es ist angenehm leise.

5. ein Haus
Es liegt direkt am Meer.

6. Blumen
Man kann sie im Frühling nach draußen pflanzen.

4   Wortschatz Jacke: Was passt? Ordnen Sie zu. Notieren Sie auch die Artikel.

[Naht • Reißverschluss • Kapuze • Knopf • Ärmel]

1. _____

2. _____

3. _____

4. _____

5. _____

40   **5**   Hören Sie das Verkaufsgespräch weiter. Was ist richtig? Kreuzen Sie an.

1. Die erste Jacke gefällt der Kundin   ○ a) nicht.   ○ b) gut.

2. Die erste Jacke   ○ a) ist der Kundin zu teuer.   ○ b) hat keine gute Qualität.

3. Bei der zweiten Jacke gefällt der Kundin   ○ a) die Farbe nicht.   ○ b) das Material nicht.

4. Die Kundin entscheidet sich am Ende für   ○ a) die erste Jacke.   ○ b) die zweite Jacke.

40   **6**   Hören Sie noch einmal. Markieren Sie, was falsch ist, und korrigieren Sie die Sätze.

1. Das Material der ersten Jacke fühlt sich unangenehm an. _____

2. Die Nähte sind nicht wasserdicht. _____

3. Die Kapuze ist abnehmbar. _____

4. Die Ärmel sind so einstellbar, dass man sie länger und kürzer machen kann. _____

5. Die erste Jacke kostet 840€. _____

6. Die zweite Jacke ist blau. _____

7. Die Kundin hat Größe L. _____

8. Die Qualität der beiden Jacken ist absolut vergleichbar. _____

9. Bei der zweiten Jacke ist die Temperatur nicht über den vorderen Reißverschluss regelbar.

_____

10. Der Verkäufer geht ins Lager, um die Jacke in einer anderen Größe zu holen.

_____

7 Lesen Sie die Sätze 3, 4, 8 und 9 in Aufgabe 6 noch einmal. Wie kann man das anders sagen? Ergänzen Sie.

1. Die Kapuze kann abgenommen werden.

   Die Kapuze ist _____.

2. Die Ärmel können eingestellt werden.

   Die Ärmel sind _____.

3. Die Qualität kann verglichen werden.

   Die Qualität ist _____.

4. Die Temperatur kann geregelt werden.

   Die Temperatur ist _____.

TIPP Adjektive mit *-bar* nennt man auch Passiversatzformen, weil man sie anstelle einer Passivkonstruktion verwenden kann. Achtung: Nicht alle Verben sind mit *-bar* kombinierbar. Sehen Sie immer auch im Wörterbuch nach.

8 Lesen Sie die Informationen. Hören Sie die Fragen der Verkäuferin, antworten Sie und stellen Sie selbst Fragen.

41 a Sie möchten einen Rucksack kaufen.

1. Sie hätten gern einen Rucksack. Sie möchten damit wandern gehen, aber der Rucksack soll nicht zu groß sein, wenn er leer ist.

   > Ich hätte gern ..., mit dem ... und der ...

2. Der erste Rucksack, den die Verkäuferin zeigt, ist Ihnen zu groß.

   > Der ist mir ein bisschen zu ...

3. Der zweite Rucksack gefällt Ihnen besser. Sie fragen, ob man das Kopfteil abnehmen kann.

   > Der ... Ist das Kopfteil ...?

4. Sie fragen, ob man den Rücken einstellen kann.

   > Und wie ist das mit dem Rücken? Ist der ...?

5. Sie möchten keinen weiteren Rucksack probieren. Sie fragen, was der zweite Rucksack kostet.

   > Nein, danke. Was kostet ...?

6. Sie nehmen den zweiten Rucksack.

   > Das ist in Ordnung. Ich glaube, dann nehme ich ...

42 b Sie möchten Wanderschuhe kaufen.

1. Sie suchen bequeme Wanderschuhe, die Sie im Gebirge und im Alltag tragen können.

   > Ich suche ..., die ich ...

2. Sie sagen Ihre Schuhgröße.

   > Größe ...

3. Die ersten Schuhe, die die Verkäuferin Ihnen zeigt, finden Sie nicht schön. Sie fragen, ob es noch andere gibt.

   > Ich weiß nicht, die ... Haben Sie ...?

4. Die zweiten Schuhe gefallen Ihnen. Sie fragen, ob sie wasserdicht sind.

   > Die ... Sind die ...?

5. Sie möchten sie anprobieren. Die Schuhe sind zu klein.

   > Ja, gern. Oh, ich glaube, die sind ...

6. Sie möchten die Farbe, die Sie gerade anprobiert haben.

   > Gerne in der Farbe, die ...

3   Das würde ich gerne umtauschen.

43 **1**   Hören Sie drei Dialoge. Welcher Dialog passt - 1, 2 oder 3? Notieren Sie die Zahlen.

1. Jemand möchte ein Buch zurückgeben.   Dialog Nr. _____

2. Jemand möchte einen Rasierapparat umtauschen.   Dialog Nr. _____

3. Jemand möchte eine Uhr zurückgeben.   Dialog Nr. _____

4. Der Umtausch ist nicht erfolgreich.   Dialog Nr. _____

5. Die Person bekommt ihr Geld zurück.   Dialog Nr. _____

6. Die Person bekommt einen Gutschein.   Dialog Nr. _____

TIPP   *Umtauschen* bedeutet, dass man ein Produkt zurückbringt und ein anderes dafür bekommt. *Zurückgeben* bedeutet, dass man ein Produkt zurückbringt und sein Geld zurückbekommt. Oft werden die Begriffe aber nicht so genau voneinander getrennt.

44 **2**   Hören Sie den ersten Dialog noch einmal. Was ist richtig? Kreuzen Sie an.

1. Der Mann möchte den Rasierapparat umtauschen, weil er

   ◯ a) kaputt ist.   ◯ b) ihm nicht gefällt.

2. Die Verkäuferin tauscht das Gerät nicht um, weil der Mann

   ◯ a) das Gerät nicht mitgebracht hat.   ◯ b) den Beleg nicht dabei hat.

3. Am Ende

   ◯ a) hat der Mann Verständnis.   ◯ b) ärgert sich der Mann.

45 **3**   Hören Sie den zweiten Dialog noch einmal. Was ist richtig? Kreuzen Sie an.

1. Die Kundin möchte das Buch zurückgeben, weil

   ◯ a) sie es schon hat.   ◯ b) sie es ihrer Tochter schenken wollte und die es schon hat.

2. Der Verkäufer

   ◯ a) will ihr das Geld nicht zurückgeben.   ◯ b) darf ihr das Geld nicht zurückgeben.

3. Den Gutschein

   ◯ a) muss die Kundin gleich verwenden.   ◯ b) kann die Kundin ein Jahr lang verwenden.

4. Die Kundin

   ◯ a) ist eigentlich nicht einverstanden, ärgert sich aber auch nicht sehr.   ◯ b) ist sehr wütend.

46 **4**   Hören Sie den dritten Dialog noch einmal. Was ist richtig? Kreuzen Sie an.

1. Die Frau möchte die Uhr zurückgeben, weil

   ◯ a) ihr Mann schon eine Uhr bekommt.   ◯ b) ihre Schwester ihr eine Uhr geschenkt hat.

2. Die Verkäuferin fragt, ob die Kundin

   ◯ a) sich etwas anderes aussuchen möchte.   ◯ b) ihr Geld zurück möchte.

3. Die Kundin

   ◯ a) hat den Beleg und bekommt ihr Geld zurück.   ◯ b) bekommt ihr Geld auch ohne Beleg.

5 Lesen Sie die Informationen. Hören Sie dann, was die Verkäufer sagen, und versuchen Sie, die Gegenstände umzutauschen oder zurückzugeben.

47 a Turnschuhe umtauschen: Sprechen Sie.

1. Sie möchten ein Paar Schuhe umtauschen, das Sie vorgestern gekauft haben.

> Ich habe vorgestern ... und die würde ich gern ...

2. Die Schuhe sind zu klein, und Sie hätten sie gern eine Nummer größer.

> Sie sind mir zu ... und ich ...

3. Sie haben die Schuhe nicht auf der Straße getragen, sondern nur in der Wohnung.

> Nein, auf der Straße ...

4. Sie haben den Beleg dabei.

> Ja, ...

48 b Ein Kabel zurückgeben: Sprechen Sie.

1. Sie möchten ein Kabel zurückgeben, das Sie am Montag gekauft haben.

> Ich habe am Montag ... und das würde ich gern ...

2. Das Kabel passt nicht zu dem Anschluss an Ihrem Gerät.

> Das Problem ist, dass es nicht ...

3. Sie haben den Beleg dabei.

> Ja, natürlich, ...

4. Sie möchten kein neues Kabel, sondern Ihr Geld zurück.

> Danke, ich möchte ...

49 c Eine Tasche zurückgeben: Sprechen Sie.

> **TIPP** In einigen Geschäften sprechen die Verkäufer die Kunden mit *du* an. Häufig ist das nicht die Entscheidung des Verkäufers, sondern eine Anweisung der Unternehmensführung. Damit soll das Bild eines jungen, modernen Unternehmens vermittelt werden.

1. Sie möchten eine Tasche zurückgeben, die Sie vor einem Monat gekauft haben.

> Diese Tasche hier habe ich ...

2. Die Nähte der Tasche sind nicht gut. Die Tasche ist an mehreren Stellen kaputt.

> Die Nähte sind ... Sehen Sie mal, hier und da ...

3. Sie haben den Beleg nicht mehr.

> Den habe ich leider ...

4. Sie fragen, ob es keine andere Möglichkeit gibt. Sie haben die Tasche in dem Geschäft gekauft, und nun ist sie kaputt.

> Gibt es da denn keine ... Ich habe die Tasche ganz sicher ...

50 6 Beim Bezahlen: Lesen Sie die häufigsten Fragen. Hören Sie und notieren Sie die Reihenfolge.

> **TIPP** An der Supermarktkasse wird man beim Bezahlen häufig etwas gefragt. Weil die Mitarbeiterinnen und Mitarbeiter an der Kasse diese Fragen viele Male am Tag stellen müssen, sprechen sie oft schnell und undeutlich.

_____ a) Sie werden gefragt, ob Sie die Treuepunkte der Supermarktkette sammeln.

_____ b) Sie werden gefragt, ob Sie eine Kundenkarte von dem Supermarkt haben.

_____ c) Sie werden gefragt, ob Sie eine Quittung haben möchten.

_____ d) Bei der Kartenzahlung sollen Sie Ihre Geheimzahl eingeben und mit der grünen Taste bestätigen.

6 Freizeit und Verabredungen

1 Hättest du vielleicht auch nächste Woche Zeit?

51 | 1 Wie sagt man das am Telefon? Kreuzen Sie an. Hören Sie dann und überprüfen Sie Ihre Vermutungen.

1. Sie rufen jemanden an und möchten sagen, wer Sie sind.
   - ○ a) Hallo, ich bin Dennis.
   - ○ b) Hallo, hier ist Dennis.

2. Sie sprechen auf Ihre Mailbox oder Ihren Anrufbeantworter und wollen sagen, dass Sie gerade nicht ans Telefon gehen können.
   - ○ a) Ich bin (leider) gerade nicht erreichbar.
   - ○ b) Sie können mich (leider) nicht anrufen.

3. Sie sprechen auf eine Mailbox und wollen sagen, dass Sie später noch einmal anrufen, um den anderen persönlich zu erreichen.
   - ○ a) Ich werde dich erneut anrufen.
   - ○ b) Ich versuche es später noch mal.

TIPP Lernen Sie Standardausdrücke beim Telefonieren auswendig. Möglicherweise sagt man in Ihrer Muttersprache *Hallo, ich bin Dennis*. Auf Deutsch sagt man dagegen immer *Hier ist Dennis*.

51 | 2 Hören Sie noch einmal. Was schlägt Dennis vor? Kreuzen Sie an.

Dennis schlägt vor, ...

- ○ 1. dass Eylem Dennis' Kinder abholt und mit in den Zoo nimmt.
- ○ 2. am Mittwochmorgen zu fahren.
- ○ 3. mit der U-Bahn zu fahren.
- ○ 4 im Zoo ein Picknick zu machen.
- ○ 5. dass Eylem ihm auf die Mailbox spricht.

TIPP Man unterscheidet zwischen einem Anrufbeantworter (einem Gerät wie im Bild) und einer Mailbox (einer Funktion eines Handys oder Smartphones).

51 | 3 Hören Sie noch einmal. Wie formuliert Dennis die Vorschläge? Ergänzen Sie.

1. _____, zusammen mit den Kindern in den Zoo zu gehen?

2. _____ Mittwochmorgen hinfahren, da ist es nicht so voll wie am Wochenende.

3. _____ mit der Straßenbahn fahren?

4. _____, wenn wir etwas mitnehmen und dann einfach im Zoo eine Pause mit Picknick machen?

5. _____ heute Abend noch mal telefonieren.

TIPP Mit den Ausdrücken in Übung 3 kann man Vorschläge formulieren. Lernen Sie sie auswendig und verwenden Sie sie genau so. Beachten Sie: „*Können wir ...?*" steht nicht am Anfang eines Vorschlags, sondern einer Bitte.

52 | 4   Hören Sie. Was ist richtig? Kreuzen Sie an.

◯ 1. Lotte macht Vorschläge, was Eylem und sie in den nächsten Wochen zusammen machen können.

◯ 2. Lotte reagiert auf Vorschläge, die Eylem ihr auf die Mailbox gesprochen hat, hat aber selbst eigene Ideen.

52 | 5   Hören Sie noch einmal. Was ist richtig? Kreuzen Sie an.

1. Lotte wollte Eylem am Morgen
   ◯ a) wecken.
   ◯ b) nicht stören.

2. Eylem wollte Lotte am Samstag
   ◯ a) zum Fußball mitnehmen.
   ◯ b) zum Schwimmen mitnehmen.

3. Lotte passen Samstage immer
   ◯ a) sehr gut.
   ◯ b) nicht so gut.

4. Lotte
   ◯ a) kann am nächsten Tag nicht mit Eylem zum Friseur, weil sie arbeiten muss.
   ◯ b) geht am nächsten Tag mit Eylem zum Friseur.

5. Lotte ist zwischen 18.00 und 20.30 Uhr
   ◯ a) erreichbar.
   ◯ b) nicht erreichbar.

52 | 6   Hören Sie noch einmal. Wie formuliert Lotte ihre Gegenvorschläge? Ergänzen Sie.

1. Ehrlich gesagt, interessiere ich mich nicht so besonders für Fußball. Vielleicht _____ _____ _____ zusammen schwimmen gehen?

2. Das Spiel ist bestimmt am Samstag, oder? _____ _____ _____ _____ am Sonntag was machen?

3. Und dann hattest du noch vorgeschlagen, morgen zusammen zum Friseur zu gehen, aber da kann ich leider nicht. Da hab ich Spätdienst, und morgens ist es bei dir ja meistens schlecht wegen der Kinder. _____ _____ _____ _____ nächste Woche Zeit?

TIPP   In der mündlichen Kommunikation verwendet man manchmal das Plusquamperfekt, um von der Vergangenheit noch einen Schritt zurückzugehen. Vergleichen Sie:
1. Jetzt ruft Lotte Eylem an und spricht auf den AB: *Sorry, dass ich mich so spät melde.* (Präsens)
2. Vorher hat Lotte die Nachricht von Eylem angehört: *Ich habe meine Mailbox abgehört.* (Perfekt)
3. Noch davor hat Lotte Eylem bei Lotte angerufen und einen Vorschlag gemacht. Darauf bezieht sich Lotte in ihrer Nachricht: *Du hattest vorgeschlagen, morgen zusammen zum Friseur zu gehen.* (Plusquamperfekt)

---

7   Weitere Formulierungen: Wie kann man Gegenvorschläge noch formulieren? Ergänzen Sie *auch* oder *lieber*.

1. Ins Fußballstadion? Ich weiß nicht. Lass uns doch _____ ins Schwimmbad gehen.

2. Ins Fußballstadion? Können wir. Aber wir könnten _____ ins Schwimmbad gehen.

3. Hm ... Hättest du vielleicht _____ Lust, ins Schwimmbad zu gehen?

TIPP   Mit *auch* und *lieber* kann man aus Vorschlägen Gegenvorschläge machen.

8 Vorschläge annehmen und ablehnen: Ordnen Sie die Ausdrücke in die Tabelle.

> Ich finde, das klingt gut. • Das ist eine tolle Idee. • Hm, ich weiß nicht. • Da kann ich leider nicht.
> • Da hätte ich total Lust drauf. • Ehrlich gesagt, finde ich das nicht so interessant/praktisch/gut.

1. einen Vorschlag annehmen	2. einen Vorschlag ablehnen
_____	_____
_____	_____
_____	_____

9 Übernehmen Sie die Rolle von Eylem. Sprechen Sie Dennis und Lotte auf den Anrufbeantworter. Beachten Sie dabei die Punkte unten und verwenden Sie für Vorschläge und Gegenvorschläge die Redemittel aus den Aufgaben 3, 6, 7 und 8.

1. für den Anruf bei Dennis:

– Begrüßen Sie Dennis und sagen Sie, wer Sie sind.

– Entschuldigen Sie sich, dass Sie sich erst so spät melden. Sie sind gerade erst vom Kindergarten nach Hause gekommen.

– Sie und Ihr Sohn Emre kommen gern mit in den Zoo. Emre freut sich auch auf das Elefantenbaby.

– Mittwoch passt Ihnen nicht so gut, weil Sie da mit einer Freundin verabredet sind. Sie schlagen den Donnerstag vor.

– Den Vorschlag, mit der Straßenbahn zu fahren, finden Sie gut.

– Den Vorschlag, ein Picknick im Zoo zu machen, finden Sie etwas unpraktisch, weil Sie die ganzen Sachen mitnehmen müssten. Sie würden lieber ins Restaurant gehen.

– Sie sind heute nicht mehr erreichbar und schlagen vor, am nächsten Tag noch einmal zu telefonieren. Sie verabschieden sich.

2. für den Anruf bei Lotte:

– Begrüßen Sie Lotte und sagen Sie, wer Sie sind.

– Sagen Sie, dass Sie ihr auf die Mailbox sprechen, weil Sie gleich wieder weg sind.

– Sie haben am Sonntag Zeit. Anstatt ins Schwimmbad oder in den Park zu gehen, schlagen Sie aber vor, an den See zu fahren.

– Sie fragen, ob Lotte Lust hat, mit dem Fahrrad zu fahren.

– Sie sind einverstanden, den Friseurtermin auf die nächste Woche zu verschieben. Sie schlagen den Montag vor.

– Sie schlagen vor, am nächsten Tag noch einmal persönlich zu telefonieren, und verabschieden sich.

2   Feierabend!

1   Wie steigert man die Formen von *gerne*? Ordnen Sie zu.

> am aller- • viel • am alleraller- • sehr • wahnsinnig • sehr viel • unheimlich • mit Abstand am
> • wesentlich

1. gerne

_____

_____

_____

2. lieber

_____

_____

_____

3. liebsten

_____

_____

_____

53   **2**   Hören Sie ein Telefongespräch im Bus. Was ist richtig? Kreuzen Sie an. Manchmal gibt es mehrere Lösungen.

1.   Der Angerufene
   ◯ a) kommt von der Arbeit.
   ◯ b) fährt zur Arbeit.

2.   Die beiden sprechen darüber,
   ◯ a) was sie am Bahnhof machen.
   ◯ b) wo sie ein Bier trinken gehen.

3.   In dem Gespräch geht es um
   ◯ a) das beste Bier.
   ◯ b) Lautstärke.
   ◯ c) Gemütlichkeit.
   ◯ d) guten Kaffee.
   ◯ e) eine gute Erreichbarkeit zu Fuß.

53   **3**   Was sagt die andere Person? Lesen Sie die Sätze. Hören Sie dann das Telefonat noch einmal und nummerieren Sie.

_____ a)   Ich weiß nicht. Die Wunderbar ... Da fühle ich mich nicht so wohl.

_____ b)   Hey du! Hast du auch schon Feierabend?

_____ c)   Da ist es so hell und kalt, und der Raum ist so groß, das mag ich nicht so gerne. Ich gehe viel lieber in dunkle, gemütliche kleine Kneipen.

_____ d)   Sag mal, hättest du Lust, heute Abend ein Bierchen zu trinken?

_____ e)   In der kleinen Kneipe hinterm Bahnhof?

_____ f)   In der Innenstadt ... Da fällt mir das Café Fatal ein.

_____ g)   Das gefällt dir bestimmt. Dann lass uns doch in einer Stunde am Bahnhof treffen, und dann gehen wir zusammen hin, okay?

_____ h)   Nein, nein, das heißt nur so. Die haben von morgens bis abends um 11 Uhr auf. Morgens ist es eher wie ein Café und abends eine ganz normale, gemütliche Kneipe. Aber die spielen keine Musik, und darum ist es nicht so laut. Kennst du das gar nicht?

53 | **4**   Hören und lesen Sie das Gespräch noch einmal und ergänzen Sie die richtige Form.

● [...] Die ist total gemütlich und nett, aber da ist es (1) _____ oft zu laut. [...] (2) _____ wäre es lieber, wenn wir vielleicht irgendwo hingehen, wo es leiser ist. Vielleicht in die Wunderbar?

○ Ich weiß nicht. In die Wunderbar ... Da fühle ich (3) _____ nicht so wohl.

● Was? Warum fühlst du (4) _____ da nicht wohl?

○ Da ist es so hell und kalt, und der Raum ist so groß, das mag (5) _____ nicht so gerne. (6) _____ gehe viel lieber in dunkle, gemütliche kleine Kneipen.

● Hm ... Gemütlich also und nicht so laut ... Und (7) _____ würde am allerliebsten irgendwo hingehen, von wo aus wir später leicht zu Fuß nach Hause kommen. [...]

● Ein Café? Ich dachte, du wolltest Bier trinken. Kaffee ist abends nicht so (8) _____. [...]

○ Das gefällt (9) _____ bestimmt. Dann lass uns doch. [...]

TIPP   Achten Sie bei den Ausdrücken auf die Grammatik: *zu laut sein, lieber sein* und *gefallen* stehen mit dem Nominativ und dem Dativ: *Es ist mir zu laut. Das Café gefällt dir. Ist es dir lieber, wenn ...?* Mit dem Nominativ und dem Akkusativ dagegen stehen *mögen* und *sich wohlfühlen: Ich fühle mich wohl. Das mag ich nicht so gerne.* Außerdem: Die Verben *mögen* und *lieben* verwendet man im Deutschen selten mit Verben. Benutzen Sie lieber *gerne/lieber/am liebsten.* Der Ausdruck *Das ist nicht so meins.* ist eine feste Wendung, die man nicht verändern kann.

 5   Lesen Sie die Notizen. Hören Sie dann die Fragen eines Freundes und einer Freundin am Telefon. Antworten Sie. Die Ausdrücke aus Übung 4 helfen Ihnen.

54 | **a**

1. Tennis ist Ihnen nach der Arbeit zu anstrengend.

2. Sie sind auch gegen Golf. Auf dem Golfplatz fühlen Sie sich nicht so wohl.

3. Sie würden gern in den Park gehen und dort einen Kaffee trinken.

4. Sie sind einverstanden mit dem Vorschlag.

55 | **b**

1. Sie gehen gerne mit in die Bibliothek. Sie haben noch Bücher, die Sie zurückgeben müssen.

2. Das Café finden Sie nicht so gemütlich. Dort ist Ihnen zu voll und zu laut. Sie würden lieber ins Café Hundertwasser gehen.

3. Sie glauben, dass Ihrer Freundin das Café Hundertwasser gefällt. Es ist modern und gemütlich, und es gibt wunderbaren Apfelkuchen.

4. 17.30 passt Ihnen gut.

56 | **6**   Sie hören jetzt ein Gespräch. Welche Zusammenfassung passt? Kreuzen Sie an.

○ 1. Nadine interessiert sich für Sport. Stefan erzählt vom Taekwondo-Training und lädt sie ein, mitzukommen. Sie lässt sich von ihm überzeugen.

○ 2. Stefan möchte unbedingt, dass Nadine Taekwondo macht. Sie findet den Sport aber nicht interessant.

56 | **7**   Hören Sie das Gespräch noch einmal. Was ist richtig? Kreuzen Sie an.

○ 1. Nadine hat Feierabend und ist froh, dass sie endlich sitzen kann.

○ 2. Nadine fragt Stefan, ob er laufen geht oder im Fitnessstudio trainiert.

○ 3. Stefan erzählt, dass er Taekwondo macht.

○ 4. Stefan sagt, dass man im Training keine Rücksicht aufeinander nehmen muss.

○ 5. Stefan lädt Nadine zum Probetraining ein.

○ 6. Nadine hat keine Lust.

56 | **8**   Hören Sie das Gespräch noch einmal und ergänzen Sie die Ausdrücke.

1. Ich habe etwas gesucht, was nicht langweilig ist. _____ _____ _____ bei einer Sportart _____, dass man nicht nur den Körper trainiert, sondern auch mit dem Kopf dabei ist.

2. Ist das nicht gefährlich? Ich würde denken, man verletzt sich leicht.
Das _____ _____ _____ _____, wie und mit wem du trainierst.

3. Hm ... _____ _____ bei einem Sport _____ _____, ist, dass ich mit netten Leuten zusammen trainiere.

TIPP   In der gesprochenen Sprache wird aus *habe* oft *hab*. In informellen E-Mails und SMS kann man diese Form auch verwenden. Normalerweise benutzt man beim Schreiben aber die lange Form *habe*.

---

9   Was ist Ihnen wichtig, wenn Sie Sport machen? Wählen Sie einige Punkte und erzählen Sie. Die Ausdrücke aus Übung 8 helfen Ihnen.

Man trifft nette Leute.

Es tut gut, sich mal richtig anzustrengen.

Es macht Spaß.

Man wird davon fit.

Es gibt eine Frauengruppe.

Es ist nicht langweilig.

Man lernt etwas, was man im richtigen Leben gebrauchen kann.

Man lernt, sich zu verteidigen.

Es ist nicht zu anstrengend.

Man kann diesen Sport im Sommer und im Winter machen.

7 Kultur und Medien

1 Worum geht es in dem Buch?

57 **1** Hören Sie und ordnen Sie den Büchern die Sprecher zu.

> Roman Perkovic • Kerstin Fischer • Antonia Hofreiter

1. _____ 2. _____ 3. _____

TIPP Die vorgestellten Bücher gibt es auch in einfacher Sprache (meistens Niveau A2-B1, für Menschen, die Deutsch lernen oder normalerweise nicht viel lesen). So macht das Lesen auch Spaß, wenn Ihnen normale Bücher noch zu schwierig sind.

58 **59** **60** **2** Lesen Sie die Zusammenfassungen und Beschreibungen. Ordnen Sie den Zahlen die Groß- und Kleinbuchstaben zu. Hören Sie und vergleichen Sie.

1. _____ _____ Krabat 2. _____ _____ Till Eulenspiegel 3. _____ _____ Frau Holle

A
In diesem Buch geht es um ein Mädchen, das durch einen Brunnen in eine andere Welt fällt. Dort trifft es Frau Holle.

B
Das Buch spielt um 1700 in der Lausitz. Es geht um einen Jungen, der in einer Mühle arbeitet und zaubern lernt.

C
Das Buch handelt von einem Mann, der als Künstler auftritt und dem Publikum Tricks zeigt. Manche davon sind lustig, andere böse.

a) mal lustig, mal böse

b) kraftvoll und pädagogisch wertvoll

c) spannend und unheimlich

3 Welche Satzanfänge kann man für eine Buchvorstellung verwenden? Kreuzen Sie an.

○ 1. Das Buch ist über ...

○ 2. In dem Buch geht es um ...

○ 3. Das Buch handelt von ...

○ 4. Das Buch spricht von ...

○ 5. Das Buch spielt um ... in ...

58 4   Hören Sie noch einmal. Was ist richtig? Kreuzen Sie an.

1. Die Hauptfigur in Roman Perkovic' Lieblingsbuch ist
   ○ a) Otfried Preußler.
   ○ b) der 14-jährige Krabat.

2. Die Zauberei
   ○ a) ist gut und immer hilfreich.
   ○ b) hat dunkle Seiten und macht Krabat Angst.

3. In der Mühle leben und arbeiten
   ○ a) zwölf junge Männer und der Meister.
   ○ b) viele schwarze Vögel.

4. Roman Perkovic möchte das Ende nicht verraten,
   ○ a) weil es ein bisschen langweilig ist.
   ○ b) damit das Buch spannend bleibt für alle, die es noch lesen möchten.

5. Roman Perkovic hat das Buch gelesen,
   ○ a) als er 14 war und später noch einmal als Erwachsener.
   ○ b) wenn er als Kind nicht schlafen konnte.

6. Ihm gefällt, dass das Buch
   ○ a) voller Fantasie, Zauber und Spannung ist.
   ○ b) für Kinder und Jugendliche geeignet ist.

TIPP Aus dem Wort *zaubern* lassen sich viele verwandte Wörter bilden: *der Zauberer, die Zauberei, der Zaubertrick, zauberhaft, verzaubert,* ... Suchen Sie zu neuen Wörtern verwandte Begriffe und lernen Sie so gleich ganze Wortfelder.

59 5   Hören Sie noch einmal. Kreuzen Sie dann an.

	richtig	falsch
1. Das Buch ist eine Sammlung verschiedener Geschichten.	○	○
2. Die Hauptfigur Till Eulenspiegel ist Zauberer und zeigt Zaubertricks.	○	○
3. Die Tricks bringen Kerstin Fischer zum Nachdenken, weil sie kritisch und nicht leicht zu verstehen sind.	○	○
4. Till Eulenspiegel ist eine historische Figur.	○	○
5. Der letzte Roman mit Till Eulenspiegel als Hauptfigur wurde um 1300 veröffentlicht.	○	○

TIPP Die Zeitangabe *um 1300* bedeutet, dass man das Jahr nicht ganz genau angibt, sondern einen ungefähren Zeitraum, zum Beispiel zwischen 1290 und 1310. Genaue Jahreszahlen gibt man ohne Präposition an: *Till Eulenspiegel war 1307 in Braunschweig.* Beachten Sie: *In 1300* ist nicht richtig.

| 60 | **6**   Lesen Sie und hören Sie noch einmal. Was ist richtig? Kreuzen Sie an.

1. Das Märchen „Frau Holle"

○ a) handelt von einem Mädchen, das Schnee machen kann.

○ b) handelt von einem Mädchen, das von seiner Stiefmutter schlecht behandelt wird.

2. Als dem Mädchen etwas in den Brunnen fällt,

○ a) muss es hinterherspringen.

○ b) springt die Stiefmutter hinterher.

3. Am Ende vom Brunnen

○ a) ist kaltes Wasser.

○ b) ist eine grüne Wiese.

4. Als Erstes hilft das Mädchen

○ a) einem Brot, das in einem Backofen liegt.

○ b) einem Backofen.

der Brunnen

5. Als Zweites trifft das Mädchen einen Apfelbaum und

○ a) isst ein paar rote Äpfel.

○ b) schüttelt ihn, weil die Äpfel schon rot sind und zu schwer werden.

6. Als das Mädchen Frau Holle trifft,

○ a) freut es sich sofort.

○ b) fürchtet es sich erst, lässt sich dann aber von Frau Holle beruhigen.

7. Antonia Hofreiter

○ a) wollte als Kind so sein wie das Mädchen.

○ b) wollte als Kind so sein wie Frau Holle.

7   Stellen Sie Ihr Lieblingsbuch vor. Beantworten Sie dabei die Fragen. Die Satzanfänge in den Sprechblasen helfen Ihnen.

Wie ist der Titel und von wem ist das Buch?

Das Buch heißt ... und ist von ... .

Wo und wann spielt es?

Es spielt im Jahr / um ... in ... .

Wer ist die Hauptfigur?

Die Hauptfigur ist ... .

Worum geht es?

Es geht um ... .

Warum ist es Ihr Lieblingsbuch? Was mögen Sie an dem Buch?

Das Buch ist sehr lustig/berührend/spannend ... .

Mir gefällt ... .

Ich mag das Buch, weil ... .

2   Heute kommt im Zweiten ein Krimi.

🎧 61 **1**   Hören Sie. Welches Fernsehprogramm passt? Kreuzen Sie an.

◯ a)

Das Erste	ZDF	BR	Sat.1	RTL	ProSieben	Arte
20:00	20:15	20:15	20:15	20:15	20:15	20:15
Tagesschau	Rundum gesund	Tiere des Meeres	Big Brother	Deutschland sucht den Superstar	The Big Bang Theory	Kleidung made in India
Nachrichten	Gesundheits-magazin	Doku	Realityshow	Show	Serie	Doku

◯ b)

Das Erste	ZDF	BR	Sat.1	RTL	ProSieben	Arte
20:15	20:15	20:15	20:15	20:15	20:15	20:15
Tiere des Meeres	Allein gegen die Polizei	Rundum gesund	Big Brother	Deutschland sucht den Superstar	The Big Bang Theory	Kleidung made in India
Doku	Krimi	Gesundheits-magazin	Realityshow	Show	Serie	Doku

◯ c)

Das Erste	ZDF	BR	Sat.1	RTL	ProSieben	Arte
20:15	20:15	20:15	20:15	20:15	20:15	20:15
Tiere des Meeres	Allein gegen die Polizei	Rundum gesund	The Big Bang Theory	Deutschland sucht den Superstar	Big Brother	Bollywood – Filme made in India
Spielfilm	Doku	Gesundheits-magazin	Serie	Show	Realityshow	Doku

🎧 61 **2**   Hören Sie noch einmal und ergänzen Sie die Sätze.

● Sag mal, weißt du, was heute Abend im Fernsehen (1) _____?

○ Nee, keine Ahnung. Warte, ich guck mal kurz. Also ... Um 20 Uhr die (2) _____.
Und dann ... Ah hier. Also, (3) _____ Ersten kommt eine Doku (4) _____ Meerestiere.
Im (5) _____ ein Krimi. Auf Sat.1 Big Brother.

● Oh Gott, bloß nicht so eine dumme Show.

○ Nee, da habe ich auch keine Lust drauf. Dann ist RTL auch nichts für uns ... Auf Pro7 kommt The Big Bang
Theorie in der (6) _____.

● Aber das ist eine (7) _____. Es ist ein bisschen blöd, wenn man nur eine
(8) _____ sieht.

○ Ja, finde ich auch. Auf Arte kommt eine (9) _____ über Kleidungsproduktion in Indien ...

● Und im (10) _____?

○ „Rundum gesund", ein Gesundheitsmagazin. Das kenne ich auch nicht.

● Kommt denn nicht irgendwo ein normaler (11) _____?

TIPP   Der Sender *Das Erste* gehört zur ARD-Gruppe und wird manchmal auch als *ARD* bezeichnet. Außerdem
gibt es das Zweite Deutsche Fernsehen (*ZDF* oder kurz: *Das Zweite*) und die dritten Programme. Sie sind
regional unterschiedlich. In Norddeutschland gibt es zum Beispiel den NDR (Norddeutscher Rundfunk)
und in Bayern den BR (Bayerischer Rundfunk). Mit diesen Sendern verwendet man die Präposition *in*:
Im Ersten, im Zweiten. Mit anderen Fernseh- und Radiosendern ebenso wie mit Streaming-Diensten
verwendet man die Präposition *auf*.

3 Lesen Sie das folgende Fernsehprogramm. Beantworten Sie dann die Fragen. Verwenden Sie dabei Ausdrücke aus Aufgabe 2.

Das Erste	ZDF	NDR	Sat.1	RTL	ProSieben	Arte
20:15	20:15	20:15	20:15	20:15	20:15	20:15
Praxis mit Meerblick	**Die Anwältin**	**Bei uns zu Hause**	**Das große Kochen**	**Let's Dance**	**Germany's next Top Model**	**Mata Hari – Exotik und Erotik**
Arztserie	Krimiserie	Heimatfilm	Koch-Show	Show	Castingshow	Doku

1. Was kommt heute im Fernsehen?

> Um 20:15 Uhr kommt im Ersten/Zweiten... .

2. Welche dieser Sendungen möchten Sie sehen? Oder möchten Sie lieber online etwas suchen?

> Auf ... kommt ... .

> Ich würde gern ... sehen, weil ... .

> Ich würde lieber online fernsehen, weil ... .

3. Sehen Sie online fern? Welche Sendungen sehen Sie auf welchen Streaming-Diensten?

> Ich sehe oft ... auf ... und ... .

TIPP Wenn Sie auf Deutsch erste Filme sehen möchten, versuchen Sie es mit einem einfachen Krimi. Die Sprache ist oft nicht schwer, und die Geschichte kann man häufig auch verstehen, wenn nicht jedes Wort bekannt ist.

4 Krimis verstehen: Wörter. Ordnen Sie den Wörtern (1.-5.) die passenden Fragen zu.

1. der Tatort _____ a) Wann hat das Verbrechen stattgefunden?

2. der Fundort _____ b) Wer ist der Verbrecher?

3. der Tatzeitpunkt _____ c) Wo hat das Verbrechen stattgefunden?

4. der Täter _____ d) Wer hat den Schaden?

5. das Opfer _____ e) Wo wurde eine Person oder ein Gegenstand gefunden?

62 **5** Lesen Sie die verschiedenen Notizzettel eines Polizisten. Hören Sie dann den Ausschnitt aus einem Krimi. Welcher Notizzettel passt? Kreuzen Sie an.

Tatzeitpunkt: vor Mitternacht des 5.2.	Tatort: Kettelbacher Str. 35	Tatort: Kettelbacher Straße 35, Wohnung 1. OG links
Tatort: Kettelbacher Str. 35, 1. OG links	Tatzeitpunkt: unbekannt	Tatzeitpunkt: 1:00 bis 4:00 (???)
Blutspuren im Eingangsbereich, Opfer im Wohnzimmer gefunden, Opfer wurde bewegt.	Opfer: Sandro Keller, 32	Opfer: männlich
Hinweise auf Drogenkonsum und Drogenhandel	Fundort: Wohnzimmer	Opfer = Mieter??? (Sandro Keller), 32 Jahre alt
Täter aus der Drogenszene?	Tatort??? Blutspuren (→ Spurensicherung abwarten)	gefunden im Wohnzimmer
Opfer und Täter bekannt?	tödliche Verletzungen, wahrscheinlich durch Messer;	Blutspuren → Fundort = Tatort???
(keine Einbruchsspuren)	keine Einbruchsspuren,	(Spurensicherung abwarten)
	Opfer und Täter bekannt?	keine Einbruchsspuren,
	Zeugenaussage: Streit mit Nachbarn	Opfer und Täter bekannt?

A ○   B ○   C ○

62 **6** **Hören Sie noch einmal. Ergänzen Sie die Wörter.**

Sollen wir erst die (1) _____ sichern lassen?

Wenn das Opfer die Person ist, die nach Aussagen des Einwohnermeldeamtes hier wohnt, dann geht es um Sandro Keller, 32 Jahre alt, Mechaniker von Beruf. Keine (2) _____.

Das Opfer ist seit höchstens fünf Stunden (3) _____. Es liegt im Wohnzimmer auf dem Fußboden. Die (4) _____ zeigen, dass die Tat genau hier stattgefunden hat. Vermutlich wurde der Tote nach der Tat nicht mehr (5) _____.

Der Täter war sehr vorsichtig. Bis jetzt haben wir keine (6) _____ auf die Identität des Täters.

Du kannst schon mal anfangen, die Nachbarn zu befragen. Jetzt ist es 7 Uhr, also hat die Tat mitten in der Nacht stattgefunden, wenn das mit den fünf Stunden stimmt. Frag mal rum, ob irgendjemand was (7) _____ gesehen oder gehört hat. Falls es (8) _____ gibt, die wichtige Hinweise geben können, sagst du mir Bescheid.

7 **Stellen Sie einen Krimi vor, den Sie gesehen oder gelesen haben. Notieren Sie dazu erst Stichworte zu der Geschichte. Sprechen Sie dann. Erzählen Sie aber nicht das Ende! Die Satzanfänge und die Ausdrücke in Kapitel 6.1. Aufgabe 2 und 6 helfen Ihnen.**

Wie ist die Situation am Anfang?

_____

_____

Wie geht es weiter? Was passiert?

_____

_____

_____

Der Krimi heißt ... und ist von ... .

Die Hauptfigur ist ... .

Er spielt in ... .

Mehr verrate ich jetzt nicht, damit ... .

Es geht um ... .

Ich fand den Film / das Buch ..., weil ...

8 Gesundheit

1 Wozu würden Sie mir raten?

63 **1 Was ist richtig? Hören Sie und kreuzen Sie an.**

1. Womit hat Herr Weill gesundheitliche Schwierigkeiten?
   ○ a) Mit seinem Gewicht.   ○ b) Mit dem Schlaf.   ○ c) Mit dem Blutdruck.

2. Wozu rät Doktor Andropov?
   ○ a) Zu einer besseren Ernährung.   ○ b) Zu mehr Bewegung.   ○ c) Zu mehr Medikamenten.

> **TIPP** Achten Sie auf die Präpositionen: *Schwierigkeiten haben mit, raten zu.* Sie finden die Präpositionen in den Fragen *womit* und *wozu* und in den Antworten wieder.

63 **2 Hören Sie noch einmal. Was ist richtig? Kreuzen Sie an. Manchmal sind beide Lösungen richtig.**

1. Herr Weill möchte
   ○ a) nicht so viele Medikamente nehmen.
   ○ b) gesünder leben, um seinen Blutdruck zu verbessern.

2. Doktor Andropov fragt Herrn Weill zuerst
   ○ a) nach der Art seiner Medikamente.
   ○ b) nach seiner Ernährungsweise.

3. Herr Weill ernährt sich
   ○ a) eher ungesund.
   ○ b) eher gesund.

4. Doktor Andropov meint, dass Sport
   ○ a) fröhlich macht.
   ○ b) im Gegensatz zu Medikamenten nicht schädlich ist.

5. Herr Weill hat keine Lust,
   ○ a) ins Fitnessstudio zu gehen.
   ○ b) alleine Sport zu machen.

6. Am Ende beschließt Herr Weill
   ○ a) einen Kampfsport auszuprobieren.
   ○ b) mehr Kung-Fu-Filme zu sehen, um sich zu motivieren.

7. Doktor Andropov rät dazu,
   ○ a) eine Sportart zu wählen, die man gerne macht.
   ○ b) bei Blutdruckproblemen einen Kampfsport auszuprobieren.

3 Was bedeuten die Ausdrücke? Verbinden Sie.

1. den inneren Schweinehund überwinden _____ a) nicht aufhören oder aufgeben, weitermachen

2. am Ball bleiben _____ b) die Kontrolle über etwas gewinnen

3. etwas in den Griff bekommen _____ c) sich motivieren, etwas zu tun, wozu man eigentlich keine Lust hat

63   4   Ratschläge geben: Hören Sie noch einmal und ergänzen Sie.

Das (1) _____ Sie ändern. Ich (2) _____ Ihnen raten, mindestens viermal in der Woche Sport zu machen.

Dann suchen Sie sich etwas anderes. Sie (3) _____ zum Beispiel einen Mannschaftssport ausprobieren.

Ja, dann (4) _____ das vielleicht etwas für Sie.

An Ihrer Stelle (5) _____ ich ruhig etwas Neues ausprobieren und dann vor allem darauf achten, am Ball zu bleiben.

> **TIPP**   Die Verben *sollen* und *können* im Konjunktiv II für Ratschläge lassen sich flexibel verwenden. *Können* ist dabei schwächer und drückt einen Vorschlag aus. *Sollen* ist stärker und drückt eine Empfehlung aus. Die Ausdrücke *Ich würde Ihnen/dir raten …* und *An Ihrer/deiner Stelle würde ich …* sind unveränderlich.

64   5   Was ist richtig? Kreuzen Sie an. Es gibt mehrere richtige Lösungen.

Gegen Ihre Schlafstörungen soll Frau Siemsen

○ 1. weniger arbeiten.

○ 2. später arbeiten.

○ 3. sich spät abends nicht mehr mit dem Handy beschäftigen.

○ 4. im Internet Videos zum Einschlafen suchen.

○ 5. nicht zu spät essen.

○ 6. sich besser ernähren.

○ 7. kürzer schlafen.

○ 8. herausfinden, wie lange sie schlafen sollte.

64   6   Noch mehr Ratschläge: Hören Sie und ergänzen Sie.

1. Das ist ein ziemlich großer Unterschied. _____, wenn Sie mit Ihrem Arbeitgeber sprechen könnten.

2. Schwaches, rotes Licht ist besser. _____ bei Kerzenschein, dann werden Sie schneller müde.

3. Das kann auch zu Schlafproblemen führen. _____, die letzte Mahlzeit mindestens drei Stunden vor dem Einschlafen zu sich zu nehmen.

4. Das wird sicherlich helfen. _____: Experimentieren Sie ein bisschen mit der Dauer Ihres Schlafs.

7   Vergleichen Sie die Sätze. Welcher Ratschlag ist höflicher? Kreuzen Sie an.

1. ◯ a) Lesen Sie.   ◯ b) Lesen Sie lieber ein wenig.

2. ◯ a) Experimentieren Sie.   ◯ b) Und noch ein Tipp: Experimentieren Sie ein bisschen.

TIPP   Sie können für Ratschläge auch den Imperativ verwenden. Durch Ausdrücke wie *lieber, am besten, ein wenig* oder *ein bisschen* machen Sie sie höflicher.

---

65   **8**   Was soll ich machen?

a   Sehen Sie die Fotos an. Hören Sie dann, welche gesundheitlichen Probleme die Personen haben. Notieren Sie, welche Person Sie mit *du* und welche mit *Sie* angesprochen hat.

1. _____   2. _____   3. _____   4. _____

65   **b**   Hören Sie noch einmal und geben Sie Ratschläge. Die Ausdrücke aus den Aufgaben 4, 6 und 7 und die Satzanfänge unten helfen Ihnen. Verwenden Sie *du* oder *Sie* genauso wie die Personen.

> Vielleicht solltest du / sollten Sie aufhören, ... zu ...

> Am besten wäre es sicherlich, wenn du / Sie ...

> An deiner / Ihrer Stelle würde ich versuchen, weniger ...

> Ich würde dir / Ihnen raten, ... zu ...

9   Wie geht es Ihnen? Ergänzen Sie die Mindmap mit Informationen zu Ihrer eigenen Gesundheit. Beantworten Sie dann die Fragen.

1. Schlafen Sie normalerweise gut, oder haben Sie Schlafprobleme? Beschreiben Sie Ihren Schlaf.

> Ich schlafe normalerweise recht ...

> Schlafprobleme habe ich meistens, wenn ...

2. Beschreiben Sie Ihre Ernährungsweise.

> Eine gesunde Ernährung ist für mich wichtig / nicht so wichtig. Ich finde ...

> Ich esse (nicht so) viel/wenig ... und ...

> Im Allgemeinen achte ich darauf, ... zu ...

3. Bewegen Sie sich genug? Was tun Sie, um den inneren Schweinehund zu überwinden?

> Normalerweise bewege ich mich ...

> Um den inneren Schweinehund zu überwinden, ...

4. Haben Sie gesundheitliche Probleme? Was tun Sie, um sie in den Griff zu bekommen?

> Ich habe... / Ich leide unter ...

> Dagegen nehme/mache ich ...

2 Das tut gar nicht weh.

🎧 66 1 Hören Sie, was die Arzthelferin sagt, und verbinden Sie.

1. Dem Patienten   _____ a) wird der Blutdruck gemessen.

2. Der Patientin   _____ b) wird gewogen.

3. Dem Patienten   _____ c) wird der Verband gewechselt.

4. Der Patient   _____ d) sind Tabletten verschrieben worden.

5. Der Patientin   _____ e) wird Blut abgenommen.

TIPP   Beachten Sie die n-Deklination bei dem Wort *Patient*. Die Deklinationsformen im Singular heißen: *der Patient, den Patienten, dem Patienten, des Patienten.*

Beachten Sie außerdem die Bildung des Passiv Perfekt. Das Partizip II von *werden* ist hier *worden*, <u>nicht</u> *geworden: Dem Patienten sind Tabletten verschrieben worden.*

🎧 66 2 Was ist richtig? Hören Sie noch einmal und kreuzen Sie an.

1. Patient 1 soll die Tabletten

  ◯ a) dreimal täglich nehmen.   ◯ b) zweimal täglich nehmen.

2. Patient 2 soll den Arm

  ◯ a) anspannen.   ◯ b) freimachen und entspannen.

3. Patient 3 hat

  ◯ a) eine Wunde am Fuß.   ◯ b) einen gebrochenen Fuß.

4. Patient 4

  ◯ a) wiegt genauso viel wie vorher.   ◯ b) hat abgenommen.

5. Patient 5 soll

  ◯ a) die Hand zu einer lockeren Faust machen.   ◯ b) die Faust auf- und zu machen.

◉ 3 Was ist mit den Patienten gemacht worden? Ordnen Sie zu und formulieren Sie dann Sätze im Passiv Perfekt.

[Fieber messen • eine Spritze geben • Augentropfen verschreiben • einen Gips anlegen]

1. _____   2. _____   3. _____   4. _____

_____   _____   _____   _____

_____   _____   _____   _____

_____   _____   _____   _____

4 Beantworten Sie die Fragen zu Ihrem letzten Arztbesuch. Die Satzanfänge helfen Ihnen.

Welche gesundheitlichen Probleme hatten Sie?

> Ich war beim Arzt, weil ich … / Probleme mit … hatte.

Welche Untersuchungen sind mit Ihnen gemacht worden?

> Zuerst bin ich / ist mir … worden. Dann …

Was sollten Sie während der Untersuchungen machen?

> Als mir/ich …, sollte ich …

Welche Medikamente sind Ihnen verschrieben worden?

> Mir ist/sind … verschrieben worden.

Wie und wann sollten Sie diese Medikamente einnehmen?

> Die … sollte ich … Tage/Wochen lang immer … nehmen/anwenden.

 5 Den Notruf anrufen: Welches Bild passt? Hören Sie und kreuzen Sie an.

○ 1.   ○ 2.   ○ 3.

 **6** Was ist richtig? Hören Sie noch einmal und kreuzen Sie an.

1. Wo liegt der Mann?
   ○ a) Neben einem Einkaufszentrum in der Nähe des Bahnhofs.
   ○ b) Auf einem Weg, der um den Bahnhof herum führt.

2. Ist der Mann wach und kann sprechen?
   ○ a) Nein, aber er reagiert leicht, wenn die Frau Dummert ihn an der Schulter berührt.
   ○ b) Nein, er liegt mit geschlossenen Augen da und reagiert gar nicht.

3. Was kann man äußerlich erkennen?
   ○ a) Der Mann sieht unverletzt aus. Es gibt keine Hinweise auf Alkohol oder Drogen.
   ○ b) Der Mann hat kaputte Kleidung an und blutet.

4. Was soll Frau Dummert jetzt tun?
   ○ a) Sie soll bleiben, wo sie ist, und ihr Telefon bereithalten.
   ○ b) Sie soll warten. Wenn niemand kommt, soll sie noch einmal anrufen.

TIPP Bei einem Notruf sollte man die fünf Ws beachten: *Wo* sind Sie? *Wer* sind Sie? *Was* ist passiert? *Wie viele* Personen sind verletzt? *Warten* Sie, ob die Person in der Notrufzentrale Ihnen noch Fragen stellen möchte.

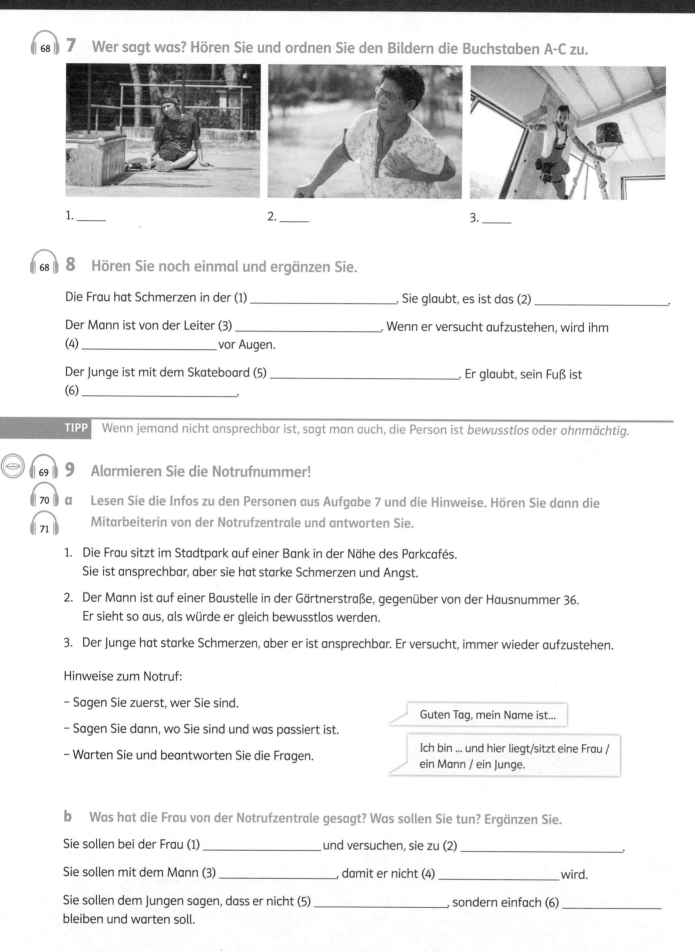

68 **7**   **Wer sagt was? Hören Sie und ordnen Sie den Bildern die Buchstaben A-C zu.**

1. _____   2. _____   3. _____

68 **8**   **Hören Sie noch einmal und ergänzen Sie.**

Die Frau hat Schmerzen in der (1) _____. Sie glaubt, es ist das (2) _____.

Der Mann ist von der Leiter (3) _____. Wenn er versucht aufzustehen, wird ihm
(4) _____ vor Augen.

Der Junge ist mit dem Skateboard (5) _____. Er glaubt, sein Fuß ist
(6) _____.

TIPP   Wenn jemand nicht ansprechbar ist, sagt man auch, die Person ist *bewusstlos* oder *ohnmächtig*.

69 **9**   **Alarmieren Sie die Notrufnummer!**

70 **a**   **Lesen Sie die Infos zu den Personen aus Aufgabe 7 und die Hinweise. Hören Sie dann die**
71   **Mitarbeiterin von der Notrufzentrale und antworten Sie.**

1. Die Frau sitzt im Stadtpark auf einer Bank in der Nähe des Parkcafés.
   Sie ist ansprechbar, aber sie hat starke Schmerzen und Angst.

2. Der Mann ist auf einer Baustelle in der Gärtnerstraße, gegenüber von der Hausnummer 36.
   Er sieht so aus, als würde er gleich bewusstlos werden.

3. Der Junge hat starke Schmerzen, aber er ist ansprechbar. Er versucht, immer wieder aufzustehen.

Hinweise zum Notruf:

– Sagen Sie zuerst, wer Sie sind.

– Sagen Sie dann, wo Sie sind und was passiert ist.

– Warten Sie und beantworten Sie die Fragen.

> Guten Tag, mein Name ist...

> Ich bin ... und hier liegt/sitzt eine Frau /
> ein Mann / ein Junge.

b   **Was hat die Frau von der Notrufzentrale gesagt? Was sollen Sie tun? Ergänzen Sie.**

Sie sollen bei der Frau (1) _____ und versuchen, sie zu (2) _____.

Sie sollen mit dem Mann (3) _____, damit er nicht (4) _____ wird.

Sie sollen dem Jungen sagen, dass er nicht (5) _____, sondern einfach (6) _____
bleiben und warten soll.

9 Arbeit

1 Firma InTec, Sie sprechen mit Frau Jansen.

72 1 Was ist richtig? Hören Sie und kreuzen Sie an.

○ 1. Herr Lopez ist ein Kunde der Firma InTec.

○ 2. Herr Babic ist wahrscheinlich am Nachmittag zurück.

○ 3. Herr Lopez braucht Steuerbescheide von Herrn Babic.

○ 4. Herr Lopez soll am Nachmittag noch einmal anrufen.

72 2 Wie war das genau?

a Hören Sie noch einmal und ergänzen Sie.

○ Firma InTec, Sie (1) _____ mit Frau Jansen. Guten Tag.

● Guten Tag, hier ist Martín Lopez von der Beratungsagentur Alpha. Ich (2) _____ eigentlich mit Herrn Babic sprechen. Ist das nicht seine Nummer?

○ Doch, wir teilen uns das Büro und den (3) _____. Aber Herr Babic ist leider gerade nicht da.

● Wissen Sie, wann ich ihn (4) _____ kann?

○ Soweit ich weiß, hat er heute Vormittag einige Termine (5) _____ _____. Aber ich glaube, (6) _____ dem frühen Nachmittag müsste er wieder da sein. Soll ich ihm etwas (7) _____?

● Das wäre nett. Könnten Sie ihm sagen, dass ich noch einige Steuerunterlagen von ihm bräuchte? Am wichtigsten wären die Bescheide der letzten beiden Jahre.

○ In Ordnung, ich notiere es: Steuerunterlagen, Bescheide der letzten beiden Jahre. Wie (8) _____ _____ _____ Ihr Name?

● Martín Lopez. Meine Nummer ...

○ Ist das die, (9) _____ _____ Sie gerade anrufen?

● Ja, genau.

○ Dann (10) _____ ich die gleich. Herr Babic ruft Sie dann heute Nachmittag (11) _____, oder spätestens morgen, in Ordnung?

● Ja, wunderbar. Vielen Dank, auf Wiederhören!

○ Wiederhören.

TIPP Beachten Sie, wie die Sprecher den Konjunktiv II verwenden, um höflich zu sein.

b Herr Lopez hat eine Kollegin, mit der er gemeinsam die Firma InTec berät. Er fasst das Gespräch für sie zusammen. Welches Wort aus Aufgabe a passt? Ergänzen Sie in der richtigen Form.

Ich habe versucht, Herrn Babic anzurufen, aber ich habe ihn nicht (1) _____. Seine Kollegin hat versprochen, ihm (2) _____, dass wir noch Unterlagen von ihm brauchen. Sie meinte, dass er mich bestimmt heute oder morgen (3) _____.

🎧 73 | 3 Hören Sie ein Telefongespräch. Wer macht was?
Kreuzen Sie an.

	Frau Leidinger	**Herr Salman**	
1.	◯	◯	hat etwas bestellt.
2.	◯	◯	überprüft die Bestellung.
3.	◯	◯	verspricht eine weitere Lieferung.

🎧 73 | 4 Was ist richtig? Wählen Sie.

1. Frau Leidinger hat *weniger/mehr* Nägel bekommen, als sie bestellt hatte.

2. Frau Leidinger hat die Bestellnummer *nicht da/gleich zur Hand*.

3. Die Bestellung ist *richtig/nicht richtig* eingegeben worden.

4. Beim Versand war noch *alles richtig/nicht alles richtig*.

5. Herr Salman schickt noch einmal *25 Nägel/2.500 Nägel*.

5 Sich am Telefon melden: Was können Sie sagen, wenn Sie bei der Arbeit einen Anruf annehmen?

◯ 1. Müller?

◯ 2. Ja? Hallo?

◯ 3. Hier ist Jana Müller.

◯ 4. Braun GmbH, Sie sprechen mit Jana Müller. Guten Tag.

◯ 5. Hier ist die Braun GmbH, Jana Müller am Apparat. Guten Tag.

◯ 6. Jana Müller von der Braun GmbH. Guten Tag.

> **TIPP** Sagen Sie bei beruflichen Telefonaten immer den Namen Ihres Arbeitgebers und Ihren eigenen Namen sowie eine kurze Begrüßung. Bei einigen Firmen gehört die Gesellschaftsform zum Namen, z.B. *GmbH (Gesellschaft mit beschränkter Haftung)* oder *AG (Aktiengesellschaft)*.

6 Pausen überbrücken: Sie müssen während eines Anrufs etwas suchen oder nachsehen. Welche Ausdrücke können Sie benutzen, damit keine Pause entsteht? Kreuzen Sie an.

◯ 1. Warten Sie (mal kurz).

◯ 2. Einen kleinen Moment.

◯ 3. Ein bisschen warten.

◯ 4. Kein Problem.

◯ 5. Augenblick/Sekunde noch, ich habe es gleich.

◯ 6. Eine Minute bitte, da muss ich ein bisschen suchen.

◯ 7. Einen Augenblick bitte, bleiben Sie kurz dran.

> **TIPP** Wenn Sie beruflich telefonieren, lernen Sie einige dieser Ausdrücke auswendig. Sie sind höflich und klingen natürlich.

7   Telefonieren üben

 a   Lesen Sie die Informationen. Hören Sie dann und antworten Sie.

Sie arbeiten bei der Firma Mielke. Sie teilen sich das Büro mit Alexander Tal. Heute sind Sie alleine im Büro. Das Telefon klingelt. Sie heben ab.

1. Melden Sie sich und begrüßen Sie die Anruferin oder den Anrufer.

> Firma Mielke. Sie sprechen mit ...

2. Wiederholen Sie Ihren Namen. Sagen Sie, dass Herr Tal gerade nicht da ist.

> Mein Name ist ... Herr Tal ...

> Soweit ich weiß, ...

3. Sie glauben, dass er den ganzen Tag außer Haus ist.
   Morgen ist er wieder erreichbar.
   Sie fragen, ob Sie etwas ausrichten können.

> Aber ich glaube, ...

> Kann ich ihm ...?

> In Ordnung, ich notiere es: ...

4. Sie notieren die Frage und bitten die Anruferin, ihren Namen zu wiederholen.

> Wie war noch gleich ...?

> Ja, ich ...

5. Sie sehen die Nummer.
   Sie sagen, dass Herr Tal morgen zurückruft.

> Herr Tal ...

6. Sie verabschieden sich.

> Auf ...

 b   Lesen Sie die Informationen. Hören Sie dann und antworten Sie.

Sie arbeiten bei der Gärtnerei Holstein. Frau Knopp, eine ältere Kundin, die schon oft Pflanzen bei Ihnen bestellt hat, ruft an. Sie gehen ans Telefon.

1. Melden Sie sich und begrüßen Sie die Anruferin.

> Hier ist die Gärtnerei Holstein, ...

> Ah, Frau ...!

2. Begrüßen Sie Frau Knopp noch einmal persönlich und fragen Sie sie nach dem Grund ihres Anrufs.

> Worum geht ...?

> Warten Sie ...

3. Sie sehen im Computer nach. Sie möchten nicht, dass dabei eine Pause entsteht.
   Dann finden Sie die Bestellung.
   Es sind wirklich weiße Rosen.

> Ich schaue schnell ...

> Augenblick noch, ich ...

> Ah, da haben wir ...

> Hier steht, ...

4. Sie sehen noch einmal beim Versand nach.
   Die Rosen sind wirklich weiß.

> Einen kleinen ....

> Ja, hier steht ganz klar: ...

> Ja, genau. Machen Sie sich keine ...

5. Sie beruhigen Frau Kopp. Sie erinnern sich, dass das Schild bei allen Pflanzen rote Rosen zeigt, aber das hat nicht zu bedeuten.

> Ich erinnere mich auch, dass ...

> Danke Ihnen! Auf ...

6. Sie bedanken sich ebenfalls und verabschieden sich.

2 Auch heute sind wieder zahlreiche Arbeitnehmerinnen und Arbeitnehmer auf die Straße gegangen.

1   Wichtige Wörter. Welche Ausdrücke haben eine ähnliche Bedeutung? Verbinden Sie.

1. demonstrieren   _____ a) auf die Straße gehen

2. Arbeitnehmer sein   _____ b) ganztags beschäftigt sein

3. jemanden entlassen   _____ c) einen Kompromiss eingehen

4. sich einigen   _____ d) jemandem kündigen

5. Vollzeit arbeiten   _____ e) in einem Unternehmen
                                     beschäftigt sein

76   **2**   Hören Sie eine Radionachricht. Was ist richtig? Kreuzen Sie an.

Die Menschen demonstrieren gegen

1. eine Einigung des Unternehmens mit dem Betriebsrat.   ◯

2. Kompromisse, die die Gewerkschaft eingehen will.   ◯

3. Kündigungen, die das Unternehmen plant.   ◯

76   **3**   Hören Sie noch einmal und beantworten Sie die Fragen in Stichworten.

1. Wie viele Leute sollen entlassen werden?   _____

2. Wie lange wird schon über die Entlassungen gesprochen?   _____

3. Wann haben die Mitarbeiter von den aktuell geplanten
   Kündigungen erfahren?   _____

4. Wie fühlen sich die Mitarbeiter jetzt?   _____

                                                      _____

77   **4**   Hören Sie den zweiten Teil der Nachricht. Wer sagt was? Verbinden Sie. Es gibt jeweils
         zwei Lösungen.

                              a) kritisiert die Unternehmensleitung.

                              b) hat Angst, nicht mehr genug Geld für die Familie zu verdienen.

1. Sprecherin 1 _____ _____   c) ist in der Gewerkschaft und fühlt sich verantwortlich.

2. Sprecherin 2 _____ _____   d) erzählt, welche Kompromisse die Arbeitnehmer gemacht haben.

3. Sprecher 3   _____ _____   e) spricht über die Kündigungsfrist.

                              f) nennt Gründe für die Entlassungen.

77 | **5**   Hören Sie noch einmal. Was ist richtig? Kreuzen Sie an.

1. Was bedeutet es, Entlassungen sozial zu gestalten?
○ a) Die Mitarbeiter vor Kündigungen zu schützen.
○ b) Möglichst keine Leute zu entlassen, die Familie haben oder schon älter sind.

2. Was bedeutet der Ausdruck *jemanden vor die Tür setzen*?
○ a) Jemanden entlassen.
○ b) Die Kündigungsfrist verlängern.

3. Worauf haben die Mitarbeiterinnen und Mitarbeiter verzichtet?
○ a) Auf ihren Lohn und darauf, Überstunden zu machen.
○ b) Auf Lohnerhöhungen, Bezahlung für Überstunden und Urlaubstage.

4. Was sagt die Gewerkschafterin?
○ a) Sie freut sich, dass sie nicht so leicht entlassen werden kann.
○ b) Sie will streiken, wenn die Geschäftsleitung keine Lösung anbietet.

5. Was hatte das Unternehmen in letzter Zeit?
○ a) Aufträge im Energiebereich.
○ b) Niedrigere Einnahmen und höhere Ausgaben.

6. Was hat das Unternehmen am Ende verloren?
○ a) Viel Geld.
○ b) Das Vertrauen der Mitarbeiterinnen und Mitarbeiter.

77 | **6**   Wie war das genau?

a   Hören Sie noch einmal und ergänzen Sie die Ausdrücke.

Ich habe zwei Kinder, die beide noch zur Schule gehen. (1) _____,
wenn ich meine Arbeit verliere? [...] sie behaupten, dass Angestellte mit Kindern oder ältere Mitarbeiter
besser geschützt sind, aber (2) _____ bei 300 Entlassungen
_____? [...] Die können mich in drei Monaten vor die Tür setzen, obwohl ich hier so
lange Vollzeit gearbeitet habe. (3) _____ so schnell eine neue Arbeit finden?

Wir haben auf Lohnerhöhungen verzichtet, wir haben unbezahlte Überstunden gemacht, wir haben
unsere Urlaubstage nicht genommen. (4) _____, damit sie hier niemanden
entlassen. (5) _____: Sie arbeiten Vollzeit [...]. Als Gewerkschafterin
fühle ich mich auch dafür verantwortlich, dass so etwas nicht passiert. (6) _____
_____ all diese Gespräche geführt?

Wie man mit einer Krise umgeht, ist (7) _____ eine Frage des Managements.
(8) _____, dass das Management überhaupt keine Rücksicht auf
uns nimmt.

b   Welche Funktion haben die Ausdrücke? Kreuzen Sie an.

1.   *Was sollen wir denn machen? Wie soll das denn gehen? Wie soll ich denn …*

Diese Sätze und Satzteile drücken _____ aus.

◯ a) Zweifel und Verzweiflung   ◯ b) eine Frage um Rat

2.   *Und das alles nur, damit/weil …! Stellen Sie sich das mal vor! Wozu haben wir denn …?*

Diese Sätze und Satzteile drücken _____ aus.

◯ a) Angst   ◯ b) Wut

3.   *Meiner Meinung nach … Wir haben das Gefühl, dass …*

Diese Sätze und Satzteile drücken _____ aus.

◯ a) die eigene Meinung   ◯ b) eine scharfe Kritik

7   Jetzt Sie: Lesen Sie die Informationen. Erzählen Sie dann in einem Interview von Ihrer Situation. Die Ausdrücke aus Aufgabe 5 und die Satzanfänge helfen Ihnen.

Ein großer Paketversand in einer anderen Stadt hat für die Weihnachtszeit Mitarbeiter gesucht. Sie haben sich beworben und eine Stelle bekommen. Drei Monate sollen Sie dort arbeiten können. Eine Unterkunft bekommen Sie von Ihrem Arbeitgeber.
Sie fahren in die Stadt, ziehen in die Unterkunft ein und beginnen mit der Arbeit. Aber vieles ist anders, als Sie gedacht haben:

- Sie haben nur ein sehr kleines Zimmer. Küche und Bad müssen Sie mit anderen Mitarbeitern des Paketversands teilen. Es gibt einen Sicherheitsdienst, der Ihr Zimmer und Ihre Taschen kontrolliert.

- Von der Unterkunft zu Ihrem Arbeitsplatz ist es sehr weit. Es gibt nur einen Bus dorthin. Wenn er sich verspätet, bekommen Sie weniger Geld.

- Ihr Arbeitsplatz ist sehr kalt.

- Sie dachten, Ihr Arbeitsplatz wäre für drei Monate sicher. Aber nach einem Monat kommt ein leitender Mitarbeiter nach der Arbeit zu Ihnen. Er sagt, der Paketversand hat nicht genug Aufträge und muss Mitarbeiter entlassen. Sie haben 24 Stunden Zeit, Ihre Sachen zu packen und die Unterkunft zu verlassen.

Letztes Jahr habe ich mich zur Weihnachtszeit …

Ich sollte dort drei Monate lang …

Stellen Sie sich das mal vor! …

Als ich angekommen bin, habe ich gemerkt, dass …

Außerdem …

Nach einem Monat ist ein Mitarbeiter zu mir gekommen und hat gesagt, …

Ich habe gedacht: Was soll ich denn …?

Meiner Meinung nach …

10 Behörden

1 Polizeidirektion Mitte, was kann ich für Sie tun?

1 Welches Wort passt? Ordnen Sie zu.

[Aktenzeichen • Ermittlung • Verstoß • Anliegen • Eigenbedarf]

1. Ein Vermieter darf einen Mietvertrag nicht ohne Grund kündigen. Aber er darf kündigen, wenn er die Wohnung selbst braucht. Das nennt man _____.

2. Wenn eine Behörde eine Anfrage oder einen Antrag bearbeitet, legt sie dazu einen eigenen Ordner an, eine so genannte Akte. Diese bekommt eine Nummer. Das ist das _____.

3. Ein Problem, eine Frage oder ein Thema, das einem wichtig ist und über das man daher sprechen möchte, ist ein _____.

4. Wenn die Polizei einen Kriminalfall oder einen Unfall untersucht, spricht man von einer _____.

5. Wenn jemand etwas Illegales macht, spricht man von einem _____ gegen das Gesetz.

78 **2** Hören Sie. Welche Nummer passt? Ergänzen Sie.

1. Notfälle _____

2. allgemeine Informationen _____

3. Anzeigen und Beschwerden _____

4. Fälle, zu denen es bei der Polizei bereits eine Akte gibt _____

79 **3** Hören Sie. Was ist richtig? Kreuzen Sie an.

○ 1. Leon möchte seine ehemalige Nachbarin anzeigen, weil sie ihm etwas Falsches erzählt hat.

○ 2. Leon möchte die Tochter des Vermieters anzeigen, weil sie ihm die Wohnung weggenommen hat.

○ 3. Leon möchte seinen Vermieter anzeigen, weil die Kündigung seiner Wohnung nicht legal war.

79 **4** Hören Sie noch einmal. Was ist richtig? Kreuzen Sie an.

1. Leons Wohnung wurde *gestern/letzten Monat/letztes Jahr* gekündigt.

2. Die Tochter ist *sofort/nach einem jungen Mann/nie* in die Wohnung eingezogen.

3. Nach Leons Auszug wurde die Wohnung *lange renoviert/sofort wieder vermietet/verkauft*.

4. Heute wohnt in Leons alter Wohnung *ein junger Mann/ein Paar/eine neue Nachbarin*.

5. Um den Vermieter anzuzeigen, soll Leon *einen Anwalt für Mietrecht/zuerst seinen ehemaligen Vermieter/eine andere Abteilung der Polizei* anrufen.

80 5 Hören Sie. Über welche Themen spricht Leon mit der Polizistin? Kreuzen Sie an.

◯ 1. Über einen Verdacht des Vermieters.

◯ 2. Über den Abschluss des Mietvertrags.

◯ 3. Über die Übernahme der Wohnung durch den Sohn.

◯ 4. Über das Kündigungsschreiben.

◯ 5. Über Leons Situation nach der Kündigung.

◯ 6. Über ein bestimmtes Anwaltsbüro, das sich auf Mietrecht spezialisiert hat.

◯ 7. Über Möglichkeiten, sich beraten zu lassen.

80 6 Hören Sie noch einmal. Welche Antwort ist richtig? Kreuzen Sie an.

1. Mit wem hat Leon den Mietvertrag abgeschlossen?

◯ a) Mit seinem letzten Vermieter.

◯ b) Mit den Eltern seines letzten Vermieters.

2. Worüber hat sich Leon gefreut, als er den Mietvertrag abgeschlossen hat?

◯ a) Über die niedrige Miete.

◯ b) Über die schöne Wohnung.

3. Wann hat der Sohn die Wohnung übernommen?

◯ a) Vorletztes Jahr.

◯ b) Letztes Jahr.

4. Um wie viel Prozent durfte der neue Vermieter die Miete erhöhen?

◯ a) Um 15%.

◯ b) Um 50%.

5. War der Vermieter mit der höheren Miete zufrieden?

◯ a) Ja.

◯ b) Nein.

6. Welchen Vorteil hat der Vermieter, wenn ein neuer Mieter einzieht?

◯ a) Er kann mehr Miete verlangen.

◯ b) Die Kündigungsfrist ist kürzer.

7. Was sagt die Polizistin über die Kündigung?

◯ a) Die Kündigung ist rechtlich in Ordnung.

◯ b) Es fehlen ein paar wichtige Angaben.

8. Warum hat Leon die Kündigung nicht prüfen lassen?

◯ a) Die Situation war neu und schwierig für ihn.

◯ b) Er hatte Angst, dass der Vermieter einen Anwalt beauftragt.

9. Wozu rät die Polizistin?

◯ a) Einen guten Anwalt zu beauftragen.

◯ b) Sich beim Mieterschutzbund beraten zu lassen.

7   Was passt zusammen? Verbinden Sie.

1. einen Vertrag   _____ a) begründen, prüfen lassen

2. eine Wohnung   _____ b) erhöhen, mindern

3. die Miete   _____ c) übernehmen, vermieten

4. einen Anwalt   _____ d) abschließen, kündigen

5. eine Kündigung   _____ e) beauftragen, um Rat fragen

TIPP   Wenn in einer Mietwohnung etwas Wichtiges wie Fenster, Türen oder Heizung kaputt ist, darf der Mieter weniger Miete zahlen, bis der Vermieter den Schaden repariert hat. Das nennt man *die Miete mindern* oder *eine Mietminderung*.

 81   **8**   Lesen Sie die Informationen. Hören Sie dann und antworten Sie.

Sie rufen bei der Polizei an, weil Sie Ihren Vermieter anzeigen möchten. Es ist Winter und die Heizung funktioniert nicht. Dies haben Sie dem Vermieter vor drei Wochen schriftlich mitgeteilt. Außerdem haben Sie die Miete gemindert. Der Vermieter repariert die Heizung aber nicht und ist mit der Mietminderung auch nicht einverstanden. Er sagt, wenn Sie nicht die gesamte Miete bezahlen, wird er Ihnen kündigen.

Begrüßen Sie den Polizisten. Sagen Sie Ihren Namen und den Grund Ihres Anrufs.

Guten Tag, mein Name ist ... Ich rufe an, weil ...

Also, ich habe vor drei Wochen ..., weil ...

Erzählen Sie von Ihrem Streit mit dem Vermieter.

Aber mein Vermieter ...

Fragen Sie, was Sie jetzt machen können.

Was kann ich denn da ...? Kann ich ...?

Antworten Sie mit Ja.

Ja, habe ich. / Ja, ich habe ...

Bedanken und verabschieden Sie sich.

Vielen ... Auf ...

 82   **9**   Lesen Sie die Informationen. Hören Sie dann und antworten Sie.

Sie begrüßen den Polizisten und nennen den Grund für Ihren Besuch.

Guten Tag, ich bin ... Wir hatten gestern telefoniert. Es ging um ...

Sie erklären, dass Ihr Vermieter die Kündigung noch nicht geschickt hat, dass er die Heizung aber auch nicht repariert und die Mietminderung nicht akzeptiert.

Nein, die Kündigung ...

Aber er ...

Sie erklären den zeitlichen Ablauf:

13. November: Heizung kaputt (abends)

Also, am 13. November ist ...

14. November: Vermieter angerufen, nicht erreicht. E-Mail geschrieben.

Am nächsten Tag habe ich ...

Am übernächsten Tag ...

15. November: telefonisch nicht erreicht. E-Mail geschrieben. Mietminderung angekündigt.

Aber mein Vermieter ...

31. November: erste geminderte Miete überwiesen

Am Ende des Monats habe ich ...

Sie sind nicht im Mieterschutzbund.

Nein, ich bin ... / bin ich ...

2 Dann müssten Sie nachher noch die Anlage WEP ausfüllen.

🎧 83 **1** Herr Keduk möchte Arbeitslosengeld beantragen. Hören Sie den Anfang eines Gesprächs im Jobcenter und ergänzen Sie den Antrag, wo nötig.

1. Anrede: Vorname: Bong   3. Rentenversicherungsnummer

_____   _____

Nachname: Keduk   2. Geburtsname: ◯ Rentenversicherungsnummer ist noch nicht
                      _____   vorhanden und wurde beantragt.

4. Antragsstellung   ◯ ab sofort   ◯ ab einem späteren Zeitpunkt: _____

5. **Familienstand**

Ich bin ◯ ledig   ◯ verheiratet ◯ verwitwet

◯ geschieden seit _____   ◯ dauernd getrennt lebend seit _____

oder meine eingetragene Lebenspartnerschaft ist

◯ eingetragen seit _____ ◯ aufgehoben seit _____ ◯ dauernd getrennt seit _____.

6. **Bearbeitungsvermerke**   Tag der Antragsstellung: _____

(nur vom Jobcenter auszufüllen)   Kundennummer: _____

🎧 84 **2** Hören Sie das Gespräch weiter.

a Kreuzen Sie die richtige Antwort an.

Wohnsituation:

◯ 1. Ich wohne alleine.

◯ 2. Ich wohne nicht alleine. Ich wohne zusammen mit

   ◯ 3. meinem Ehegatten/meiner Ehegattin. (Bitte füllen Sie die Anlage **WEP** aus.)

   ◯ 4. meiner eingetragenen Lebenspartnerin/meinem eingetragenen Lebenspartner. (Bitte füllen Sie die Anlage **WEP** aus.)

   ◯ 5. meiner Partnerin/meinem Partner in einer Verantwortungs- und Einstehensgemeinschaft. („eheähnliche Gemeinschaft") (Bitte füllen Sie die Anlage **WEP** aus.)

   ◯ 6. ____ unverheirateten Kind(ern) zwischen 15 Jahren und 24 Jahren. (Bitte füllen Sie für jedes Kind eine eigene Anlage **WEP** aus.)

   ◯ 7. ____ unverheirateten Kind(ern) unter 15 Jahren. (Bitte füllen Sie für jedes Kind eine eigene Anlage **KI** aus.)

8. Mir entstehen Kosten für Unterkunft/Heizung. ◯ Ja ◯ Nein (Bitte füllen Sie die Anlage **KDU** aus.)
Persönliche Angaben des Antragstellers oder der Antragstellerin

9. Ich habe für den Monat der Antragstellung bereits Leistungen bei einem anderen Jobcenter beantragt oder von diesem bezogen.   ◯ Ja   ◯ Nein

10. Ich fühle mich gesundheitlich in der Lage, eine Tätigkeit von mindestens drei Stunden täglich auszuüben.
◯ Ja   ◯ Nein

11. Ich bin Berechtigte/Berechtigter nach dem Asylbewerberleistungsgesetz.   ◯ Ja   ◯ Nein

b Welche zusätzlichen Formulare muss Herr Keduk noch ausfüllen? Kreuzen Sie an.

◯ 1. Anlage WEP   ◯ 2. Anlage KI   ◯ 3. Anlage KDU

🎧 **85** **3** Hören Sie und füllen Sie das Formular weiter aus.

4. **Weitere persönliche Angaben**

5. **Prüfung eines Mehrbedarfs**

○ 1. Ich bin alleinerziehend.

○ 2. Ich bin schwanger.

○ 3. Ich benötige aus medizinischen Gründen eine kostenaufwändige Ernährung.

○ 4. Ich habe eine Behinderung und erhalte

- Leistungen zur Teilhabe am Arbeitsleben nach § 49 .

Meine Lebenssituation

Einkommen und Vermögen

Füllen Sie hierfür bitte die Anlagen **EK** oder, wenn Sie selbstständig tätig sind, die Anlage **EKS** aus.

Zu Ihrem Vermögen füllen Sie bitte die Anlage **VM** aus.

Vorrangige Leistungen

In den letzten 5 Jahren

○ 5. war ich beschäftigt.

  Arbeitgeber: _____   ○ 6. sozialversicherungspflichtig ○ 7. Minijob

○ 8. war ich selbstständig tätig.

○ 9. habe ich Angehörige gepflegt.

○ 10. habe ich Entgeldersatzleistungen erhalten. (z.B. Krankengeld, Arbeitslosengeld, Mutterschaftsgeld, Übergangsgeld, Elterngeld)

Ansprüche gegenüber Dritten

○ 11. Ich habe schon andere Leistungen (z.B. Leistungen nach dem Bundesausbildungsförderungsgesetz (BAföG), Berufsausbildungsbeihilfe (BAB), Wohngeld, Arbeitslosengeld, Rente, Kindergeld) beantragt oder beabsichtige, einen Antrag zu stellen.

○ 12. Ich erhebe Ansprüche gegen einen (ehemaligen) Arbeitgeber auf noch ausstehende Lohn- oder Gehaltszahlungen.

○ 13. Ich habe einen gesundheitlichen Schaden durch einen Dritten erlitten (z.B. Arbeits-, Verkehrs-, Spiel- oder Sportunfall, ärztlicher Behandlungsfehler, tätlicher Angriff). Ich muss deshalb Leistungen beim Jobcenter beantragen.

○ 14. Ich lebe getrennt von meiner Ehegattin/meinem Ehegatten bzw. meiner eingetragenen Lebenspartnerin/meinem eingetragenen Lebenspartner.

○ 15. Ich bin geschieden bzw. meine eingetragene Lebenspartnerschaft wurde aufgehoben.

Kranken- und Pflegeversicherung

Pflichtversicherung in der gesetzlichen Kranken- und Pflegeversicherung

○ 16. Ich bin oder war zuletzt in der gesetzlichen Kranken- und Pflegeversicherung pflicht- oder familienversichert.

  17. Name der Krankenkasse: _____

○ 18. Ich bin privat oder freiwillig gesetzlich versichert.

○ 19. Ich bin nicht versichert.

4   Amtsdeutsch: eine eigene Sprache

a   Was passt? Verbinden Sie.

1. die Anrede   _____ a) gesetzlich oder privat

2. die Rentenversicherungsnummer   _____ b) Herr, Frau, Doktor, Prof. Dr.

3. der Familienstand   _____ c) 26140379K558

4. die Krankenversicherung   _____ d) ledig, verheiratet, verwitwet, getrennt lebend, geschieden

b   Ergänzen Sie die Adjektive in der richtigen Form.

> sozialversicherungspflichtig • gesundheitlich • alleinerziehend • eingetragen • behindert • tätlich
> • eheähnlich

1. Eine _____ Gemeinschaft ist eine Beziehung, in der die Partner nicht verheiratet sind, aber zusammenwohnen.

2. _____ zu sein bedeutet, dass man allein für die Kinder verantwortlich ist, der andere Elternteil kümmert sich nicht um alltägliche Fragen.

3. _____ zu sein bedeutet, dass man ein körperliches oder geistiges Handicap hat.

4. Eine _____ Beschäftigung ist eine Arbeit, bei der man mehr als 450 Euro verdient und kranken- und rentenversichert ist.

5. Seit 2017 können gleichgeschlechtliche Paare in Deutschland heiraten. Davor gab es die Möglichkeit einer _____ Lebenspartnerschaft.

6. Wenn man durch einen Unfall oder eine falsche Behandlung im Krankenhaus einen _____ Schaden erlitten hat und deshalb Arbeitslosengeld beantragen muss, gibt man das im Antrag an.

7. Dasselbe gilt für einen _____ Angriff, wenn man also geschlagen oder anders körperlich angegriffen wurde.

86 5   Hören Sie die Fragen der Beamtin und antworten Sie.

Bei Anrede schreiben wir …

Meine Rentenversicherungsnummer …

Ich bin …

Ich lebe alleine. / Ich lebe mit einer Person / zwei Personen zusammen, und zwar: …

Ja, das zahle ich selbst. Im Monat sind das … / Nein, die Kosten zahlt … für mich.

Ja, Asyl bekomme ich … / Nein, ich habe kein Asyl …

Ich habe … und bin (nicht) …

Nein, ich bin gesund. / Ja, ich habe …

Das war …

Zuletzt habe ich bei … in … gearbeitet, und zwar …

Nein, ich bin nicht krankenversichert. / Ja, ich bin krankenversichert, und zwar … bei der …

11 Bankgeschäfte

1 Ich würde gern ein Konto bei Ihnen eröffnen.

1 Welche Wörter haben eine ähnliche Bedeutung? Verbinden Sie.

1. sein Konto überziehen   _____ a) sich ein neues Konto einrichten lassen

2. Geld überweisen   _____ b) Geld dafür bezahlen, dass man Geld leiht

3. Zinsen zahlen   _____ c) Geld von einem Konto auf ein anderes senden

4. Kontoführungsgebühren   _____ d) im Minus sein, Schulden haben, Geld zurückgeben müssen

5. ein Konto eröffnen   _____ e) Kosten eines Kontos

87 2 Hören Sie ein Gespräch in einer Bank. Über welche Themen spricht die Kundin mit dem Bankangestellten? Kreuzen Sie an.

○ 1. Über Bedingungen für einen Kredit.

○ 2. Über Eröffnung eines Girokontos.

○ 3. Über Gebühren für Überweisungen.

○ 4. Über Kosten für EC- und Kreditkarte.

○ 5. Über Zinsen, die die Kundin für ihr Geld bekommt.

○ 6. Über Zinsen, die die Kundin zahlt, wenn sie im Minus ist.

○ 7. Über Telefon-Banking.

○ 8. Über Online-Banking.

87 3 Hören Sie noch einmal. Was ist richtig? Kreuzen Sie an.

1. Die Kundin möchte

○ a) ein Konto eröffnen.

○ b) sich beraten lassen, weil sie möglicherweise ein Konto eröffnen möchte.

○ c) eine Kreditkarte beantragen.

2. Die Kundin interessiert sich für

○ a) ein Sparkonto für Jugendliche.

○ b) ein Girokonto für Erwachsene bis 28.

○ c) ein Girokonto für Erwachsene ab 29.

3. Die Kontoführungsgebühr

○ a) beträgt 3,80 € im Jahr. Der Betrag wird im Dezember vom Konto abgebucht.

○ b) beträgt 3,80 € im Monat. Man bezahlt im Dezember einmal für das ganze Jahr.

○ c) beträgt 83€ im Jahr. Man zahlt monatlich einen kleinen Betrag.

4. Extrakosten entstehen durch

○ a) Überweisungen, EC-Karte und Kreditkarte.

○ b) eine Kreditkarte. Überweisungen und EC-Karte sind inklusive.

○ c) EC- und Kreditkarte. Überweisungen sind gratis.

5. Wenn das Konto im Minus ist,

○ a) zahlt man nur Zinsen, wenn man mehr als 10.000€ Schulden hat.

○ b) zahlt man 7% Zinsen. Über 10.000€ wird es noch mehr.

○ c) zahlt man 10% Zinsen, wenn man mehr als 7.000€ Schulden hat.

6. Man kann seine Bankgeschäfte

○ a) ohne zusätzliche Anmeldung auch telefonisch oder online abschließen.

○ b) nur dann telefonisch abschließen, wenn man Telefonbanking hat.

○ c) nur abschließen, wenn man sich das Online-Banking einrichten lässt.

88 **4**   Wofür entscheidet sich Frau Zielinski? Hören Sie und kreuzen Sie an.

Frau Zielinski entscheidet sich für

1. ○ a) Ein privates Konto.   ○ b) Ein geschäftliches Konto.

2. ○ a) Ein Gemeinschaftskonto.   ○ b) Ein Einzelkonto.

3. ○ a) Eine normale Kreditkarte.   ○ b) Eine Gold-Kreditkarte.

4. ○ a) Das Online-Banking.   ○ b) Ein Konto ohne Online-Banking.

88 **5**   Hören Sie noch einmal. Was erklärt Herr Ngufor? Kreuzen Sie an.

1.   Eine TAN

○ a) ist eine Nummer, mit der man sich beim Online-Banking einloggen kann.

○ b) ist eine Nummer, mit der man ein bestimmtes Bankgeschäft online abschließt.

2.   Um sich beim Online-Banking einloggen zu können,

○ a) braucht Frau Zielinski Daten aus zwei verschiedenen Briefen, die mit der Post kommen.

○ b) muss sich Frau Zielinski zuerst online registrieren.

3.   In einem anderen Land steuerpflichtig zu sein bedeutet,

○ a) dass man im Ausland Steuern zahlen muss.

○ b) dass man teilweise im Ausland arbeitet.

4.   Wenn Frau Zielinski mit der EC-Karte Geld abheben möchte,

○ a) zahlt sie eine Gebührt von 2% oder mindestens 5€.

○ b) zahlt sie bei bestimmten Banken keine Gebühr.

89 **6**   Hören Sie. Was muss Frau Zielinski unterschreiben? Kreuzen Sie an.

○ 1. Die Erklärung über die Richtigkeit ihrer Daten.

○ 2. Den Vertrag.

○ 3. Das SEPA-Lastschriftmandat.

○ 4. Die Erklärung, dass sie mit den Kontoführungsgebühren einverstanden ist.

○ 5. Die Datenschutzerklärung.

○ 6. Die Erklärung zur Datenübermittlung an die SCHUFA.

89 **7**   Hören Sie noch einmal. Welches Wort aus 6 passt? Ergänzen Sie.

1.   Die _____ ist ein Unternehmen, bei dem sich Anbieter von
Kaufverträgen über die Kunden informieren können. Es geht dabei um die Zahlungsfähigkeit der Kunden
und darum, ob sie offene Schulden haben. Wenn man ein Bankkonto eröffnet, muss man unterschreiben,
dass die Bank diese Daten übermitteln darf.

2.   Ein _____ unterschreibt man, wenn man einem Unternehmen,
zum Beispiel einer Bank, erlauben möchte, bestimmte Beträge vom Konto abzubuchen.

3.   Eine _____ unterschreibt man, damit ein Unternehmen die eigenen
Daten verarbeiten darf.

8 **Lesen Sie die Notizen. Hören Sie dann und führen Sie ein Gespräch in einer Bank. Notieren Sie die Antworten auf Ihre Fragen.**

Begrüßen Sie den Bankangestellten und sagen Sie, dass Sie sich über ein Konto informieren möchten.

> Guten Tag. Ich würde mich gern …

Sie möchten ein privates Girokonto für sich allein. Beantworten Sie die Fragen des Bankangestellten.

> Ich hätte gern …

> Privat./Geschäftlich.

> Für …

Sie haben sich schon über die Bedingungen eines Girokontos erkundigt, aber einiges ist Ihnen noch nicht ganz klar. Fragen Sie nach folgenden Punkten und notieren Sie die Antworten:

> Ja, ich habe … Aber ich hätte noch ein paar Fragen.

1. Kontoführungsgebühren _____
2. Gebühren für Überweisungen _____
3. Zinsen für den Dispokredit _____
   _____
   _____
4. Kosten für eine EC-Karte _____
5. Kosten für eine normale Kreditkarte _____
6. Banken, bei denen Sie kostenlos Geld abheben können
   _____

> Wie hoch …?

> Und wie hoch sind die Gebühren für …?

> Wie hoch sind die Zinsen …?

> Was kostet …?

> Und eine …?

> Bei welchen Banken …?

Sagen Sie, dass Sie das Konto gern gleich eröffnen würden.

> Wenn es geht, würde ich …

Beantworten Sie weitere Fragen des Bankangestellten:
Sie haben Ihren Ausweis dabei.
Sie möchten Online-Banking machen.

> Ja, den habe ich …

> Ja, …

9 **Wie ist das in Ihrem Heimatland? Lesen Sie die Fragen und antworten Sie. Die Satzanfänge helfen Ihnen.**

1. Welche Dokumente benötigen Sie, um ein Konto zu eröffnen?

> Um in … ein Konto zu eröffnen, braucht man …

2. Online-Banking, Telefonbanking, persönliche Besuche der Bank: Wie erledigt man in Ihrem Heimatland seine Bankgeschäfte? Welche Möglichkeiten nutzen Sie selbst?

> Die meisten Leute nutzen für ihre Bankgeschäfte …

> Ich selbst erledige meine Bankgeschäfte meist …

3. Wie überprüft die Bank in Ihrem Heimatland die Zahlungsfähigkeit der Kunden? Gibt es etwas Ähnliches wie die SCHUFA?

> In … gibt es …

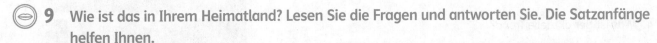

2   Bald nur noch bargeldlos?

91 1   Hören Sie den Beginn einer Radiosendung. Über welche Themen spricht die Journalistin? Kreuzen Sie an.

○ 1. Über die Einführung des Euro.

○ 2. Über Girokonten in Europa.

○ 3. Über Bezahlen im Ausland früher und heute.

○ 4. Über bargeldloses Bezahlen.

○ 5. Über die Vorteile von Bargeld.

91 2   Hören Sie noch einmal. Was ist richtig? Kreuzen Sie an.

1. Womit hat man in Deutschland vor 2002 bezahlt?

○ a) Mit dem Euro und Pfennig.

○ b) Mit D-Mark und Pfennig.

○ c) Mit D-Mark und Cent.

2. Wie haben die Menschen auf die Umstellung zum Euro reagiert?

○ a) Viele haben gehofft, dass die Produkte in Zukunft nur noch halb so viel kosten.

○ b) Viele wollten ihr Geld nicht umtauschen.

○ c) Viele hatten Angst, dass die Preise steigen.

3. Wie hat man früher im Ausland bezahlt?

○ a) Man ist an einen Geldautomaten gegangen und hat Geld abgehoben.

○ b) Man musste Geld wechseln oder Schecks mitnehmen.

○ c) In Europa konnte man schon immer problemlos in D-Mark zahlen.

4. Was ist der aktuelle Trend?

○ a) Bezahlen mit der Kreditkarte.

○ b) Bezahlen mit Bargeld.

○ c) Mobiles, digitales Bezahlen.

5. Kann man in Deutschland gut ohne Bargeld bezahlen?

○ a) Ja, das ist ganz problemlos überall möglich.

○ b) Die Kunden möchten gern bargeldlos zahlen, aber oft fehlt dazu die nötige Technik.

○ c) Kunden und Anbieter nutzen nicht oft bargeldlose oder digitale Zahlungsmethoden.

3 Wer sagt das? Hören Sie verschiedene Meinungen und verbinden Sie.

1. Person A _____ a) ist aus sozialen Gründen für Bargeld.

2. Person B _____ b) ist aus Gründen des Datenschutzes für Bargeld.

3. Person C _____ c) vergleicht technischen und gesellschaftlichen Fortschritt.

4. Person D _____ d) findet bargeldloses Bezahlen fortschrittlich.

5. Person E _____ e) findet bargeldlose Zahlungsarten sauberer und gesünder.

6. Person F _____ f) findet bargeldloses Bezahlen bequemer.

4 Hören Sie noch einmal. Welche Wörter fehlen? Ergänzen Sie.

A

In Schweden oder England hält man einfach kurz sein Handy neben das (1) _____ _____ _____
_____. So wird die Zukunft aussehen, und ich würde mir wünschen, dass wir in Deutschland
auch bald mehr moderne (2) _____ haben.

B

Das Bezahlen mit dem Smartphone (3) _____ _____. Für viele ist das praktisch. Aber es gibt ja
immer noch Leute, die kein Smartphone haben. […] Ohne (4) _____ wird es also
schwieriger für diejenigen, die es jetzt schon nicht gerade leicht haben.

C

Die (5) _____ sind immerhin aus Metall, das ist einigermaßen hygienisch. Da können
(6) _____ nicht so gut überleben, und man bekommt keine Krankheiten. Aber
(7) _____? Ich weiß nicht.

D

Ich muss nicht (8) _____ _____, ob ich genug Geld dabeihabe. Das
(9) _____ sammelt sich nicht in meinem Portemonnaie. Und ich muss nicht mehr
selber rechnen, wenn ich bezahle.

E

Nur, wenn ich mit meiner EC-Karte zum (10) _____ gehe und Geld abhebe,
entstehen Daten. Aber was ich für mein Geld kaufe, kann nicht (11) _____
_____.

F

Nur, weil etwas technisch neu ist und (12) _____ _____, heißt das doch nicht,
dass es ein Fortschritt für die Gesellschaft ist. (13) _____ _____
bedeutet für mich etwas anderes.

5 Wie ist Ihre Meinung zum Bargeld? Machen Sie Notizen. Erzählen Sie dann, ähnlich wie in Track 92.

_____

_____

_____

6 Wie bezahlt man in Ihrem Land? Wie hat man früher bezahlt? Wie ist Ihre Meinung dazu? Ergänzen Sie die Mindmap mit Ihren Ideen.

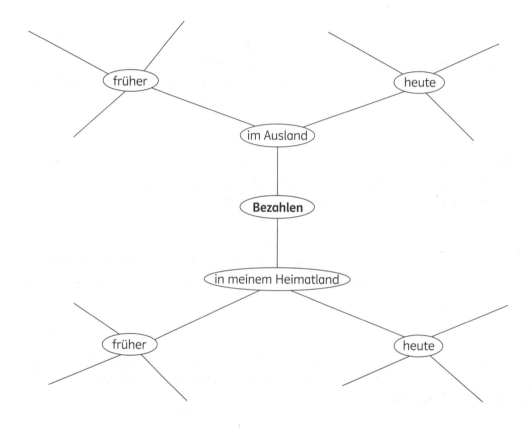

7 Lesen Sie die Fragen einer Journalistin. Antworten Sie dann.

Wie bezahlt man heutzutage in Ihrem Heimatland?

Was war früher anders? Woran erinnern Sie sich?
Wie haben Sie früher im In- und Ausland bezahlt?

Wie zahlen Sie am liebsten? Warum?
(bar, mit Karte, kontaktlos, mit einer App)

Was glauben Sie, wie sich das Bezahlen in Zukunft verändert?

Wie ist Ihre Meinung zu den aktuellen Entwicklungen?

In meinem Heimatland bezahlt man vor allem …

Früher hat man …

Ich erinnere mich daran, dass …

Am liebsten zahle ich …, weil …

Ich denke, dass wir in Zukunft …

Ich fühle mich … / habe Angst / bin optimistisch / finde es (nicht) gut, dass …

12 Zukunft

1 Wie stellen Sie sich Ihre berufliche Zukunft vor?

 1 Welche Pläne haben die jungen Leute?

a Hören Sie und ergänzen Sie die Profile.

Malte Wegers **Serap Akgül** **Mladen Todorov**

1. Ausbildung zum
   _____

2. Schulabschluss
   _____

3. Plan für die Zukunft
   _____

4. Er möchte auf keinen Fall
   _____ .

5. Studium
   _____

6. Schulabschluss
   _____

7. Plan für die Zukunft
   _____

8. Sie möchte auf keinen Fall
   _____ .

9. Beruf
   _____

10. Schulabschluss
    _____

11. Plan für die Zukunft
    _____

12. Er möchte auf keinen Fall
    _____ .

b Hören Sie noch einmal und ergänzen Sie.

1. Als Kind war mein Traumberuf Tierarzt, aber dafür muss man studieren. Und ich _____
   _____, das Abitur zu machen.

2. Eines würde ich auf jeden Fall niemals tun, und zwar in einem Labor arbeiten. Aber im Zoo, im Tierheim
   oder beim Tierarzt, das _____
   _____ .

3. Aber mein Traum, Ärztin zu werden, ist die Mühe auf jeden Fall wert. _____
   _____ später als Hausärztin arbeiten.

4. Da kennt man seine Patientinnen und Patienten persönlich und das ist mir wichtig. _____
   _____, das wäre die Notaufnahme einer großen Klinik in der Stadt.

5. Für die Zukunft wünsche ich mir natürlich, auf vielen berühmten Bühnen zu tanzen! _____
   _____, so lange wie möglich als Tänzer zu arbeiten.

6. Viele, die nicht mehr auf der Bühne stehen und tanzen, geben später Ballettunterricht. Aber _____
   _____ .

94 **2**   Wer sagt was? Hören Sie und kreuzen Sie an.

	Malte	Serap	Mladen
1. Meine Eltern haben immer an mich geglaubt.	○	○	○
2. Meine Eltern mussten sehr früh eine Entscheidung treffen.	○	○	○
3. Meine Eltern wollten eigentlich, dass ich ihren Laden übernehme.	○	○	○
4. Mit meiner zweiten Ausbildung bin ich viel glücklicher.	○	○	○
5. In der Schule dachte niemand, dass ich Abitur machen würde.	○	○	○
6. Ich habe in der Schule Menschen getroffen, die mir ähnlich waren.	○	○	○

94 **3**   Warum benutzt man hier das Futur I? Hören Sie noch einmal und verbinden Sie.

TIPP	Wenn man über die Zukunft spricht, verwendet man normalerweise das Präsens. Nur in bestimmten Fällen verwendet man das Futur I, zum Beispiel für Prognosen, Versprechen und feste Entscheidungen oder Entschlüsse.

1. Ich werde mir etwas anderes suchen.   _____ a) eine Prognose

2. Ihr werdet schon sehen.   _____ b) ein Versprechen

3. Ich werde euch nicht enttäuschen.   _____ c) ein Entschluss, eine Entscheidung

95 **4**   Was ist richtig? Hören Sie und kreuzen Sie an.

1. Wie stellt sich Malte seine berufliche Zukunft vor?

○ a) Er möchte weiterhin im Zoo arbeiten.

○ b) Er möchte später in anderen Zoos arbeiten.

2. Welche Weiterbildungen plant Malte?

○ a) Er möchte eine zweite Ausbildung machen, damit er in einem Wildpark arbeiten kann.

○ b) Er möchte eine Meisterprüfung machen und selbst Auszubildende betreuen.

3. Wo möchte Serap ihre Praxis eröffnen?

○ a) In der Stadt, weil die Bedingungen dort besser sind.

○ b) Auf dem Land, weil die Arbeit dort persönlicher ist.

4. Wer ist Seraps Vorbild?

○ a) Ihre Großeltern, die auch beide Ärzte waren.

○ b) Der Hausarzt ihrer Familie, der die ganze Familie kennt.

5. Wie lange, schätzt Mladen, kann er noch aktiv tanzen?

○ a) Etwa 15 Jahre lang, wenn er sich nicht verletzt.

○ b) Er hat eine Verletzung und kann wahrscheinlich nur noch 5 Jahre lang tanzen.

6. Was möchte Mladen nach seiner Karriere als aktiver Tänzer machen?

○ a) Er möchte hinter der Bühne als Choreograf arbeiten.

○ b) Er möchte Kostüme gestalten.

95 **5**   **Hören Sie noch einmal und ergänzen Sie.**

1. Wenn alles gut geht, _____ ich auch in 20 Jahren noch Tierpfleger.

2. Vielleicht _____ ich dann immer noch in dem Zoo, in dem ich jetzt bin.

3. Nach meinem Studium muss ich noch einige Jahre weiterlernen, während ich praktisch arbeite. Wenn ich damit fertig bin, _____ ich eine eigene Praxis auf dem Land eröffnen.

4. Dann _____ ich als Hausärztin in einer Kleinstadt.

5. In fünf oder zehn Jahren _____ ich hoffentlich noch.

6. Ich denke, wenn ich älter bin, _____ ich hinter der Bühne.

TIPP   Beachten Sie, dass die drei Personen für die Darstellung ihrer Zukunftspläne hauptsächlich das Präsens verwenden. Durch die Zeitangaben und temporale Nebensätze wird deutlich, wann sie über die Gegenwart und wann sie über die Zukunft sprechen.

6   **Stellen Sie sich vor, Sie sind in einem Vorstellungsgespräch. Beantworten Sie die Fragen. Die Ausdrücke aus den Aufgaben 1 – 5 und die Satzanfänge helfen Ihnen.**

1. Würden Sie sich und Ihren beruflichen Hintergrund kurz vorstellen?

> Mein Name ist …

> Ich arbeite als … bei …

> Meine Ausbildung / Mein Studium habe ich …

> Ich wollte immer …

> Aber ich wollte nie …

2. Warum haben Sie sich für diesen Beruf entschieden?

> Bei mir war es …

> Als ich ein Kind war, habe ich …

> Ich habe schon als Kind gemerkt, dass ich …

> Ich liebe…

3. Wie hat Ihre Familie darauf reagiert?

> Meine Familie hat … reagiert und …

> Von meiner Familie habe ich…

4. Wie stellen Sie sich Ihre berufliche Zukunft vor?

> Nach … muss ich …

> In … oder … Jahren bin ich hoffentlich …

> Ich könnte mir vorstellen, später als … zu arbeiten und …

2   Was für eine Welt werden wir unseren Kindern hinterlassen?

[96] 1   Worum geht es? Hören Sie die Einführung zu einem Podcast und kreuzen Sie an.

1. In dem Podcast geht es um
   ○ a) berühmte Wissenschaftler.
   ○ b) neue Forschungsergebnisse.

2. In der aktuellen Folge geht es um
   ○ a) neue Methoden in der Wissenschaft.
   ○ b) gesellschaftliche Trends für die Zukunft.

3. Max und Schirin möchten
   ○ a) ganz verschiedene Aspekte des Themas „Zukunft" behandeln.
   ○ b) die wichtigsten Wissenschaftlerinnen und Wissenschaftler zu Wort kommen lassen.

2   Soziales Miteinander

[97] a   Hören Sie den Beitrag zum Thema „Soziales Miteinander". Was ist richtig? Kreuzen Sie an.

1. Die Menschen sind heutzutage
   ○ a) mobiler als früher und verlassen häufig ihren Geburtsort.
   ○ b) die meiste Zeit in der Stadt. Wenn sie in Rente gehen, ziehen sie häufig zurück an ihren Geburtsort.

2. Die Städte
   ○ a) verlieren an Bedeutung. Das Landleben ist der Megatrend der Zukunft.
   ○ b) gewinnen an Bedeutung. Gleichzeitig gibt es aber auch junge Menschen, die aufs Land ziehen.

3. Die oder der Einzelne
   ○ a) wird immer unwichtiger. Netzwerke haben eine große Zukunft.
   ○ b) wird seit langer Zeit immer wichtiger. Die Menschen wählen ihre Netzwerke individuell.

4. Das Geschlecht
   ○ a) wird wichtiger.   ○ b) wird flexibler.

[97] b   Hören Sie noch einmal. Welche Funktion hat das Verb _werden_ im Satz? Kreuzen Sie an.

	Futur	Prozess	Passiv
1. Wie wird das Zusammenleben im nächsten Jahrhundert aussehen?	○	○	○
2. Es wird immer teurer, in den Städten zu leben.	○	○	○
3. Das Landleben wird für jüngere Menschen langsam wieder interessanter.	○	○	○
4. Dafür wird es zukünftig noch mehr digitale Möglichkeiten geben.	○	○	○
5. Das Geschlecht wird ganz individuell erlebt und gestaltet.	○	○	○
6. Viele Forscher meinen, dass diese Entwicklung unsere Wirtschaft und unsere Gesellschaft noch weiter verändern wird.	○	○	○

TIPP   In komplexen Sätzen ist es manchmal schwierig, die Funktion des Verbs _werden_ zu erkennen. Denken Sie daran: _werden_ + Infinitiv = Futur. _werden_ ohne weiteres Verb bezeichnet einen Prozess. _werden_ + Partizip II = Passiv.

3   Arbeit und Beruf

🎧 98   **a**   Hören Sie den Beitrag zum Thema „Arbeit" Was stimmt nicht? Markieren Sie und korrigieren Sie dann.

Korrektur

1. In Deutschland gibt es immer ~~mehr~~ Arbeitsplätze in der Produktion.   *weniger*

2. Viele junge Leute möchten in sinnvollen, praktischen Berufen arbeiten.   _____

3. Die neuen Berufsfelder beeinflussen den Alltag und das Berufsleben.   _____

4. Die neue Flexibilität hat besonders für Männer auch Nachteile.   _____

🎧 98   **b**   Hören Sie noch einmal. Was passt zusammen? Ordnen Sie zu.

1. Die Arbeitswelt verändert sich,   _____ a) weil sie Sinn und Freiheit bieten.

2. Kreative Berufsfelder sind interessant,   _____ b) weil mehr Flexibilität erwartet wird.

3. Der Feierabend ist in Gefahr,   _____ c) weil Influencerinnen und Influencer ständig für ihre Fans da sein wollen.

4. Das Privatleben wird vermarktet,   _____ d) weil viele Menschen versuchen, gleichzeitig andere Arbeiten zu erledigen.

5. Homeoffice kann sehr anstrengend sein,   _____ e) weil viele Arbeiten im Ausland oder von Computern gemacht werden.

4   Unsere Umwelt

🎧 99   **a**   Richtig oder falsch? Hören Sie den Beitrag zum Thema „Umwelt" und kreuzen Sie an.

	richtig	falsch
1. In der Frage, ob die Menschen die Umwelt schon zerstört haben oder ob sie sie noch retten können, sind sich die Forscherinnen und Forscher einig.	○	○
2. Eine Studie von 1972 hat gezeigt, dass die Wirtschaft nicht unendlich weiterwachsen kann.	○	○
3. Viele Unternehmen meinen, dass grüne Technologien und grünes Wachstum unsere Hoffnung sind.	○	○
4. Die Wissenschaft bestätigt die Meinung dieser Unternehmen.	○	○
5. Einige Wissenschaftlerinnen und Wissenschaftler fordern ein Wirtschaftsmodell ohne ständiges Wachstum.	○	○
6. Die Industrie versucht, ein neues Wirtschaftsmodell zu schaffen.	○	○

99 | b   Hören Sie noch einmal und ergänzen Sie die Wörter.

Wie können wir so (1) _____ und leben, dass wir unseren Planeten nicht zerstören? [...]
Bis in die 60er und frühen 70er Jahre dachte man, dass es am besten ist, wenn die Wirtschaft einfach immer
(2) _____. [...]

Öl, Wasser und andere Ressourcen sind (3) _____, darum kann auch das
wirtschaftliche Wachstum nicht endlos weitergehen. Das Problem ist aber, dass unser
(4) _____ nur dann funktioniert, wenn weite Bereiche dauernd
weiterwachsen. Daher gibt es heutzutage viele Unternehmen, die sich auf (5) _____
Technologien konzentrieren. [...]

Grenzenloses Wachstum kann nicht grün sein. Elektrische Autos brauchen (6) _____ und sie
müssen produziert und (7) _____ werden. So gesehen ist ein ganz neues
Wirtschaftssystem (8) _____, das ohne dieses permanente Wachstum läuft.
Dabei geht es unter anderem darum, Dinge zu (9) _____, zu leihen oder zu reparieren.

Aktuell geht der (10) _____ aber gerade bei den großen Unternehmen genau in die andere
(11) _____: Elektrogeräte oder Autos gehen schnell kaputt und lassen sich dann meist
gar nicht mehr (12) _____. Ein Konto bei einem Video-Streaming-Dienst kann
man nicht (13) _____ wie eine DVD. Und viele Leute wollen sich keine
Geräte mit ihren (14) _____ teilen, sondern kaufen sie lieber selbst.

⊜ 5   Eine Präsentation halten. Wie stellen Sie sich die Zukunft vor? Wählen Sie drei Themen aus dem Kasten und bereiten Sie eine kleine Präsentation vor. Die Wörter und Ausdrücke aus den Übungen 1-4 und die Satzanfänge helfen Ihnen.

Wissen und Bildung	Gesundheit und Alter	Sicherheit	Digitalisierung	Umwelt
Arbeit	Familie	Heimat	Wirtschaft	

Stellen Sie das Thema vor.	Guten Tag, mein Name ist … und ich spreche heute über …
Erklären Sie Inhalt und Struktur Ihrer Präsentation	Dabei geht es zuerst um …, dann um … und zuletzt um …
Berichten Sie über Thema 1.	Mein erstes Thema ist …
Berichten Sie über Thema 2.	Dann komme ich zu Thema 2: …
Berichten Sie über Thema 3.	Zum Schluss möchte ich noch etwas über … sagen: …
Beenden Sie die Präsentation und bedanken Sie sich bei den Zuhörerinnen und Zuhörern.	Damit bin ich schon am Ende meiner Präsentation.
	Vielen Dank fürs Zuhören.

TIPP   In einigen B1-Prüfungen müssen Sie eine Präsentation halten. Lernen Sie dafür die Ausdrücke in den Sprechblasen auswendig.

Deutschtest für Zuwanderer

Hören

100 Teil 1

Sie hören vier Ansagen. Zu jeder Ansage gibt es eine Aufgabe. Welche Antwort (a, b oder c) passt am besten? Markieren Sie Ihre Lösungen für die Aufgaben 1 bis 4 auf dem Antwortbogen.

Beispiel

Was soll Frau Herzl tun?

a Die Grafikkarte ihres Computers auswechseln.

b Die Firma zurückrufen.

c Ihren Computer am nächsten Tag abholen.

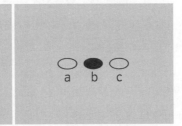

1 Was fragt Astrid?

  a Ob Kathi am nächsten Tag zur Arbeit kommen kann.

  b Ob Kathi gehört hat, wie es Martin geht.

  c Ob Kathi die anderen fragen kann.

2 Was soll der Autobesitzer machen?

  a Auf einen Parkplatz fahren.

  b Waren liefern.

  c Das Parkverbot verlassen.

3 Was soll Herr Siebert machen?

  a Am 3. Juli um 8 Uhr im Hof sein.

  b Den Müll in den Hof stellen.

  c Seinen Müll abholen.

4 Wohin soll Herr Michel kommen?

  a Zum Klassenlehrer.

  b Ins Krankenzimmer zu Frau Knopp.

  c Ins Sekretariat der Schule.

Teil 1

	a	b	c	
1	◯	◯	◯	1
2	◯	◯	◯	2
3	◯	◯	◯	3
4	◯	◯	◯	4

TIPP Beim DTZ malen Sie die Felder auf dem Antwortbogen an wie im Beispiel. Kreuzen Sie die Felder nicht an und verwenden Sie nur einen Bleistift. Sonst kann es Probleme mit der automatischen Auswertung geben.

101 Teil 2

Sie hören fünf Ansagen aus dem Radio. Zu jeder Ansage gibt es eine Aufgabe. Welche Lösung (a, b oder c) passt am besten? Markieren Sie Ihre Lösungen für die Aufgaben 5 bis 9 auf dem Antwortbogen.

5 Der Sturm

  a ist nur in Norddeutschland.

  b zieht von Süden nach Norden.

  c zieht von Norden nach Süden.

6 Es gibt noch Eintrittskarten für

  a einen Gitarrenkurs in Priegnitz.

  b ein viertägiges Musikfestival.

  c ein Konzert auf einem Campingplatz.

7 Wegen des Wetters

  a fahren viele Züge nicht oder haben Verspätung.

  b weiß die Deutsche Bahn nicht, wann die Züge wieder fahren.

  c soll man lieber mit dem Zug als mit dem Auto fahren.

8 In der Sendung zum Thema „Schlaf"

  a gibt es ein Interview mit einer Expertin.

  b sollen die Zuhörerinnen und Zuhörer anrufen.

  c ist das Thema „Ernährung" besonders wichtig.

9 Das Fußballspiel hat

  a der FC Trennewurth gewonnen.

  b der FC Marnerdeich gewonnen.

  c das Team aus Kiel gewonnen.

Teil 2

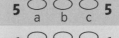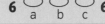

	a	b	c	
5	◯	◯	◯	5
6	◯	◯	◯	6
7	◯	◯	◯	7
8	◯	◯	◯	8
9	◯	◯	◯	9

Teil 3

Sie hören vier Dialoge. Zu jedem Dialog gibt es zwei Aufgaben. Überlegen Sie bei jedem Dialog zunächst, ob die Aussage dazu richtig oder falsch ist und welche Antwort (a, b oder c) am besten passt. Markieren Sie Ihre Lösungen für die Aufgaben 10–17 auf dem Antwortbogen.

Beispiel

Herr Wolf sucht den Autoschlüssel.

a Er hängt an seinem Platz.

b Er ist in Frau Changs Hosentasche.

c Er ist bei Herrn Wolf auf dem Schreibtisch.

Teil 3

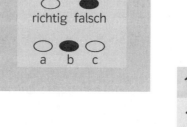

10 Herr Nasser lässt sich über Impfungen beraten.

11 Wohin muss Herr Nasser gehen, um sich gegen Gelbfieber impfen zu lassen?

a Er muss einen neuen Termin bei Dr. Specht machen.

b Er bekommt die Impfung in Kamerun.

c Er muss zu einem Experten für Tropenmedizin gehen.

12 Frau Mbeki möchte ihre Tochter in der Schule anmelden.

13 Was ist der Grund für ihre Entscheidung?

a Ein kürzerer Schulweg.

b Die Qualität der Schule.

c Samira gefällt die andere Schule besser.

14 Herr Nur bewirbt sich als Schuhverkäufer.

15 Wo hat Herr Nur von 2002 bis 2010 gearbeitet?

a In einem Schuhgeschäft.

b In einem Supermarkt.

c Er war arbeitslos.

16 Anne erzählt von ihrem letzten Urlaub.

17 Warum kann Anne nicht in ihren Lieblingsmonaten verreisen?

a Weil ihre Kolleginnen und Kollegen in diesen Monaten Urlaub haben.

b Weil es dann in Italien zu heiß ist.

c Weil sie keinen Urlaub mehr hat.

 Teil 4

Sie hören Aussagen zu einem Thema. Welcher der Sätze a–f passt zu den Aussagen 18–20? Markieren Sie Ihre Lösungen für die Aufgaben 18–20 auf dem Antwortbogen.

Lesen Sie jetzt die Sätze a–f. Dazu haben Sie eine Minute Zeit. Danach hören Sie die Aussagen.

Beispiel

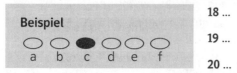

18 ...

19 ...

20 ...

Teil 4

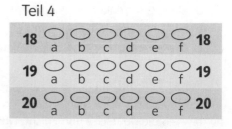

a Mit kleinen Kindern kann es schwierig sein.

b Ich arbeite zwei Tage pro Woche von zu Hause aus.

c Ein Arbeitszimmer hilft mir, Privates von Beruflichem zu trennen.

d Ich bin bei der Arbeit gern unterwegs.

e Ich bin froh, wenn ich nicht so viel fahren muss.

f Mir ist langweilig, wenn ich im Homeoffice bin.

Sprechen

TIPP Folgende Aspekte sind bei der Bewertung wichtig: Inhalt (50%), Flüssigkeit (10%), Korrektheit (15%), Wortschatz (15%) und Aussprache (10%).

Für die Bewertung des **Inhalts** ist wichtig,
- was Sie sagen   und
- wie Sie auf Ihre Partnerin oder Ihren Partner reagieren.

Flüssigkeit bedeutet, dass Sie
- keine langen Pausen machen, um Wörter zu suchen,
- Konnektoren verwenden, um die Sätze zu verbinden,   und
- ruhig und gleichmäßig sprechen.

Bei der **Korrektheit** geht es um die Grammatik. Achten Sie vor allem auf
- die Satzstruktur,
- die Verbkonjugation   und
- die Deklination der Substantive und Adjektive.

Beim **Wortschatz** ist es wichtig, dass Sie,
- Wörter verwenden, die Sie sicher beherrschen (Bedeutung und Grammatik),
- Redemittel richtig verwenden   und
- unterschiedliche Wörter benutzen.

Bei der **Aussprache** sollten Sie auch auf die Intonation achten. Das bedeutet, dass Sie
- Fragen und Aussagen durch Intonation unterscheiden   und
- die Sätze möglichst natürlich betonen.

TIPP Hören Sie vor der Übung die Ausschnitte aus einer Prüfung (Track 104-108). Lesen Sie auch die Anmerkungen dazu. Hinweis zur Bewertung dieser Prüfung: Inhalt, Flüssigkeit, Korrektheit und Wortschatz dieses Sprechers sind sehr gut. Ein kleiner Akzent ist allerdings zu hören.

104 Hier hören Sie, wie sich ein Teilnehmer vorstellt. Dieser Teil ist in jeder Prüfung sehr ähnlich. Sie können ihn gut vorbereiten.

105 Hier hören Sie, wie die Prüferin auf den Beitrag in Track 104 reagiert. Auch in Ihrer Prüfung wird die Prüferin oder der Prüfer Ihnen einige Fragen stellen.

106 Hier hören Sie, wie ein Teilnehmer ein Bild beschreibt.

107 Hier hören Sie, wie die Prüferin auf den Beitrag in Track 106 reagiert. Auch in Ihrer Prüfung wird die Prüferin oder der Prüfer Ihnen Fragen zu Ihren persönlichen Erfahrungen stellen.

108 Hier hören Sie, wie zwei Personen etwas miteinander planen. Normalerweise wird der Dialog von zwei Teilnehmern geführt. Wenn ein Teilnehmer übrig ist, gibt eine Einzelprüfung, das heißt: Einer der Prüfer übernimmt die Rolle des zweiten Kandidaten. Am besten üben Sie diesen Teil zu zweit. Wenn Sie allein üben, spielen Sie beide Personen. Wiederholen Sie hierfür die Ausdrücke für Vorschläge und Gegenvorschläge in Kapitel 4.1.

Teil 1 Über sich sprechen

Name	Geburtsort	Wohnort
Arbeit/Beruf	Familie	Sprachen

Das sagt die Prüferin oder der Prüfer:

– *Könnten Sie sich bitte kurz vorstellen?*

– *Erzählen Sie etwas über sich, damit wir Sie ein bisschen kennenlernen können.*

Teil 2 Über Erfahrungen sprechen

Partner A

Partner B

Das sagt die Prüferin oder der Prüfer:

Teil 2 A

Sie haben in einer Zeitschrift ein Bild gefunden. Beschreiben Sie das Bild:

– *Was sehen Sie?*

– *Was für eine Situation ist das?*

Teil 2 B

Erzählen Sie: Machen Sie auch Sport? Welche Erfahrungen haben Sie hier oder zu Hause damit gemacht?

Teil 3 Gemeinsam etwas planen

Situation: Eine Freundin oder ein Freund von Ihnen möchte umziehen. Die Person spricht wenig Deutsch und bittet Sie, den Umzug für sie zu planen.

Das sagt die Prüferin oder der Prüfer:

Lesen Sie die Notizen und planen Sie dann zusammen den Umzug.

> *Auto oder Transporter?*
> *Freunde oder Helfer?*
> *Möbel packen*
> *Kartons*
> *Termin*
> *...?*

14 Goethe-Zertifikat B1

Hören

 109 Teil 1

Sie hören nun fünf kurze Texte. Sie hören jeden Text **zweimal**. Zu jedem Text lösen Sie zwei Aufgaben. Wählen Sie bei jeder Aufgabe die richtige Lösung.

Lesen Sie zuerst das Beispiel. Dazu haben Sie 10 Sekunden Zeit.

> **Beispiel**
>
> **01** Die kleine Sandra hat ihre Familie gefunden. Richtig ~~Falsch~~
>
> **02** Wo sollen die Eltern hinkommen?
>
> ☐a Zur Kundeninformation in den ersten Stock.
>
> ☐b Zur Rolltreppe.
>
> ☒ In den dritten Stock hinten links.

Text 1

1 Reisende nach Lichtenfels sollen den Zug nach Dresden nehmen. Richtig Falsch

2 Der Zug nach Leipzig fährt

☐a um Viertel vor eins von Gleis 3.

☐b um Viertel vor zwölf von Gleis 3.

☐c um Viertel vor eins von Gleis 116.

Text 2

3 Auf der A1 gab es einen Unfall mit Radfahrern. Richtig Falsch

4 Die Radfahrer sind

☐a bei der Abfahrt Münster Nord.

☐b auf der A1 zwischen Münster und Osnabrück.

☐c auf der Autobahn im Norden von Osnabrück.

Text 3

5 Die Temperaturen liegen in ganz Deutschland über 20°. Richtig Falsch

6 Regen

☐a soll es in den nächsten Tagen viel geben.

☐b gibt es vielleicht in der kommenden Woche.

☐c hat es in der letzten Woche gegeben.

Text 4

7 Natalia sagt einen Museumsbesuch mit Nurcan ab. Richtig Falsch

8 Natalias Sohn

☐a hat seit gestern Abend Fieber.

☐b hat heute Morgen Fieber bekommen.

☐c ist schon seit einer Woche krank.

Text 5

9 Der Temin findet morgen statt. Richtig Falsch

10 Herr Mohamadi soll

☐a telefonisch einen neuen Termin machen.

☐b schnell in die Klinik kommen.

☐c in der Klinik einen neuen Termin machen.

TIPP Übertragen Sie die Antworten auf den Antwortbogen auf Seite 89. In der Prüfung übertragen Sie Ihre Antworten am Ende der Prüfung.

Teil 2

Sie hören nun einen Text. Sie hören den Text **einmal**. Dazu lösen Sie fünf Aufgaben. Wählen Sie bei jeder Aufgabe die richtige Lösung Ⓐ, Ⓑ oder Ⓒ.
Lesen Sie jetzt die Aufgaben 11 bis 15. Dazu haben Sie 60 Sekunden Zeit.

Sie nehmen an einer Führung durch die historische Innenstadt von Rothenburg ob der Tauber in Bayern teil.

11 Die Stadt ist berühmt für

  Ⓐ ihren Fluss.
  Ⓑ die Mauern der Häuser.
  Ⓒ ihre alten Gebäude.

12 Tauber ist der Name

  Ⓐ der Landschaft um Rothenburg.
  Ⓑ eines schönen Wanderwegs.
  Ⓒ des Flusses.

13 Das Geld der Stadt kommt

  Ⓐ aus dem Tourismus.
  Ⓑ aus der Industrie.
  Ⓒ aus den USA.

14 Im Zweiten Weltkrieg (1939 – 1945)

  Ⓐ gab es keine Bombenangriffe.
  Ⓑ haben Bomben 45% der Stadt zerstört.
  Ⓒ haben viele Amerikaner in Rothenburg gewohnt.

15 Nach dem Krieg wollte man

  Ⓐ die Stadt modern machen.
  Ⓑ viele Museen bauen.
  Ⓒ eine historische und gleichzeitig lebendige Stadt.

 Teil 3

Sie hören nun ein Gespräch. Sie hören das Gespräch **einmal**. Dazu lösen Sie sieben Aufgaben. Wählen Sie: Sind die Aussagen richtig oder falsch ?
Lesen Sie jetzt die Aufgaben 16 bis 22. Dazu haben Sie 60 Sekunden Zeit.

Sie sitzen im Zug und hören, wie sich auf den Sitzen hinter Ihnen ein Mann und eine Frau unterhalten.

16 Die Frau kennt die Kieler Woche gut.   Richtig   Falsch

17 Zur Kieler Woche gehen nur Leute, die sich für Schiffe interessieren.   Richtig   Falsch

18 Zur Kieler Woche sind in den Hotels viele Zimmer frei.   Richtig   Falsch

19 Die Schwester wohnt seit drei Monaten in Neumünster.   Richtig   Falsch

20 Die Schwester wohnt im Stadtzentrum.   Richtig   Falsch

21 In Schleswig-Holstein ist es feuchter und kälter als im Saarland.   Richtig   Falsch

22 Die Schwester hat erzählt, dass es abends länger hell ist.   Richtig   Falsch

112 | Teil 4

Sie hören nun eine Diskussion. Sie hören die Diskussion **zweimal**. Dazu lösen Sie acht Aufgaben. Ordnen Sie den Personen die Aussagen zu: **Wer sagt was?** Lesen Sie jetzt die Aussagen 23 bis 30. Dazu haben Sie 60 Sekunden Zeit.

Der Moderator der Radiosendung „Meinungen" diskutiert mit seinen Gästen über die Frage: „Können wir mit gutem Gewissen Fleisch essen?" Die Gäste sind Kenan Hansen, seit 20 Jahren Vegetarier, und Maria Huber, Köchin in einem traditionellen Wirtshaus.

	Moderator	Kenan Hansen	Maria Huber
Beispiel			
0 Tiere sollten nicht als Waren behandelt werden.	a	☒	c
23 Im Fernsehen sieht man Tiere, die sich kaum bewegen können, weil es sehr eng ist.	a	b	c
24 Probleme in der Fleischwirtschaft kann man durch Gesetze lösen.	a	b	c
25 Die Verantwortung liegt bei der Politik und beim Verbraucher.	a	b	c
26 In der ökologischen Fleischproduktion geht es den Tieren besser.	a	b	c
27 Wenn das Fleisch teurer wird, können es sich einige Menschen nicht mehr leisten.	a	b	c
28 Meine Blutwerte sind sehr gut, weil ich kein Fleisch esse.	a	b	c
29 Fleischkonsum hängt für viele Leute mit Genuss und Kultur zusammen.	a	b	c
30 Gewohnheiten lassen sich nicht so leicht ändern.	a	b	c

Teil 1

	Richtig	Falsch			Richtig	Falsch
1	☐	☐		7	☐	☐

	a	b	c			a	b	c
2	☐	☐	☐		8	☐	☐	☐

	Richtig	Falsch			Richtig	Falsch
3	☐	☐		9	☐	☐

	a	b	c			a	b	c
4	☐	☐	☐		10	☐	☐	☐

	Richtig	Falsch
5	☐	☐

	a	b	c
6	☐	☐	☐

Teil 2

	a	b	c
11	☐	☐	☐
12	☐	☐	☐
13	☐	☐	☐
14	☐	☐	☐
15	☐	☐	☐

Teil 3

	Richtig	Falsch
16	☐	☐
17	☐	☐
18	☐	☐
19	☐	☐
20	☐	☐
21	☐	☐
22	☐	☐

Teil 4

	a	b	c
23	☐	☐	☐
24	☐	☐	☐
25	☐	☐	☐
26	☐	☐	☐
27	☐	☐	☐
28	☐	☐	☐
29	☐	☐	☐
30	☐	☐	☐

TIPP   In der Prüfung haben Sie am Ende 5 Minuten Zeit, Ihre Ergebnisse auf den Antwortbogen zu übertragen.

Sprechen

Beim Prüfungsteil Sprechen sollen Sie sich zuerst kurz vorstellen. Dieser Teil ist nur dazu da, dass Sie sich ein bisschen an die Prüfungssituation gewöhnen. Er wird nicht gewertet.

Danach gibt es **drei Aufgaben**.

In Aufgabe 1 **planen** Sie etwas zusammen mit einer Partnerin oder einem Partner.

In Aufgabe 2 **präsentieren** Sie ein Thema.

In Aufgabe 3 **reagieren** Sie auf die Präsentation Ihrer Partnerin oder Ihres Partners.

Die drei Aufgaben werden etwas unterschiedlich bewertet:

In allen drei Aufgaben werden der **Inhalt** und die **Aussprache** bewertet, d. h.:
- Haben Sie über alle angegebenen Punkte gesprochen (Aufgabe eins und zwei)? bzw.
- Stellen Sie eine passende Frage zur Präsentation / Können Sie die gestellte Frage beantworten (Aufgabe drei)? und
- Wie stark war Ihr Akzent?

In **Aufgabe eins und zwei** achten die Prüfer außerdem auf den **Wortschatz** und die **Strukturen**, d. h.:
- Haben Sie immer die passenden Wörter benutzt? Und mussten Sie manchmal länger nach einem Wort suchen?
- Haben Sie viele Fehler gemacht? Und wie komplex sind die Sätze, die Sie bilden können?

In **Aufgabe eins** zählt schließlich auch noch die **Interaktion** mit dem Gesprächspartner, d. h.:
- Reagieren Sie auf das, was der andere Kandidat sagt oder benutzen Sie nur Ihre vorbereiteten Sätze?
- Können Sie auch spontan Probleme in der Kommunikation lösen? Können Sie also z. B. Ihre Meinung noch einmal anders sagen, wenn Ihr Partner Sie nicht versteht? Und können Sie noch neue Ideen bringen, wenn eine lange Pause entsteht?

TIPP   Hören Sie vor der Übung die Beispiele aus einer Prüfung und lesen Sie die Anmerkungen dazu. Die Sprecherinnen in den Beispielen sind keine deutschen Muttersprachlerinnen. Deshalb hören Sie einen Akzent und kleine Fehler. Trotzdem würden beide Sprecherinnen die Prüfung mit einem guten Ergebnis bestehen.

🎧 113 Hier hören Sie ein Beispiel für die Begrüßung durch die Prüferin. Auch in Ihrer Prüfung wird die Prüferin oder der Prüfer am Anfang einige Fragen stellen. Zur Vorbereitung können Sie die Ausdrücke und Satzanfänge in Kapitel 1.1 wiederholen.

🎧 114 Hier hören Sie ein Beispiel für Teil 1. Wiederholen Sie zur Vorbereitung dieses Prüfungsteils die Ausdrücke für Vorschläge und Gegenvorschläge in Kapitel 5.1. Üben Sie diesen Teil am besten zusammen mit einer Partnerin oder einem Partner.

🎧 115 Hier hören Sie ein Beispiel für Teil 2 und 3. Wiederholen Sie zur Vorbereitung die Ausdrücke für Vor- und Nachteile in Kapitel 4.1 und die Ausdrücke für Präsentationen in Kapitel 12.2. Für die Rückmeldung wiederholen Sie die Ausdrücke in Kapitel 2.2.

👄 **Teil 1**

Gemeinsam etwas planen   Dauer: etwa drei Minuten

Ein Teilnehmer aus Ihrem Deutschkurs hat nächste Woche Geburtstag und wird 50 Jahre alt. Sie möchten den Geburtstag im Kurs feiern. Planen Sie die Feier zusammen.

Sprechen Sie über die Geburtstagsfeier. Sagen Sie Ihre Meinung zu den Punkten unten und teilen Sie Ihrem Partner mit, wie Sie seine Vorschläge finden. Kommen Sie am Ende zu einer Entscheidung, wann, wo und wie die Feier genau stattfinden soll.

50. Geburtstag planen
- *Im Unterricht oder danach?*   – *Geburtstagslied?*   – *...*
- *Essen und Getränke?*   – *Geschenk?*

Teil 2

Ein Thema präsentieren Dauer: etwa drei Minuten

Präsentieren Sie Ihren Zuhörerinnen und Zuhörern ein aktuelles Thema. Dazu finden Sie hier fünf Folien.
Bearbeiten Sie die Punkte links und notieren Sie rechts Ihre Ideen.

Nennen Sie Ihr Thema. Sagen Sie etwas zum Inhalt und zur Struktur Ihrer Präsentation.	„Komm, Schatz, wir ziehen aufs Land" **Wohnen – auf dem Land oder in der Stadt**	_____ _____ _____ _____ _____
Erzählen Sie von Ihrer eigenen Situation oder von einem Erlebnis, das zum Thema passt.	Wohnen – auf dem Land oder in der Stadt? **Meine persönlichen Erfahrungen**	_____ _____ _____ _____ _____
Berichten Sie von der Situation in Ihrer Heimat. Geben Sie ein paar Beispiele.	Wohnen – auf dem Land oder in der Stadt? **Stadt und Land in meinem Heimatland**	_____ _____ _____ _____ _____
Beschreiben Sie die Vor- und Nachteile. Sagen Sie am Ende Ihre Meinung und begründen Sie dazu Ihre Meinung mit ein paar Beispielen.	Wohnen – auf dem Land oder in der Stadt? **Vor- und Nachteile & meine Meinung**	_____ _____ _____ _____ _____
Beenden Sie Ihre Präsentation. Denken Sie daran, sich bei Ihren Zuhörern zu bedanken.	Wohnen – auf dem Land oder in der Stadt? **Abschluss und Dank**	_____ _____ _____ _____ _____

 Teil 3

Über ein Thema sprechen

Nach Ihrer Präsentation:
Antworten Sie auf die Rückmeldung und auf Fragen der Prüfer/-innen und Ihrer Partnerin oder Ihres Partners.

🎧 116 **Nach der Präsentation ihrer Partnerin/Ihres Partners :**
a   Geben Sie eine Rückmeldung zur Präsentation Ihres Partners / Ihrer Partnerin. (Wie hat Ihnen die Präsentation gefallen? Was war für Sie neu? Was fanden Sie interessant?)
b   Stellen Sie Ihrer Partnerin oder Ihrem Partner eine Frage zu ihrer oder seiner Präsentation.

TIPP In Track 116 spricht eine deutsche Muttersprachlerin. Sie müssen nicht so perfekt sprechen, um die Prüfung mit einer guten Note zu bestehen.

15 Lösungen

Selbsttest A2

A Durchsagen

1 1f, 2d, 3a, 4e, 5b, 6c

2 1. 2 Euro 2. rechts, links in die Hauptstraße 3. 35 4. krank 5. 1,20 Euro, 2,40 Euro, 5,30 Euro 6. Nachmittag, Morgen, Abend

B Gespräch

1 richtig: 1, 3, 6, 8; falsch: 2, 4, 5, 7, 9

2 1b, 2a, 3c, 4b, 5b

3 2, 3, 5, 6

C Radiointerview

1 1b, 2c, 3bde

2 1. Hamburg 2. vier 3. besten Freund 4. Deutschkurs 5. deutschen 6. Gitarre 7. Geburtstag 8. Freunden 9. Geld

3 1, 2, 4

1 Kontakte

1 Und? Was machst du so?

1 1, 3, 4, 6, 7

2 Beruf: Anwalt, Zahnarzthelfer, Altenpfleger, Busfahrer, Maler, Metzger; Studium: Medizin, Biologie, Geschichte, Philosophie, Mathematik, Jura

3 Beispieläußerungen:
1. Ich bin Altenpflegerin von Beruf. / Ich studiere Biologie an der Uni (in) Berlin.
2. Nein, ich komme ursprünglich aus Indien. Ich bin in Goa aufgewachsen und mit 20 Jahren / vor drei Jahren nach Deutschland gekommen. / Ja, ich komme aus Dortmund. Aber meine Familie kommt ursprünglich aus Vietnam.
3. In Rumänien? Leider noch nie, aber ich habe gehört, dass es dort sehr schön ist. Eine Freundin von mir war mal in den Karpaten wandern und war ganz begeistert von der Natur. / Ja, ich war zweimal in Rumänien. Ich finde es toll dort. Die Menschen sind unheimlich nett.

4 2. richtig 3. Tarek studiert ~~Medizin~~ Jura. 4. Tareks Eltern kommen ursprünglich aus ~~Marrakesch~~ Marokko. 5. richtig 6. richtig 7. Sonja und Tarek sind ~~zusammen~~ nur Freunde. 8. Tarek möchte keine Salami-Pizza. 9. richtig

5a 1. letztes Jahr in Marokko 2. 2014 in Marrakesch 3. eine Woche da 4. dann hierher nach Kiel

5b richtig: 2

6 1. Sören war zwei Monate auf Kuba. 2. Micha hat Tarek gerade eben auf der Party kennengelernt. 3. Sören hat Tarek letztes Jahr bei einem Surfkurs kennengelernt. 4. Sören wohnt seit acht Jahren in Kiel.

7a 1b, 2d, 3a, 4c

7b 1. denn, so 2. denn 3. so 4. mal 5. mal 6. gerne

7d 1. Gerne. 2. so 3. mal 4. denn

8 Beispieläußerungen:
1. Frage: Wen kennst du denn hier auf der Party? Antwort: Sonja hat mich eingeladen und eben habe ich schon Sören kennengelernt.
2. Frage: Was machst du so beruflich? Antwort: Nein, ich studiere nicht. Ich arbeite zurzeit in einem Restaurant, aber eigentlich bin ich Friseur von Beruf.
3. Frage: Kommst du ursprünglich aus Kiel? Antwort: Nein, ich komme aus Venezuela, aus einem kleinen Dorf an der Küste. Warst du schon mal in Südamerika?
4. Frage: Was machst du so in deiner Freizeit? Antwort: Ich mache viel Sport. Ich gehe gern laufen und schwimmen. Und ich habe Fische. Das ist auch ein Hobby von mir.
5. Frage: Sag mal, hast du auch Hunger? Wollen wir mal in die Küche gehen? Antwort: Keinen Käsekuchen bitte. Aber von dem Apfelkuchen und der Schokoladentorte nehme ich gern ein Stück!

2 Haben Sie gut hergefunden?

1 1. Herr Wolter 2. Herr Wolter 3. Frau Yildiz

2 1. gut gefunden. 2. 2005 gegründet worden. 3. Berlin, Nürnberg und Hamburg. 4. IT und Software 5. fachlich gut und außerdem freundlich und zuverlässig 6. 35 Leute.

3 Beispieläußerungen:
Die Firma ist seit den 90er Jahren im Bereich Gastronomie tätig. Wir bereiten Essen für Veranstaltungen vor, liefern es und organisieren die Verpflegung vor Ort. Das Unternehmen ist 1996 gegründet worden. Zu unseren Kunden gehören Unternehmen, Schulen und Universitäten, aber auch Privatleute, die ihre Hochzeit oder ein anderes Fest feiern möchten.

4 1. individuell 2. kreativ 3. gründlich 4. vertrauensvoll 5. zuverlässig 6. kompetent 7. teamfähig 8. fachlich

5 1b, 2c, 3d, 4a

6 1. ein Informatikstudium abgeschlossen. 2. weiterbilden und weiterentwickeln möchte. 3. er nicht gern zwei Sachen gleichzeitig macht. 4. er gut mit anderen zusammenarbeiten kann und andere ihn auch kritisieren dürfen. 5. Teilzeit arbeiten und mindestens 3.700 Euro verdienen.

7 Beispieläußerungen:
Also, eine Stärke von mir ist, dass ich in Stresssituationen einen klaren Kopf behalte. Ich arbeite auch unter Druck sehr gründlich und treffe meist die richtigen Entscheidungen.
Meine größte Schwäche ist wahrscheinlich meine extreme Genauigkeit, zusammen mit meiner Ungeduld. Ich mag es nicht, wenn Aufgaben nicht vernünftig erledigt werden.

8 1. hergefunden 2. schlage vor 3. gegründet 4. betreuen 5. beschäftigt 6. hierhergezogen 7. einstellen 8. erfülle 9. betreuen 10. übernehme 11. liegen 12. entwickeln

9 Beispieläußerungen:
1. Ich bin ausgebildete Mechanikerin. Die Ausbildung habe ich in einer Autowerkstatt in Bremen gemacht.
2. Doch, schon aber der Weg zum Arbeitsplatz ist für mich sehr weit. Ich wohne in Hamburg und das Unternehmen ist in Uelzen. Ich möchte aber wegen meiner Familie nicht aus Hamburg wegziehen, vor allem wegen meiner Kinder. Die gehen dort zur Schule.
3. Ja, ich denke, dass uns in der Ausbildung sehr wichtige Inhalte vermittelt wurden. Davon kann ich im Arbeitsalltag bestimmt profitieren.
4. Ich kann gut mit Menschen umgehen, sowohl mit Kunden als auch mit Kollegen. Wenn es Konflikte gibt, kann ich oft vermitteln.
5. Was ich nicht so gut kann, ist, unter Stress kreativ zu sein. Gute Ideen kann ich besser entwickeln, wenn ich Ruhe habe und mich mit meinen Kollegen beraten kann.
6. Also, in fünf Jahren würde ich gern eigene Projekte übernehmen. Ich könnte mir auch vorstellen, ein Team zu leiten.
7. Teilzeit würde mir besser gefallen. 25 bis 30 Stunden in der Woche wären perfekt für mich.
8. Also, bei meinem jetzigen Job verdiene ich 2.300 Euro brutto. Damit wäre ich zufrieden.

10 Beispieläußerungen:
- Ja, sehr gut, danke sehr. Ich bin mit dem Auto gekommen und mein Navi hat mich direkt hergeführt.
- Ich habe an der Universität Rostock Medizin studiert. Dann habe ich zwei Jahre im Nordklinikum in Schwerin gearbeitet. Anschließend bin ich zurück nach Rostock gezogen und arbeite seitdem dort in einer Privatklinik.
- Eine Schwäche von mir ist, dass ich nicht gern Verantwortung abgebe. Wenn ich eine Aufgabe übernehme, möchte ich jederzeit die Kontrolle über alles haben.
- Ich bin sehr genau und kann gut mit Patienten umgehen.
- Was mir dort nicht so gut gefällt, ist, dass wir vor allem Schönheitsoperationen machen. Ich möchte aber gerne wieder als Mediziner arbeiten, also Krankheiten behandeln. Diese Arbeit finde ich viel wichtiger.
- Also, in fünf Jahren wäre ich gern Oberarzt.

2 Gefühle und Konflikte

1 Wie geht's dir heute?

1 1. Ärger, Wut, Enttäuschung 2. Freude, Aufregung, Nervosität 3. Langeweile, Traurigkeit, Einsamkeit

2a 1. über 2. auf 3. von 4. auf 5. darüber 6. an

2b 1. über 2. auf 3. von 4. auf 5. über 6. an

3 1. schon geschrieben. 2. eine Reise gebucht. Deswegen kommt sie nicht zur Feier. 3. muss alles neu planen und ist sehr wütend.

4a 1. gibt 2. darf 3. kann 4. denkt 5. aufregen

4b Nachsprechübung

5 Eigene Lösung. Vergleichen Sie dazu den Hinweis auf S. 4.

6 1, 2, 5, 6, 7

7 1. für 2. auf 3. von 4. vor 5. auf 6. über

8 richtig: 1, 2, 3; falsch: 4

9 1. nehme an 2. vorstellen 3. vermute mal; Vermutungen

10 Eigene Lösung. Vergleichen Sie dazu den Hinweis auf S. 4.

2 Ich würde gern mal kurz mit Ihnen sprechen.

1 2, 3

2 Lob: etwas gut/toll finden, jemandem gefallen, jemandem positiv auffallen, etwas für gut halten; Kritik: einen negativen Eindruck von etwas haben, mit etwas unzufrieden sein, etwas schlecht/blöd/schwierig finden, etwas für schlecht halten

3 1. eher gut 2. viel 3. aktiv

4 1. ganz gutes Gefühl 2. hätte ich mir gewünscht 3. muss sagen 4. zeigt mir 5. fand ich

5 2, 3, 4

6 3

7 Frau Schneider: 3, 5, 7; der Chef: 1, 2, 4, 6, 8, 9

8 1b, 2d, 3e, 4c, 5a

9 Eigene Lösung. Vergleichen Sie dazu den Hinweis auf S. 4.

3 Umzug und Wohnung

1 Wo sollen die Sachen denn hin?

1 (Beispiele)
in der Küche: der Herd, der Backofen, der Kühlschrank, der (Küchen-)Tisch, die Stühle, die Mikrowelle
im Wohnzimmer: das Sofa, die Couch, der Sessel, der (Wohnzimmer-/Couch-)Tisch, der Fernseher
im Schlafzimmer: das Bett, der Schrank, der Spiegel, der Nachttisch
im Badezimmer: die Dusche, die Toilette, die Waschmaschine, die Badewanne, der Spiegel

2 3

3 richtig: 1, 4, 5; falsch: 2, 3, 6, 7

4 1. hin 2. hierher 3. dahin 4. rein 5. unten

5 Wo?: unten, oben, hier, weg, dort, da, draußen, drinnen; Wohin?: rauf, runter, dorthin, weg, hierher, (da)hin, raus, rein, her

6 2. Nein, noch nicht. Ich bringe / hole / trage es gleich rein. 3. Nein, noch nicht. Ich bringe ihn gleich runter. 4. Nein, noch nicht. Ich bringe / trage sie gleich raus. 5. Nein, noch nicht. Ich hole sie gleich her. 6. Nein, noch nicht. Ich bringe ihn gleich hin / weg.

7 3, 4, 5, 6

8 1. kannst 2. am besten 3. lieber 4. Lass

9 2. Der Wagen muss noch weggefahren werden. 3. Was muss denn sonst noch gemacht werden? 4. Die Kartons müssen ausgepackt werden. 5. Die meisten Badezimmersachen sind zum Glück schon ausgepackt. 6. Und das Bett muss noch zusammengebaut werden. 7. Ja, stimmt, das Bett ist noch nicht aufgebaut!

10 3. Ja, die ist vorhin schon raufgetragen worden. / Ja, die ist schon raufgetragen. 4. Nein, die muss noch angeschlossen werden. / Nein, die ist noch nicht angeschlossen. 5. Ja, das ist vorhin schon aufgebaut worden. / Ja, das ist schon aufgebaut. 6. Nein, die müssen noch ausgepackt werden. / Nein, die sind noch nicht ausgepackt. 7. Nein, das muss noch bestellt werden. / Nein, das ist noch nicht bestellt. 8. Nein, der muss noch zurückgebracht werden. / Nein, der ist noch nicht zurückgebracht.

2 Und dann müssten Sie noch die Mieterselbstauskunft ausfüllen.

1 1

2 1c, 2a, 3c, 4b, 5b

3a 1. feuchte Wände 2. eine kaputte Steckdose 3. dünne Wände / Decken, laute Nachbarn 4. eine sehr alte Heizung 5. ein kaputtes Schloss (vielleicht nach einem Einbruch) 6. ein kaputter Fußboden

3b Eigene Lösung. Vergleichen Sie dazu den Hinweis auf S. 4.

4 2, 3, 4

5 1, 2, 4, 6, 8, 9

6 Eigene Lösung. Vergleichen Sie dazu den Hinweis auf S. 4.

4 Unterwegs

1 An der nächsten Kreuzung links abbiegen

1 1B, 2D, 3A, 4C, 5E

2 2, 3, 4

3 zum Einkaufszentrum / Supermarkt

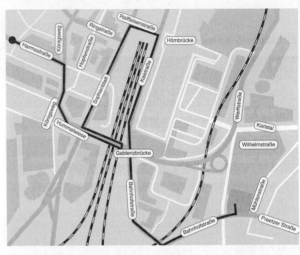

4 2, 3, 5, 6, 8

5 Britta: 1, 3, 4, 6 Kiri: 2, 5, 7, 8

6 1. Das Navi spinnt. 2. Ich hab' das so im Gefühl. 3. Sag' ich doch. 4. Jetzt ist rot. 5. Die Straße da müssen wir ein Stück entlang. 6. Da müssen wir links. 7. Jetzt wird's gleich grün. 8. Hier rechts rein.

7 1. Vorfahrt achten 2. Einbahnstraße 3. Wohngebiet 4. rechts vor links

8 richtig: 3, 4, 5 falsch: 1, 2, 6

9 1. Pass auf, da kommt was. 2. Jetzt ist frei. 3. Wo müssen wir jetzt lang? 4. Du musst über die Hauptstraße rüber.

10 Eigene Lösung. Vergleichen Sie dazu den Hinweis auf S. 4.

2 Die Abfahrt unseres Zuges verzögert sich um einige Minuten.

1 1B, 2E, 3D, 4A, 5C

2 1. Gate F 2. nur 3. Zwei 4. Singapur 5. ICE

3a 1b der der, 2a die die, 3d, 4c der der

3b 1. Passagiere 2. gestattet 3. Verspätungen 4. angenehmen 5. verzögert

4 1. das Halteverbot 2. Gleis 3. Abschnitt D 3. das Kennzeichen 4. das Gepäck

5 1B, 2D, 3C, 4A

6 1. Halter 2. Fahrzeug 3. geänderte 4. Abschnitten 5. Klasse 6. Bordrestaurant 7. Schaden 8. unbeaufsichtigt

7 Eigene Lösung. Vergleichen Sie dazu den Hinweis auf S. 4.

8 1D, 2X, 3B, 4A, 5X, 6E, 7C

9 2. Linie 6: Linie 8 3. einsteigen: aussteigen 4. Hauptbahnhof: Bahnsteig 5. 30 Minuten: 10 Minuten 6. Gleis 9: Gleis 7 7. Richtung Rostock: Richtung Halle Hauptbahnhof 8. verlängert: verzögert 9. fertig: frei 10. gereinigt: geteilt 11. Durchsagen: Anzeigen

10 Eigene Lösung. Vergleichen Sie dazu den Hinweis auf S. 4.

5 Konsum

1 Das Beste daran ist, dass es so praktisch ist.

1 1c, 2a

2 1b, 2c, 3a

3a 1. ein Laptop, ein Smartphone (eine Alarmanlage, eine Heizung, eine Kaffeemaschine, …) 2. speichern, sammeln, schützen, hacken (löschen, herunterladen, kopieren, …) 3. etwas bedienen, etwas einschalten, die Lautstärke regeln (etwas anschalten, etwas ausschalten, den Bildschirm heller/dunkler machen, …) 4. spielen, hacken, im Internet surfen (arbeiten, Videos ansehen, …)

3b Eigene Lösung. Vergleichen Sie dazu den Hinweis auf S. 4.

4 1, 4, 5

5 1. Der Staubsauger 2. Der Backofen 3. Die Heizung 4. Die Kaffeemaschine 5. Die Steckdosen 6. ein Fenster 7. der Kameras

6 1. das Beste daran ist 2. ganz großer Vorteil ist 3. weiterer Vorteil … besteht tatsächlich darin

7 Eigene Lösung. Vergleichen Sie dazu den Hinweis auf S. 4.

8 1, 3, 4, 6

9 1. große Gefahr … darin 2. Dumme ist 3. Nachteil daran ist

10 Eigene Lösung. Vergleichen Sie dazu den Hinweis auf S. 4.

2 Kann ich Ihnen helfen?

1   1, 3, 4, 6
2   1. hätte gern 2. mit der 3. suche 4. die
3   Ich suche / hätte gern 1. ein Fahrrad, mit dem man im Gebirge fahren kann. 2. ein Kleid, das man auf einer indischen Hochzeit tragen kann. 3. einen Hustensaft, der keinen Alkohol enthält und für Kinder geeignet ist. 4. ein Auto, das angenehm leise ist. 5. ein Haus, das direkt am Meer liegt. 6. Blumen, die man im Frühling nach draußen pflanzen kann.
4   1. die Kapuze 2. der Knopf 3. der Reißverschluss 4. die Naht 5. der Ärmel
5   1b, 2a, 3a, 4b
6   1. Das Material der ersten Jacke fühlt sich ~~unangenehm~~ angenehm an. 2. Die Nähte sind ~~nicht~~ wasserdicht. 3. Die Kapuze ist <u>nicht</u> abnehmbar. 4. Die Ärmel sind so einstellbar, dass man sie ~~länger und kürzer~~ enger und weiter machen kann. 5. Die erste Jacke kostet ~~840~~ 480 Euro. 6. Die zweite Jacke ist ~~blau~~ rot. 7. Die Kundin hat Größe ~~L~~ M. 8. Die Qualität der beiden Jacken ist ~~absolut~~ <u>nicht</u> (unbedingt) vergleichbar. 9. Bei der zweiten Jacke ist die Temperatur ~~nicht~~ nur über den vorderen Reißverschluss regelbar. 10. Der Verkäufer geht ins Lager, um die Jacke in einer anderen ~~Größe~~ Farbe zu holen.
7   1. abnehmbar 2. einstellbar 3. vergleichbar 4. regelbar
8   Eigene Lösung. Vergleichen Sie dazu den Hinweis auf S. 4.

3 Das würde ich gerne umtauschen.

1   1. Nr. 2, 2. Nr. 1, 3. Nr. 3, 4. Nr. 1, 5. Nr. 3, 6. Nr. 2
2   1a, 2b, 3b
3   1b, 2b, 3b, 4a
4   1a, 2a, 3a
5   Eigene Lösung. Vergleichen Sie dazu den Hinweis auf S. 4.
6   1c, 2a, 3d, 4b

6 Freizeit und Verabredungen

1 Hättest du vielleicht auch nächste Woche Zeit?

1   1b, 2a, 3b
2   2, 4
3   1. Hättest du vielleicht Lust 2. Wir könnten 3. Wollen wir vielleicht 4. Was hältst du davon 5. Lass uns doch
4   2
5   1b, 2a, 3b, 4a, 5b
6   1. könnten wir auch 2. Wollen wir nicht lieber 3. Hättest du vielleicht auch
7   1. lieber 2. auch 3. auch
8   1. <u>einen Vorschlag annehmen</u>: Ich finde, das klingt gut. Das ist eine tolle Idee. Da hätte ich total Lust drauf. 2. <u>Einen Vorschlag ablehnen</u>: Hm, ich weiß nicht. Da kann ich leider nicht. Ehrlich gesagt, finde ich das nicht so interessant/praktisch/gut.
9   Eigene Lösung. Vergleichen Sie dazu den Hinweis auf S. 4.

2 Feierabend!

1   1. sehr, wahnsinnig, unheimlich 2. viel, sehr viel, wesentlich 3. am aller-, am alleraller-, mit Abstand am
2   1a, 2b, 3bce
3   1b, 2d, 3e, 4a, 5c, 6f, 7h, 8g
4   1. mir 2. Mir 3. mich 4. dich 5. ich 6. Ich 7. ich 8. meins 9. dir
5   Eigene Lösung. Vergleichen Sie dazu den Hinweis auf S. 4.
6   1
7   2, 3, 5
8   1. Mir ist es … wichtig 2. kommt total darauf an 3. Was mir … wichtig ist
9   Eigene Lösung. Vergleichen Sie dazu den Hinweis auf S. 4.

7 Kultur und Medien

1 Worum geht es in dem Buch?

1   1. Antonia Hofreiter 2. Roman Perkovic 3. Kerstin Fischer
2   1Bc, 2Ca, 3Ab
3   2, 3, 5
4   1b, 2b, 3a, 4b, 5a, 6a
5   <u>richtig</u>: 1, 3, 4; <u>falsch</u>: 2, 5
6   1b, 2a, 3b, 4a, 5b, 6b, 7b
7   Eigene Lösung. Vergleichen Sie dazu den Hinweis auf S. 4.

2 Heute kommt im Zweiten ein Krimi.

1   b
2   1. kommt 2. Nachrichten 3. im 4. über 5. Zweiten 6. Wiederholung 7. Serie 8. Folge 9. Sendung 10. Dritten 11. Spielfilm
3   Eigene Lösung. Vergleichen Sie dazu den Hinweis auf S. 4.
4   1c, 2e, 3a, 4b, 5d
5   C
6   1. Beweise 2. Vorstrafen 3. tot 4. Blutspuren 5. bewegt 6. Hinweise 7. Verdächtiges 8. Zeugen
7   Eigene Lösung. Vergleichen Sie dazu den Hinweis auf S. 4.

8 Gesundheit

1 Wozu würden Sie mir raten?

1   1c, 2b
2   1ab, 2b, 3b, 4ab, 5ab, 6a, 7a
3   1c, 2a, 3b
4   1. sollten 2. würde 3. könnten 4. wäre 5. würde
5   2, 3, 5, 8
6   1. Am besten wäre es sicherlich 2. Lesen Sie lieber ein wenig 3. Am besten ist es 4. Und noch ein letzter Tipp
7   1b, 2b
8a   1. du 2. Sie 3. du 4. Sie
8b   Eigene Lösung. Vergleichen Sie dazu den Hinweis auf S. 4.
9   Eigene Lösung. Vergleichen Sie dazu den Hinweis auf S. 4.

2 Das tut gar nicht weh.

1   1d, 2a, 3c, 4b, 5e
2   1b, 2b, 3a, 4a, 5b
3   1. Der Patientin sind Augentropfen verschrieben worden. 2. Dem Patienten ist Fieber gemessen worden. 3. Dem Patienten ist ein Gips angelegt worden. 4. Der Patientin ist eine Spritze gegeben worden.
4   Eigene Lösung. Vergleichen Sie dazu den Hinweis auf S. 4.
5   2
6   1a, 2b, 3a, 4a
7   1C, 2A, 3B
8   1. Brust 2. Herz 3. gefallen 4. schwarz 5. gestürzt 6. gebrochen
9a   Eigene Lösung. Vergleichen Sie dazu den Hinweis auf S. 4.
9b   1. bleiben 2. beruhigen 3. sprechen 4. ohnmächtig 5. aufstehen 6. sitzen

9 Arbeit

1 Firma InTec, Sie sprechen mit Frau Jansen.

1   2, 3
2a   1. sprechen 2. wollte 3. Anschluss 4. erreichen 5. außer Haus 6. ab 7. ausrichten 8. war noch gleich 9. von der aus 10. speichere 11. zurück
2b   1. erreicht 2. auszurichten 3. zurückruft
3   Frau Leidinger: 1; Herr Salman: 2, 3
4   1 weniger, 2 gleich zur Hand, 3 richtig, 4 nicht alles richtig, 5 2.500 Nägel
5   4, 5, 6
6   1, 2, 5, 6, 7
7   Eigene Lösung. Vergleichen Sie dazu den Hinweis auf S. 4.

2 Auch heute sind wieder zahlreiche Arbeitnehmerinnen und Arbeitnehmer auf die Straße gegangen.

1   1a, 2e, 3d, 4c, 5b
2   3
3   1. 300 2. ein halbes Jahr 3. gestern Morgen 4. wütend, enttäuscht, nicht ernst genommen
4   1be, 2cd, 3af
5   1b, 2a, 3b, 4b, 5b, 6b
6a   1. Was sollen wir denn machen 2. wie soll das … denn gehen 3. Wie soll ich denn 4. Und alles nur 5. Stellen Sie sich das mal vor 6. Wozu haben wir denn 7. meiner Meinung nach 8. Wir haben das Gefühl
6b   1a, 2b, 3a
7   Eigene Lösung. Vergleichen Sie dazu den Hinweis auf S. 4.

10 Behörden

1 Polizeidirektion Mitte, was kann ich für Sie tun?

1   1. Eigenbedarf 2. Aktenzeichen 3. Anliegen 4. Ermittlung 5. Verstoß

2   1. 110 2. 3 3. 2 4. 1

3   3

4   1 letztes Jahr, 2 nie, 3 lange renoviert, 4 ein Paar, 5 eine andere
    Abteilung der Polizei

5   2, 3, 4, 5, 7

6   1b, 2a, 3b, 4a, 5b, 6a, 7b, 8a, 9b

7   1d, 2c, 3b, 4e, 5a

8   Eigene Lösung. Vergleichen Sie dazu den Hinweis auf S. 4.

9   Eigene Lösung. Vergleichen Sie dazu den Hinweis auf S. 4.

2   **Dann müssten Sie nachher noch die Anlage WEP ausfüllen.**

1   1. Herr 2. – 3. – (Bleibt noch leer. Herr Keduk muss die Nummer erst
    zu Hause nachschauen.) 4. ab sofort 5. geschieden seit 25.2.2018
    6. – (wird vom Jobcenter ausgefüllt)

2a 2, 5, 6, 8. Ja 9. Nein 10. Ja 11. Nein

2b 1, 3

3   1, 5. Asia-Restaurant, Hannover, 6, 15, 16, 17. BGK

4a 1b, 2c, 3d, 4a

4b 1. eheähnliche 2. Alleinerziehend 3. Behindert
    4. sozialversicherungspflichtige 5. eingetragenen
    6. gesundheitlichen 7. tätlichen

5   Eigene Lösung. Vergleichen Sie dazu den Hinweis auf S. 4.

11 Bankgeschäfte

1   **Ich würde gern ein Konto bei Ihnen eröffnen.**

1   1d, 2c, 3b, 4e, 5a

2   2, 3, 4, 6, 7, 8

3   1b, 2c, 3b, 4c, 5a, 6b

4   1a, 2b, 3a, 4a

5   1b, 2a, 3a, 4b

6   2, 3, 5, 6

7   1. SCHUFA 2. SEPA-Lastschriftmandat 3. Datenschutzerklärung

8   Antworten des Bankangestellten: 1. 4,50€ im Monat 2. kostenlos /
    0€ 3. bis 8.000€ kostenlos, ab 8.000€ 7% 4. 20€ 5. 40€
    6. Partnerbanken (siehe Liste)
    Sprechen: Eigene Lösung. Vergleichen Sie dazu den Hinweis auf S. 4.

9   Eigene Lösung. Vergleichen Sie dazu den Hinweis auf S. 4.

2   **Bald nur noch bargeldlos?**

1   1, 3, 4

2   1b, 2c, 3b, 4c, 5c

3   1d, 2a, 3e, 4f, 5b, 6c

4   1. Gerät an der Kasse 2. Bezahlmethoden 3. nimmt zu 4. Bargeld
    5. Münzen 6. Viren 7. Geldscheine 8. darüber nachdenken
    9. Kleingeld 10. Bankautomaten 11. überprüft werden 12. modern
    wirkt 13. Gesellschaftlicher Fortschritt

5   Eigene Lösung. Vergleichen Sie dazu den Hinweis auf S. 4.

6   Eigene Lösung.

7   Eigene Lösung. Vergleichen Sie dazu den Hinweis auf S. 4.

12 Zukunft

1   **Wie stellen Sie sich Ihre berufliche Zukunft vor?**

1a 1. Tierpfleger 2. Realschulabschluss 3. als Tierpfleger arbeiten
    4. in einem Labor arbeiten 5. Medizin 6. Abitur 7. als (Haus-)Ärztin
    arbeiten 8. in einer Notaufnahme einer großen Klinik in der Stadt
    arbeiten 9. Tänzer 10. Abitur und Abschluss als staatlich geprüfter
    Tänzer 11. auf vielen berühmten Bühnen tanzen und so lange wie
    möglich als Tänzer arbeiten 12. Ballettunterricht geben

1b 1. hatte nie vor 2. kann ich mir alles gut vorstellen 3. Am liebsten
    würde ich 4. Wo ich nicht arbeiten möchte 5. Mein Ziel ist es 6. das
    kann ich mir nicht vorstellen

2   Malte: 3, 4; Serap: 1, 5; Mladen: 2, 6

3   1c, 2a, 3b

4   1a, 2b, 3b, 4b, 5a, 6a

5   1. bin 2. arbeite 3. möchte 4. arbeite 5. tanze 6. arbeite

6   Eigene Lösung. Vergleichen Sie dazu den Hinweis auf S. 4.

2   **Was für eine Welt werden wir unseren Kindern
    hinterlassen?**

1   1b, 2b, 3a

2a 1a, 2b, 3b, 4b

2b Futur: 1, 4, 6; Prozess: 2, 3; Passiv: 5

3a 2. Viele junge Leute möchten in sinnvollen, ~~praktischen~~ kreativen
    Berufen arbeiten. 3. Die neuen Berufsfelder beeinflussen den
    Alltag und das ~~Berufsleben~~ Privatleben. 4. Die neue Flexibilität hat
    besonders für ~~Männer~~ Frauen auch Nachteile.

3b 1e, 2a, 3b, 4c, 5d

4a richtig: 2, 3, 5; falsch: 1, 4, 6

4b 1. konsumieren 2. weiter wächst 3. begrenzt 4. Wirtschaftsmodell
    5. grüne 6. Strom 7. entsorgt 8. notwendig 9. teilen 10. Trend
    11. Richtung 12. reparieren 13. verleihen 14. Nachbarn

5   Eigene Lösung. Vergleichen Sie dazu den Hinweis auf S. 4.

Prüfungstraining

13 Deutschtest für Zuwanderer

Hören:

1   1a, 2c, 3b, 4b

2   5c, 6b, 7a, 8a, 9a

3   10 richtig, 11c, 12 falsch, 13a, 14 richtig, 15b, 16 falsch, 17a

4   18e, 19a, 20d

Sprechen: Eigene Lösung.

14 Goethe-Zertifikat B1

Hören:

1   1 Falsch, 2a, 3 Falsch, 4b, 5 Richtig, 6b, 7 Richtig, 8b, 9 Falsch, 10a

2   11c, 12c, 13a, 14b, 15c

3   16 Falsch, 17 Falsch, 18 Falsch, 19 Richtig, 20 Falsch, 21 Richtig, 22 Richtig

4   23 Moderator, 24 Maria Huber, 25 Kenan Hansen, 26 Moderator,
    27 Maria Huber, 28 Kenan Hansen, 29 Moderator, 30 Maria Huber

Sprechen: Eigene Lösung.

16 Audioskripte

Track 1

A   Frisches Obst! Frisches Obst vom Bodensee! Kommen Sie, sehen Sie und probieren Sie. Wir haben ganz frische Äpfel. Äpfel nur zwei Euro das Kilo! Alles Bio, keine Chemie. Rot oder grün, süß oder sauer. Äpfel, Birnen, Pflaumen. Alles von gestern, ganz frisch.

B   Fahren Sie geradeaus. Fahren Sie nach 50 Metern rechts. Fahren Sie bei der nächsten Möglichkeit links in die Hauptstraße. Bleiben Sie auf der Hauptstraße. Sie haben das Ziel erreicht. Ihr Ziel ist auf der linken Seite.

C   Achtung, eine Durchsage. Der ICE nach Hamburg, Abfahrt 9 Uhr 36, heute ca. 35 Minuten später. Ich wiederhole: Der ICE nach Hamburg, Abfahrt 9 Uhr 36, heute ca. 35 Minuten später.

D   Hallo, hier ist Marek, der Klavierlehrer von Hannah. Leider muss ich den Unterricht für heute absagen, ich bin krank. Hannah, du kannst das Lied üben, das wir letztes Mal gelernt haben. Also hoffentlich bis nächste Woche, tschüs!

E   Kennen Sie schon unsere Angebote am Montag? So können Sie jede Woche bares Geld sparen. Mit Naturjoghurt für nur einen Euro zwanzig das Glas, Kartoffeln für zwei Euro vierzig pro Kilo und Kaffee für fünf Euro dreißig pro Pfund. So macht Einkaufen Spaß.

F   Hier ist Mark Rohde mit dem Wetter für Brandenburg. Für die nächsten Tage sieht es nicht so gut aus. Der Sommer ist wirklich vorbei. Heute Abend kommen schon die ersten Wolken und morgen früh regnet es überall in Brandenburg. Am Nachmittag haben wir vielleicht zwei oder drei Sonnenstunden, aber der Abend bringt schon wieder Regen. Also, holen Sie Ihre Regenjacke raus, es wird Herbst.

Track 2

● Fitnessstudio „Fit und gesund", mein Name ist Sven Bergström, guten Tag.

○ Guten Tag, mein Name ist Ramona Dragan. Ich interessiere mich für Ihr Fitness-Training. Am liebsten würde ich einmal die Woche trainieren. Was würde das denn kosten?

● Bei uns zahlt man nicht pro Besuch, sondern pro Monat. Unser günstigstes Angebot gibt es für 40 Euro im Monat.

○ 40 Euro ist aber ziemlich viel. Ich kenne ein anderes Fitnessstudio, da kostet ein Monat die Hälfte.

● Ja, ich weiß. Die Qualität dort ist aber nicht so gut. Für die Qualität, die Sie bei uns bekommen, können wir leider keinen anderen Preis anbieten. Dafür bekommen Sie ein besseres Training an besseren Geräten. Außerdem haben wir zu jeder Tageszeit sehr gute Trainerinnen und Trainer, die Ihnen beim Training helfen.

○ Das ist natürlich gut. Wissen Sie, ich habe noch nicht so viel Erfahrung. Deshalb wäre es eigentlich ganz gut, wenn ich hin und wieder jemanden fragen könnte. Wie sind denn Ihre Öffnungszeiten?

● Wir haben jeden Tag geöffnet, montags bis freitags von 8 bis 21 Uhr und samstags und sonntags von 8 bis 23 Uhr.

○ Und können Sie mir sagen, wann die meisten Leute da sind und wann es nicht so voll ist? Ich würde lieber kommen, wenn es ein bisschen leerer ist.

● Die meisten Leute kommen morgens bis 10 Uhr und dann wieder nachmittags ab 17 Uhr. Dazwischen ist nicht viel los, da haben Sie wirklich Ihre Ruhe. Und – ich weiß nicht, ob das für Sie interessant ist – am Mittwoch haben wir immer Frauentag. Da kommen keine Männer, die Frauen können ganz alleine trainieren. Und es sind auch nur weibliche Trainerinnen da.

○ Das hört sich gut an. Das würde ich bestimmt mal ausprobieren. Ich habe aber noch eine andere Frage: Läuft bei Ihnen Musik oder gibt es Fernseher?

● Nein, so etwas haben wir gar nicht. Wir denken, dass man sich beim Sport auf die Übungen konzentrieren sollte. Sonst kann man sich leicht verletzen, weil man nicht so aufpasst. Musik und Fernsehen stören da nur.

○ Das finde ich auch. Genau deshalb habe ich gefragt. Ich mag es gerne, wenn es ruhig ist.

● Wenn Sie möchten, können Sie gerne zum Probetraining kommen. Dreimal dürfen Sie kostenlos trainieren, bevor wir den Vertrag machen. Der Vertrag ist dann für sechs Monate gültig.

○ Das wäre in Ordnung. Dann komme ich morgen Vormittag mal zum Probetraining.

● Das freut mich, sehr gern. Dann bis morgen, Frau Dragan.

○ Bis morgen, tschüs.

Track 3

○ Guten Tag, Herr Rodriguez.

● Hallo. Wir können eigentlich „du" sagen, oder? Ich bin Gonzalo.

○ Ja, gern. Ich bin Sabine. Gonzalo, seit über dreißig Jahren machst du nun schon in Deutschland Musik, aber eigentlich kommst du aus Chile, oder?

● Ja, genau. Meine Familie ist in den 70er Jahren aus Chile nach Hamburg gezogen. Das waren meine Eltern, meine beiden Schwestern und ich.

○ Wie alt warst du da?

● Ich bin der Kleinste in unserer Familie. Ich war damals vier Jahre alt.

○ Kannst du dich noch an die Zeit in Chile erinnern?

● Nicht wirklich. Ich erinnere mich noch an meinen besten Freund aus der Nachbarschaft. Er hieß Miguel. Aber das ist auch schon alles.

○ Und an die ersten Jahre in Hamburg? Was weißt du noch aus dieser Zeit?

● An unsere Wohnung erinnere ich mich noch gut. Und daran, wie ich manchmal mit meiner Mutter in den Deutschkurs gegangen bin. Einige der Frauen dort haben ihre Kinder mitgenommen und wir haben dann immer in einer Ecke gesessen, gespielt und gemalt. Dabei sollten wir immer ganz leise sein.

○ Hört man an deiner Musik, dass du aus Chile kommst? Spielst du zum Beispiel traditionelle Instrumente oder verwendest du südamerikanische Rhythmen?

● Ich würde sagen, meine Musik ist eher deutsch oder europäisch. Im Laufe der Zeit habe ich in verschiedenen Bands gespielt, aber eigentlich haben wir immer Rockmusik mit deutschen Texten gemacht. Manchmal spiele ich Gitarre, manchmal Bass.

○ Wann hast du angefangen, Musik zu machen?

● Als Jugendlicher. Ich glaube, ich war dreizehn Jahre alt oder so. Ich war im Sommer im Schwimmbad, und da saß einer unter einem Baum auf seinem Handtuch und hat ganz toll Gitarre gespielt. Ich habe sofort gedacht: Das will ich auch können.

○ Und wie bist du zu deiner ersten Gitarre gekommen?

● Eine Arbeitskollegin von meiner Mutter hatte eine sehr schöne, alte Gitarre. Die hat sie meiner Mutter verkauft und meine Mutter hat sie mir dann zum Geburtstag geschenkt. Das war wirklich das beste Geburtstagsgeschenk meines Lebens.

○ Hattest du auch Gitarrenunterricht?

● Als Jugendlicher nicht. Später habe ich auch Unterricht genommen, aber die ersten Jahre habe ich einfach mit Freunden zusammen gespielt. Dabei hat jeder viel vom anderen gelernt.

○ Wann hast du gewusst, dass du das beruflich machen willst?

● Davon träumt doch jeder, der ein Instrument spielt. Aber zuerst denkt man natürlich, dass das nur ein Traum ist. Als wir langsam bekannt wurden, war ich etwa zwanzig Jahre alt. Meine Band hieß damals „Die Zitronen". Wir haben viele Konzerte gegeben und angefangen, Geld zu verdienen. Und auf einmal waren wir Profis. Eine andere Ausbildung habe ich dann gar nicht mehr gemacht.

○ Da musst du ja wirklich sehr sicher gewesen sein, dass das genau das Richtige für dich ist. Aber es hat ja auch alles gut geklappt. Ich habe mal ein ganz frühes Lied von deiner alten Band mitgebracht, da hören wir jetzt noch kurz zusammen rein …

Track 4

● Hallo.
○ Hallo.
● Wir kennen uns noch gar nicht. Ich bin Micha.
○ Freut mich. Ich bin Tarek. Du bist auch eine Freundin von Sonja, oder? Woher kennst du sie denn?
● Von der Arbeit.
○ Bist du auch Zahnarzthelferin?
● Ja, genau. Wir arbeiten in derselben Praxis. Und du? Was machst du so?
○ Ich studiere noch.
● Oh, was studierst du denn?
○ Jura.
● Ah ja, und woher kennst du Sonja?
○ Ich habe sie letztes Jahr in Marokko kennengelernt.
● Kommst du ursprünglich aus Marokko?
○ Ich nicht, aber meine Eltern. Und ich habe noch viele Verwandte in Marrakesch und Umgebung. Warst du mal in Marrakesch?
● Ja, schon zweimal. Es ist wunderschön! Ich glaube, das erste Mal war ich 2014 in Marrakesch. Und das zweite Mal war, als ich mit der Ausbildung fertig war. Da hat mich meine Mutter eingeladen, und wir waren fast eine Woche da. Aber zurück zu eurer Geschichte: Du hast Sonja kennengelernt und bist dann hierher nach Kiel gezogen?
○ Nein, ich bin in Kiel aufgewachsen. Und Sonja und ich sind doch nur Freunde. Es war totaler Zufall, dass wir uns in Marrakesch kennengelernt haben. Wir sind ins Gespräch gekommen, und dann haben wir gemerkt, dass wir beide aus Kiel kommen.
● Das ist ja lustig. Sag mal, hast du auch Hunger? Hast du Lust, in die Küche zu gehen und zu gucken, was es zu essen gibt?
○ Ja, gern.
● Hm, das sieht ja gut aus. Ich nehme mir was von der Pizza. Soll ich dir auch was drauftun?
○ Ja, bitte. Oh, halt, die Salami-Pizza bitte nicht. Ich esse kein Fleisch.
● Bist du Vegetarier?
○ Nicht richtig. Manchmal esse ich Fisch. Oh, draußen auf dem Balkon steht Bier. Das ist bestimmt schön kalt. Soll ich dir vielleicht eins mitbringen?
● Gerne!

Track 5

Hallo, ich bin Sören. Ich arbeite im selben Büro wie Sonja. Und du? Was machst du so?

Kommst du ursprünglich aus Deutschland?

Ich komme ursprünglich aus Rumänien, aus Siebenbürgen. Warst du schon mal in Rumänien?

Track 6

● Und woher kennst du Sonja?
○ Ich habe sie letztes Jahr in Marokko kennengelernt.
● Kommst du ursprünglich aus Marokko?
○ Ich nicht, aber meine Eltern. Und ich habe noch viele Verwandte in Marrakesch und Umgebung. Warst du mal in Marrakesch?
● Ja, schon zweimal. Es ist wunderschön! Ich glaube, das erste Mal war ich 2014 in Marrakesch. Und das zweite Mal war, als ich mit der Ausbildung fertig war. Da hat mich meine Mutter eingeladen, und wir waren fast eine Woche da. Aber zurück zu eurer Geschichte: Du hast Sonja kennengelernt und bist dann hierher nach Kiel gezogen?

Track 7

● Hey, Sören! Dich habe ich ja lange nicht gesehen. Wie geht's dir?
○ Hey, Micha! Mir geht's sehr gut, danke. Ich war zwei Monate weg, deshalb haben wir uns nicht gesehen. Ich war auf Kuba.
● Wow, das war bestimmt toll, oder?
○ Ja, das war großartig. Havanna ist total schön. Und die Leute sind so nett! Und du? Wie geht's dir?
● Auch gut, alles ganz normal.
○ Ich habe gesehen, du hast dich vorhin mit Tarek unterhalten. Woher kennt ihr euch denn?
● Wir haben uns gerade eben kennengelernt, hier auf der Party. Und woher kennst du ihn?
○ Wir haben letztes Jahr einen Surfkurs zusammen gemacht. Das Sportzentrum von der Uni bietet im Sommer immer Surfkurse für Studenten an, und da haben wir uns letzten Sommer kennengelernt. Seitdem waren wir ein paar Mal zusammen surfen.
● Das ist ja lustig. So klein ist die Welt. Na, du wohnst ja auch schon ganz schön lange in Kiel. Irgendwann kennt man fast jeden.
○ Ja, ich bin schon seit acht Jahren hier. Die Zeit vergeht wirklich so schnell.

Track 8

Die Partikel „denn"
Woher kommst du denn?
Was bist du denn von Beruf?
Wen kennst du denn hier auf der Party?

Die Partikel „so"
Was hörst du so für Musik?
Was machst du so in deiner Freizeit?
Wie geht's dir so?

Die Partikel „mal"
Sieh mal, es gibt Pizza!
Kannst du mal die Tür aufmachen?
Kannst du mir mal die Wohnung zeigen?

Das Adverb „gerne"
○ Möchtest du ein Eis?
● Gerne!
○ Soll ich dir was zu trinken mitbringen?
● Gerne!

Track 9

1   Ich bin mit meinem Mitbewohner Toni hier. Der ist schon ganz lange mit Sonja befreundet. Und du? Wen kennst du so?

2   Ich studiere noch. Philosophie. Und du? Studierst du auch?

3   Nein, ich komme aus Wien. Vor drei Jahren bin ich hergezogen, wegen der Arbeit. Und du? Kommst du von hier?

4   Nichts Besonderes. Ich spiele Computer und sehe fern. Oder ich treffe mich mit Freunden. Und du? Hast du Hobbys?

5   Total gerne. Wow, es gibt drei verschiedene Kuchen! Schokoladentorte, Apfelkuchen und ... Was ist das? Bestimmt ein Käsekuchen. Soll ich dir auch was drauftun? Von jedem ein bisschen?

Track 10

● Sind Sie Nils Wolter? Guten Tag, ich bin Özlem Yildiz. Haben Sie gut hergefunden?

○ Ja, sehr gut, danke. Ich bin mit der Linie 3 gefahren, und von der Bushaltestelle aus war es ja gar nicht mehr weit.

● Gut. Am besten gehen wir hier in dieses Zimmer. Bitte, setzen Sie sich. Ich schlage vor, dass ich erst einmal ein bisschen was zu unserem Unternehmen erzähle, wenn es Ihnen recht ist.

○ Ja, gern.

● Wir sind seit 2005 im Bereich IT-Beratung tätig. Das Unternehmen ist in Berlin gegründet worden. Seit 2009 gibt es unser Büro hier in Nürnberg. 2013 ist dann noch das Büro in Hamburg dazugekommen. Wir betreuen Unternehmen bei der Entwicklung von individueller Software. Zu unseren Kunden gehören große, internationale Firmen ebenso wie kleine Unternehmen von hier aus der Gegend. Mit vielen unserer Kunden arbeiten wir seit Jahren zusammen und haben ein sehr vertrauensvolles Verhältnis entwickelt. Darum ist es uns auch wichtig, dass unsere Mitarbeiter nicht nur fachlich gut, sondern auch in der Kundenberatung freundlich, zuverlässig und kompetent sind. Haben Sie das Gefühl, dass Sie jetzt so ungefähr einen Eindruck von uns haben?

○ Auf jeden Fall. Ich habe mir vor dem Gespräch ja auch Ihre Homepage angesehen.

● Haben Sie eine Frage zum Unternehmen?

○ Wie viele Mitarbeiter sind denn hier in Nürnberg beschäftigt?

● Zurzeit beschäftigen wir hier 35 Mitarbeiter. Die meisten davon im IT-Bereich, aber wir haben auch Leute für das Büromanagement. Und es sind immer mal wieder Praktikanten da, die kommen noch dazu. Aber nun zu Ihnen. Erzählen Sie doch mal etwas von sich.

Track 11

● Aber nun zu Ihnen. Erzählen Sie doch mal etwas von sich.

○ Also ... Ich habe in Bonn Informatik studiert und außerdem eine Qualifikation im Bereich Projektmanagement gemacht. Seit drei Jahren bin ich jetzt mit dem Studium fertig. Seitdem arbeite ich bei einem kleinen Unternehmen hier in Nürnberg. Dafür bin ich von Bonn hierhergezogen. In meinem Lebenslauf habe ich Ihnen einen kurzen Überblick über meine Fähigkeiten und Erfahrungen gegeben. Bis jetzt habe ich vor allem Software für Unternehmen geschrieben.

● Sie sind also zurzeit noch in einem anderen Unternehmen tätig.

○ Ja, genau.

● Warum haben Sie sich bei uns beworben? Sind Sie in ihrem jetzigen Unternehmen nicht zufrieden?

○ Das Programmieren macht mir schon Spaß. Aber ich habe das Gefühl, dass ich das nicht so gut weiterentwickeln kann. Eigentlich würde ich gern etwas mehr im Bereich Kundenbetreuung arbeiten, eigene Projekte machen und mich auch weiterbilden.

● Ich verstehe. Und was meinen Sie, warum passt diese Stelle zu Ihnen? Warum sollten wir gerade Sie einstellen?

○ Nun ja, einerseits erfülle ich durch mein Studium und meine Arbeitserfahrung die fachlichen Voraussetzungen, andererseits habe ich gute Ideen und weiß, wie ich aus dem, was sich die Kunden wünschen, gute Programme machen kann. Dieser kreative Teil der Arbeit macht mir großen Spaß, und ich glaube, ich könnte die Kunden deshalb auch gut beraten und betreuen.

● Sie möchten sich in dem Bereich also weiterentwickeln, richtig? Wie stellen Sie sich denn Ihre Position in fünf Jahren vor?

○ Ich stelle mir vor, dass ich noch mehr Verantwortung übernehme. Ich würde zum Beispiel gern ein Team leiten.

● Gut. Das ist natürlich eine Menge Verantwortung. Wo sehen Sie da besondere Herausforderungen für sich selbst? Was können Sie vielleicht nicht so gut, oder welche Schwächen haben Sie?

○ Also, eine Schwäche von mir ist, dass ich gerne immer nur eine Sache auf einmal mache. Ich arbeite mich gründlich in ein Projekt ein, und dann schließe ich es gern ab, bevor ich etwas Neues anfange. Wenn ich fünf Projekte auf einmal auf dem Schreibtisch liegen habe, kann ich nicht so gut arbeiten.

● Das verstehe ich. Ich kann Ihnen aber nicht versprechen, dass Sie nicht hin und wieder an mehreren Projekten gleichzeitig arbeiten müssten.

○ Nein, das erwarte ich natürlich auch gar nicht.

● Und nun noch eine Stärke von Ihnen. Was können Sie besonders gut?

○ Naja, ich bin sehr teamfähig und kann gut mit Kritik umgehen. Wenn wir im Team Ideen entwickeln, habe ich kein Problem damit, wenn mich jemand kritisiert, oder wenn ein Praktikant oder eine Praktikantin zum Beispiel eine bessere Idee hat als ich. Das finde ich toll, ich möchte auch weiterhin von anderen lernen.

● Wenn wir nun zusammenarbeiten sollten, wie stellen Sie sich die Bedingungen vor? Würden Sie lieber in Vollzeit oder in Teilzeit arbeiten?

○ Mir wäre Teilzeit am liebsten. 30 Stunden in der Woche wären perfekt.

● Ich denke, das wäre kein Problem. Wie stellen Sie sich denn ihr Gehalt vor?

○ Also, bei meinem aktuellen Job verdiene ich 3.700 Euro brutto. Damit wäre ich zufrieden.

● Gut, Herr Wolter, vielen Dank, dass Sie sich die Zeit genommen haben. Wir melden uns bald bei Ihnen.

○ Ich danke Ihnen. Auf Wiedersehen.

Track 12

● Sind Sie Nils Wolter? Guten Tag, ich bin Özlem Yildiz. Haben Sie gut hergefunden?

○ Ja, sehr gut, danke. Ich bin mit der Linie 3 gefahren, und von der Bushaltestelle aus war es ja gar nicht mehr weit.

● Gut. Am besten gehen wir hier in dieses Zimmer. Bitte, setzen Sie sich. Ich schlage vor, dass ich erst einmal ein bisschen was zu unserem Unternehmen erzähle, wenn es Ihnen recht ist.

○ Ja, gern.

● Wir sind seit 2005 im Bereich IT-Beratung tätig. Das Unternehmen ist in Berlin gegründet worden. Seit 2009 gibt es unser Büro hier in Nürnberg. 2013 ist dann noch das Büro in Hamburg dazugekommen. Wir betreuen Unternehmen bei der Entwicklung von individueller Software. Zu unseren Kunden gehören große, internationale Firmen ebenso wie kleine Unternehmen von hier aus der Gegend. Mit vielen unserer Kunden arbeiten wir seit Jahren zusammen und haben ein sehr vertrauensvolles Verhältnis entwickelt. Darum ist es uns auch wichtig, dass unsere Mitarbeiter nicht nur fachlich gut, sondern auch in der Kundenberatung freundlich, zuverlässig und kompetent sind. Haben Sie das Gefühl, dass Sie jetzt so ungefähr einen Eindruck von uns haben?

○ Auf jeden Fall. Ich habe mir vor dem Gespräch ja auch Ihre Homepage angesehen.

● Haben Sie eine Frage zum Unternehmen?

○ Wie viele Mitarbeiter sind denn hier in Nürnberg beschäftigt?

● Zurzeit beschäftigen wir hier 35 Mitarbeiter. Die meisten davon im IT-Bereich, aber wir haben auch Leute für das Büromanagement. Und es sind immer mal wieder Praktikanten da, die kommen noch dazu. Aber nun zu Ihnen. Erzählen Sie doch mal etwas von sich.

○ Also ... Ich habe in Bonn Informatik studiert und außerdem eine Qualifikation im Bereich Projektmanagement gemacht. Seit drei Jahren bin ich jetzt mit dem Studium fertig. Seitdem arbeite ich bei einem kleinen Unternehmen hier in Nürnberg. Dafür bin ich von Bonn hierhergezogen. In meinem Lebenslauf habe ich Ihnen einen kurzen Überblick über meine Fähigkeiten und Erfahrungen gegeben. Bis jetzt habe ich vor allem Software für Unternehmen geschrieben.

● Sie sind also zurzeit noch in einem anderen Unternehmen tätig.

○ Ja, genau.

● Warum haben Sie sich bei uns beworben? Sind Sie in ihrem jetzigen Unternehmen nicht zufrieden?

○ Das Programmieren macht mir schon Spaß. Aber ich habe das Gefühl, dass ich mich nicht so gut weiterentwickeln kann. Eigentlich würde ich gern etwas mehr im Bereich Kundenbetreuung arbeiten, eigene Projekte machen und mich auch weiterbilden.

● Ich verstehe. Und was meinen Sie, warum passt diese Stelle zu Ihnen? Warum sollten wir gerade Sie einstellen?

○ Nun ja, einerseits erfülle ich durch mein Studium und meine Arbeitserfahrung die fachlichen Voraussetzungen, andererseits habe ich gute Ideen und weiß, wie ich aus dem, was sich die Kunden wünschen, gute Programme machen kann. Dieser kreative Teil der Arbeit macht mir großen Spaß, und ich glaube, ich könnte die Kunden deshalb auch gut beraten und betreuen.

● Sie möchten sich in dem Bereich also weiterentwickeln, richtig? Wie stellen Sie sich denn Ihre Position in fünf Jahren vor?

○ Ich stelle mir vor, dass ich noch mehr Verantwortung übernehme. Ich würde zum Beispiel gern ein Team leiten.

● Gut. Das ist natürlich eine Menge Verantwortung. Wo sehen Sie da besondere Herausforderungen für sich selbst? Was können Sie vielleicht nicht so gut, oder welche Schwächen haben Sie?

○ Also, eine Schwäche von mir ist, dass ich gerne immer nur eine Sache auf einmal mache. Ich arbeite mich gründlich in ein Projekt ein, und dann schließe ich es gern ab, bevor ich etwas Neues anfange. Wenn ich fünf

Projekte auf einmal auf dem Schreibtisch liegen habe, kann ich nicht so gut arbeiten.

● Das verstehe ich. Ich kann Ihnen aber nicht versprechen, dass Sie nicht hin und wieder an mehreren Projekten gleichzeitig arbeiten müssten.

○ Nein, das erwarte ich natürlich auch gar nicht.

● Und nun noch eine Stärke von Ihnen. Was können Sie besonders gut?

○ Naja, ich bin sehr teamfähig und kann gut mit Kritik umgehen. Wenn wir im Team Ideen entwickeln, habe ich kein Problem damit, wenn mich jemand kritisiert, oder wenn ein Praktikant oder eine Praktikantin zum Beispiel eine bessere Idee hat als ich. Das finde ich toll, ich möchte auch weiterhin von anderen lernen.

● Wenn wir nun zusammenarbeiten sollten, wie stellen Sie sich die Bedingungen vor? Würden Sie lieber in Vollzeit oder in Teilzeit arbeiten?

○ Mir wäre Teilzeit am liebsten. 30 Stunden in der Woche wären perfekt.

● Ich denke, das wäre kein Problem. Wie stellen Sie sich denn ihr Gehalt vor?

○ Also, bei meinem aktuellen Job verdiene ich 3.700 Euro brutto. Damit wäre ich zufrieden.

● Gut, Herr Wolter, vielen Dank, dass Sie sich die Zeit genommen haben. Wir melden uns bald bei Ihnen.

○ Ich danke Ihnen. Auf Wiedersehen.

Track 13

Haben Sie gut hergefunden?

Zu Ihrer Ausbildung habe ich schon etwas in Ihrem Lebenslauf gelesen. Aber erzählen Sie doch noch einmal, was Sie gemacht haben.

Was würden Sie sagen, wo Ihre persönlichen Schwächen liegen?

Und Ihre Stärken? Was können Sie besonders gut?

Sie haben zurzeit ja eine feste Stelle, richtig? Warum sind Sie dort unzufrieden?

Wenn Sie sich vorstellen, wie Ihr Leben in fünf Jahren aussieht, wo sehen Sie sich da beruflich?

Track 14

Maria Petrescu

Jetzt habe ich zwei Monate lang unsere Familienfeier geplant, und nun schreibt meine Schwiegermutter mir einfach eine kurze Mail, dass ihr der Termin doch nicht passt! Ich muss zugeben, dass ich mich schon öfter über sie geärgert habe. Aber so wütend wie jetzt gerade war ich noch nie auf sie. Eigentlich bin ich nicht nur wütend oder ärgerlich. Ich bin enttäuscht von ihr, das ist es. Ich habe gedacht, die Feier wäre ihr auch wichtig.

Daniele Vitale

Oh mein Gott, da sitzt mein Publikum. Wie gespannt mich alle anschauen! Ich habe mich so lange auf den Auftritt vorbereitet. Wochenlang habe ich mich auf diesen Tag gefreut. Und auch jetzt freue ich mich natürlich darüber, dass ich hier bin. Aber ich bin auch furchtbar aufgeregt. Hoffentlich merken die Leute das nicht. Ich glaube, ich war noch nie so nervös.

Katharina Nürnberger

Meine Freundin Monika ist nach Dresden gezogen. Wir waren jahrelang befreundet, und jetzt ist sie einfach weg. Ich vermisse sie. Mit ihr war es nie langweilig. Ich erinnere mich an so viele lustige Geschichten mit ihr. Ohne sie ist es hier einsam und ziemlich traurig. Ach, sie fehlt mir so.

Track 15

Wirklich, zwei Monate lang habe ich mir Gedanken gemacht. Sogar die Einladungen habe ich schon fertig. Und dann schreibt mir meine Schwiegermutter einfach ein paar Zeilen, dass sie keine Zeit hat. Sie hat nicht mal persönlich angerufen und sich entschuldigt. Das gibt es doch nicht! Das darf doch wohl nicht wahr sein! Sie hat eine Reise gebucht, obwohl sie wusste, dass an dem Termin unsere Feier stattfinden sollte. Ihre Freundin hat sie gefragt, ob sie mit nach Mallorca fliegt, und sie hat einfach ja gesagt. Wie kann denn das sein? Was denkt sie sich nur dabei? Jetzt ist meine ganze Planung umsonst. Ich muss einen neuen Termin ausmachen, einen neuen Raum finden, alles neu organisieren. Am liebsten würde ich die Party ohne sie planen. Einfach eine Reise zu buchen! Darüber könnte ich mich ohne Ende aufregen!

Track 16

Ich habe schon als Kind davon geträumt, später auf einer Bühne zu stehen. Als kleines Kind dachte ich, ich gehe später zum Zirkus. Als ich größer wurde, habe ich mich dann fürs Theater interessiert. Auf jeden Fall wollte ich Schauspieler oder Artist werden. Mein Pech war nur: Ich hatte immer schon Angst davor, vor einem großen Publikum zu stehen. Es war ganz verrückt: Einerseits habe ich Komödien, Tragödien und alle anderen Theaterstücke geliebt, andererseits hatte ich nicht genug Mut, vor vielen Leuten aufzutreten. Ich dachte immer, wenn ich etwas falsch mache, lachen die Leute vielleicht über mich. Beruflich habe ich mich dann doch für etwas ganz Normales entschieden. Heute arbeite ich bei einer Versicherung. Aber ich habe immer darauf gehofft, irgendwann doch noch einmal etwas mit Theater oder Zirkus zu machen. Vor einiger Zeit habe ich angefangen, ganz kleine Kartentricks für meine Kinder zu lernen. Das hat mir immer mehr Spaß gemacht, und ich habe dieses Hobby weiterentwickelt. Heute trete ich vor Kindern und Erwachsenen auf. Vorher bin ich immer sehr aufgeregt. Aber sobald ich auf der Bühne stehe, ist die Aufregung weg. Dann bin ich ganz ruhig und konzentriere mich nur auf den Moment. Das ist ein schönes Gefühl. Es war richtig, meinen Kindheitstraum nicht aufzugeben.

Track 17

Wie es Monika in Dresden geht? Ganz genau weiß ich das nicht. Ich habe sie seit dem Umzug nicht mehr gesehen. Natürlich habe ich ihr schon ein paar Mails geschrieben. Aber bisher hat sie noch nicht geantwortet. Ich nehme an, dass sie noch viel mit dem Umzug und der Arbeitssuche zu tun hat. Und wahrscheinlich entdeckt sie viel Interessantes in der Stadt. Sie fängt ein neues Leben an, und sicherlich ist das alles sehr spannend für sie. Bestimmt geht sie oft aus, um neue Leute kennenzulernen. Ich könnte mir vorstellen, dass sie jetzt in den ersten Wochen schon ein paar neue Freunde gefunden hat. Ich weiß nicht genau, wie sie das macht, aber irgendwie hat sie immer viele lustige, interessante, nette Leute um sich. Allerdings sind alte Freunde, die man schon lange kennt, auch sehr wichtig. Ich vermute mal, dass es ihr gut geht, sie mich aber bestimmt auch vermisst.

Track 18

● Dev Paretkar. Hallo?
○ Hallo Dev, hier ist Kevin.
● Ach, du bist es. Hör mal, ich kann leider gerade nicht. Lass uns später telefonieren. Ich habe jetzt meine Lehrprobe.
○ Was hast du für eine Probe?
● Naja, die Schuldirektorin sieht sich meinen Unterricht an, und dann bekomme ich dafür Noten.
○ Echt? Du kriegst noch Noten?
● Ja, das ist total wichtig für mein Examen. Und du weißt ja: Nur mit einem guten Examen habe ich Chancen auf eine gute Stelle als Lehrer. Deshalb würde ich jetzt wirklich ganz gern Schluss machen. Die Lehrprobe fängt in einer halben Stunde an, und ich muss vorher noch ein bisschen was vorbereiten.
○ Ok, dann viel Glück! Ich drück dir die Daumen.
● Danke dir, das kann ich brauchen! Ich ruf dich heute Nachmittag an, ok? Bis dann, tschau!

Track 19

● So, hier haben wir etwas Ruhe. Setzen wir uns doch. Gut. Bevor ich etwas zu Ihrem Unterricht sage, würde ich gern erst einmal wissen, wie Ihr Eindruck war. Wie haben Sie die Unterrichtsstunde selbst erlebt?
○ Also, erst einmal habe ich ein ganz gutes Gefühl. Mein Zeitplan hat funktioniert, und ich meine, dass die Schülerinnen und Schüler gut mitgemacht haben. Sie waren ein bisschen stiller als sonst, aber ich denke, das ist in der Situation normal. Ich bin ganz zufrieden, auch wenn es natürlich nicht perfekt war.
● Gab es etwas, was Ihnen nicht so gut gefallen hat?
○ Hm ... Ganz am Anfang hätte ich mir gewünscht, dass von den Kindern mehr Ideen gekommen wären. Da habe ich die Frage vielleicht nicht ganz klar gestellt.
● Gut, vielen Dank für Ihre Einschätzung. Ich muss sagen, dass mir Ihr Unterricht sehr gut gefallen hat. Die Stunde hatte eine klare Struktur. Wie Sie schon gesagt haben, hatten Sie die Zeit gut im Blick. Die Schüler haben die neuen Inhalte gut verstanden. Damit haben Sie am Ende der Stunde genau das erreicht, was Sie angekündigt haben.
Und Sie haben recht: Die Schüler haben großes Interesse gezeigt und gut mitgearbeitet. Man hat gemerkt, dass sie Ihnen die Lehrprobe möglichst leicht machen wollten. Das zeigt mir auch, dass Sie eine gute Beziehung zu den Kindern haben.
Auch die Ideensammlung am Anfang fand ich sehr gelungen. Natürlich fühlen sich die Kinder in einer Lehrprobe nicht so frei wie im normalen Unterricht. Aber das weiß ich ja. Die Art, wie Sie mit dem Thema angefangen haben, fand ich aber kreativ und passend.
○ Vielen Dank für die positive Rückmeldung. Es freut mich, dass Ihnen die Lehrprobe gefallen hat.

Track 20

● Frau Schneider? Hätten Sie mal kurz Zeit? Ich würde gern etwas mit Ihnen besprechen. Es geht um eine Kundenrückmeldung. Könnten Sie für ein paar Minuten zu mir ins Büro kommen?
○ Ja, sicher.
● So, bitte schön, setzen Sie sich. Wie gesagt, es geht um eine Kundenrückmeldung, und zwar von Herrn Medvedev. Erinnern Sie sich?
○ Ja, Herrn Medvedev kenne ich natürlich, und das letzte Gespräch mit ihm ist ja noch nicht so lange her.
● Wie war denn Ihr Eindruck von dem Gespräch?
○ Es war etwas schwierig. Herr Medvedev hatte eine etwas naja, wie soll ich sagen ... eigene Art.
● Wo genau lag denn das Problem?
○ Was ich schwierig finde, ist seine Art zu kommunizieren. Er drückt sich nicht sehr klar aus, aber er erwartet, dass ich ihn immer sofort verstehe. Wenn ich nachfrage, verliert er schnell die Geduld. Ich muss sagen, dass ich seine Art recht respektlos finde.

● Ich verstehe. Mir gegenüber hat er die Situation anders dargestellt. Er meinte, Sie hätten seine Vorschläge gleich abgelehnt, ohne überhaupt darüber nachzudenken. Er fühlte sich ebenfalls nicht respektiert.

○ Hmm, das würde erklären, warum er so wütend geworden ist. Aber ich habe wirklich nicht verstanden, was er meinte. Sie haben doch auch mit ihm gesprochen. Finden Sie es einfach, seinen Gedanken zu folgen?

● Sie haben Recht, das ist nicht ganz einfach. Ich gebe zu, dass er Sie da wahrscheinlich missverstanden hat. Was mir aber nicht so gut gefällt, ist die Art, wie Sie mit dem Problem umgegangen sind. Ich habe nichts davon gewusst und erst vom Kunden davon erfahren. Ich würde Sie bitten, nächstes Mal direkt mit mir zu sprechen, wenn es in einem Kundengespräch Schwierigkeiten gibt.

○ Naja ... Ich habe gedacht, Sie haben gerade so viel zu tun, und wollte Sie nicht stören.

● Mir wäre es sehr lieb, wenn Sie mir in Zukunft Bescheid sagen würden. Wenn wir so einen wichtigen Kunden wie Herrn Medvedev verlieren sollten, möchte ich zumindest wissen, was der Grund dafür ist. Ich mache Ihnen einen Vorschlag: Ich spreche noch einmal mit ihm, und dann sehen wir weiter. Und Sie denken bitte daran, worum ich Sie gebeten habe.

○ In Ordnung.

Track 21

● Komm rein. Der Flur ist ein bisschen eng, aber den benutzt man ja sowieso nicht richtig. Hier links ist die Küche. Siehst du? Ein Kühlschrank war nicht drin, aber zumindest Herd und Spüle. So ... Hier rechts haben wir erst ein etwas größeres Badezimmer und dahinter die Toilette.

○ Schade, dass die beiden Räume keine Fenster haben. Aber ich finde es sehr angenehm, wenn Klo und Bad getrennt sind.

● Ja, ich auch. Fenster wären toll, aber zumindest hat die Küche eins. So, und hier vorne ... kommt das Schlafzimmer hin.

○ Das ist aber schön hell. Das hat ja sogar zwei Fenster.

● Ja, es gefällt mir auch sehr gut. Aber jetzt kommt das Beste ... Dazu müssen wir noch mal in den Flur zurück ... Tataaaa! Das Wohnzimmer.

○ Wow, ist das groß! Und einen Balkon hast du! Wie schön! Der ist auch nicht gerade klein. Da kann man gut zu zweit drauf sitzen und noch ein paar Pflanzen hinstellen.

● Das habe ich auch gedacht. Ich werde Tomaten pflanzen, die kommen dann hierher. Und Blumen hätte ich auch gerne, die stelle ich dahin. Aber jetzt gehen wir erst mal wieder rein und ich mache uns einen Kaffee.

○ Gerne, den kann ich gut gebrauchen bei dem Berg Kartons, der da unten auf uns wartet. Warum hast du bloß so viele Sachen?

● So viel ist das doch gar nicht.

Track 22

○ Wow, ist das groß! Und einen Balkon hast du! Wie schön! Der ist auch nicht gerade klein. Da kann man gut zu zweit drauf sitzen und noch ein paar Pflanzen hinstellen.

● Das habe ich auch gedacht. Ich werde Tomaten pflanzen, die kommen dann hierher. Und Blumen hätte ich auch gerne, die stelle ich dahin. Aber jetzt gehen wir erst mal wieder rein und ich mache uns einen Kaffee.

○ Gerne, den kann ich gut gebrauchen bei dem Berg Kartons, der da unten auf uns wartet. Warum hast du bloß so viele Sachen?

Track 23

○ Soll ich den Karton da nehmen?

● Nein, lass mal lieber. Der ist total schwer. Da sind meine ganzen Bücher drin. Nimm doch den da, der ist leichter.

○ Der ist wirklich leicht. Ich glaube, da kann ich noch etwas dazunehmen. Willst du mir noch den kleinen Teppich drauflegen?

● Ja klar. So, geht es so? Dann lass uns hochgehen. Ich nehme die Bücher.

○ Wo sollen die Sachen denn hin?

● Die kannst du ins Wohnzimmer stellen, am besten auf die linke Seite. Oder ... nein, doch nicht. Stell sie doch lieber auf die rechte Seite. Sonst komme ich nachher nicht an den Schrank ran.

○ Wird gemacht!

● Wir haben schon total viel geschafft. Ich glaube, wir müssen nur noch einmal runter. Komm! Nimmst du die Lampe? Dann nehme ich die beiden Kartons. So, guck mal. Damit haben wir dann alles.

○ Wo sollen die Sachen hin?

● Lass uns sie ins Schlafzimmer stellen, am besten da hinten hin. So. Super. Danke.

○ Muss jetzt noch was gemacht werden?

● Hm ... Der Wagen muss noch weggefahren werden. Wollen wir das zusammen machen, oder soll ich das machen und du ruhst dich hier ein bisschen aus?

○ Also, wenn es okay ist, würde ich hierbleiben. Ich räume mir das Sofa frei und schließe den Fernseher an, ja?

● Das kannst du gern machen. Dann habe ich nachher schon nicht mehr so viel zu tun.

○ Was muss denn sonst noch gemacht werden?

● Die Kartons müssen ausgepackt werden. Jedenfalls die, in denen die wichtigsten Sachen drin sind, zum Beispiel ein paar Küchensachen. Die meisten Badezimmersachen sind zum Glück schon ausgepackt. Die hatte ich in einer Tasche, und die habe ich gleich bereitgestellt.

○ Und das Bett muss noch zusammengebaut werden, damit du heute Nacht darin schlafen kannst.

● Ja, stimmt, das Bett ist noch nicht aufgebaut!

○ Dann lass uns noch schnell das Bett aufbauen. Nachher bringst du den Wagen weg, und ich bestelle uns in der Zwischenzeit Pizza. Ok?

● Das ist eine tolle Idee. Dann mal los.

Track 24

Sag mal, sind die Kartons eigentlich schon nach Zimmern sortiert?

Hast du den Schrank schon aufgebaut, damit wir die Sachen da reintun können?

Weißt du, ob schon jemand die Waschmaschine raufgetragen hat?

Und ist die Waschmaschine auch schon angeschlossen? Ich weiß nämlich nicht, ob ich das alleine kann.

Und wo du gerade im Schlafzimmer bist: Ist das Bett schon aufgebaut?

Hat schon jemand die Küchensachen ausgepackt?

Jetzt habe ich einen Riesenhunger. Habt ihr schon Essen bestellt?

Der Umzugswagen! Hat den schon einer von euch zurückgebracht?

Track 25

● Guten Tag. Sie sind wegen der Wohnungsbesichtigung hier?

○ Ja, genau. Gloria Riveira ist mein Name.

● Steffen Novak, Hausverwaltung Grund&Boden, guten Tag. Dann kommen Sie mal mit. Die Wohnung ist im dritten Stock.

○ Gibt es einen Aufzug?

● Nein, das gibt es in Altbauten fast nie. Dafür ist ja gar nicht genug Platz da. Aber sehen Sie nur das schöne alte Treppenhaus. Das ist alles noch original von 1895.

○ Das ist wirklich sehr schön.

● So, dann kommen Sie mal rein. Bitte ...

○ Danke sehr. M-hm, ja. Der Boden ist neu, oder?

● Ja, der ist letztes Jahr neu gemacht worden, jedenfalls im Flur und in den Zimmern. Am besten führe ich Sie einmal herum: Da ist das Badezimmer, die Küche und hier die drei Zimmer. Dieses hier ist das kleinste, das wird meistens als Schlafzimmer genutzt.

○ Und wie ist das mit der Straße? Ist die nicht ziemlich laut?

● Es geht. Außerdem sind die Fenster auch neu, da hören Sie gar nichts durch. Und auch, wenn Sie die Fenster aufmachen, ist es gar nicht so laut. Da unten ist ja nur eine kleine Straße.

○ Naja, leise ist es auch nicht gerade. Also, mein Schlafzimmer würde ich hier nicht einrichten. Aber vielleicht das Arbeitszimmer. Das Bad würde ich mir gern noch einmal ansehen. Hm, das hat ja gar kein Fenster.

● Nein, leider nicht. Aber die Lüftung ist ganz neu. Sehen Sie? Die funktioniert sehr gut. In Altbauten haben Sie ganz selten Fenster im Badezimmer, das liegt oft innen.

○ Das heißt, es gibt keine Probleme mit feuchten Stellen an den Wänden?

● Nein, nein. Das Haus ist trocken. Das würden Sie riechen, wenn es feucht wäre. Riechen Sie mal.

○ Das stimmt, es riecht nicht feucht. Hm ... Die Wohnung ist wirklich schön. Hohe Wände, viel Platz im Wohnzimmer, alte Holztüren ... Ich liebe Altbauwohnungen. Das mit dem Straßenlärm stört mich ein bisschen, aber die Wohnung gefällt mir. Ich glaube, die nehme ich.

Track 26

● Sie nehmen die Wohnung? Das freut mich. Dann würde ich Sie bitten, mit mir noch ein paar Papiere auszufüllen. Am besten gehen wir dazu in die Küche. So, dann bräuchte ich als Erstes einmal Ihren Ausweis. Danke schön. Und dann müssten Sie noch die Mieterselbstauskunft ausfüllen. Bitte sehr.

○ Entschuldigen Sie, was ist das für ein Formular?

● Die Mieterselbstauskunft. Das ist ein Standardformular, das alle unsere Mieterinnen und Mieter ausfüllen. Sie geben darin Auskunft, also bestimmte Informationen über sich selbst, daher der Name. Ihren Beruf, Ihr Einkommen, die Anschrift Ihres jetzigen Vermieters, Ihren Arbeitsplatz, ob Sie Haustiere haben und so weiter. Und Sie müssen angeben, ob Sie noch Schulden aus alten Mietverhältnissen haben, das ist natürlich für den Vermieter besonders wichtig.

○ Aha ... Das sind ja recht persönliche Informationen. Muss ich das ausfüllen?

● Der Vermieter darf es nicht verlangen, aber möglicherweise sehen sich noch andere Leute die Wohnung an, und dann würde sich der Vermieter wahrscheinlich für jemanden mit Mieterselbstauskunft entscheiden.

○ Hm, naja. Dann fülle ich die mal aus ... So, fertig.

● Sehr gut, vielen Dank. Gut, Frau Riveira, dann nehme ich die Papiere mit und würde als nächstes Ihren Mietvertrag vorbereiten. Und dann müssten wir uns noch einmal zum Unterschreiben treffen und Sie bekommen die Schlüssel. Sie haben ja angegeben, dass Sie die Wohnung ab sofort nehmen würden, nicht wahr?

○ Ja, richtig. Was meinen Sie, wann Sie alles so weit fertig haben?

● Ende der Woche, wenn Sie einverstanden sind.

○ Ja, das passt gut.

● Dann herzlich willkommen und vielen Dank.

○ Danke Ihnen. Auf Wiederhören!

Track 27

Was machen Sie denn beruflich?

Und bei welchem Unternehmen sind Sie beschäftigt?

Wie hoch ist denn Ihr monatliches Einkommen?

Haben Sie noch Schulden aus früheren Mietverhältnissen?

Unter welcher Adresse können wir Sie erreichen?

Und eine letzte Frage noch: Haben Sie Haustiere?

Track 28

A   Die Route wird berechnet.

B   Bei der nächsten Möglichkeit bitte rechts abbiegen.

C   In 200 Metern bitte links in die Rosa-Luxemburg-Straße abbiegen.

D   Bei der nächsten Möglichkeit bitte wenden.

E   Sie haben Ihr Ziel erreicht.

Track 29

○ Die Route wird berechnet. Die Route ist berechnet.

● Sehr gut.

○ Nach 50 Metern rechts in den Königsweg abbiegen. Auf der rechten Spur einordnen, dem Straßenverlauf folgen und auf dem Königsweg bleiben. Links in die Hummelwiese abbiegen. Dem Straßenverlauf folgen und geradeaus auf die Gablenzstraße, dann auf die Gablenzbrücke fahren. Aktuelle Verkehrsmeldungen werden abgerufen.

● Oh nein, was ist denn jetzt los?

○ Sperrung der Gablenzbrücke. Eine alternative Route wird berechnet. Bitte warten. Bitte wenden. Dem Straßenverlauf folgen. Rechts in das Sophienblatt abbiegen. Dem Straßenverlauf folgen. Nach 200 Metern rechts in die Raiffeisenstraße abbiegen. Rechts in die Kaistraße abbiegen. Dem Straßenverlauf folgen. Sie sind jetzt auf der Bahnhofstraße. Auf die linke Spur wechseln. Dem Straßenverlauf folgen in die Preetzer Straße, bei der ersten Möglichkeit links abbiegen. Sie haben Ihr Ziel erreicht – das Ziel befindet sich auf der linken Straßenseite.

Track 30

Bitte in 200 Metern wenden.

○ Was? Warum soll ich denn jetzt wenden?

● Nein, Britta, du musst nicht wenden. Ich glaub, das Navi spinnt schon wieder. Sieh mal, es hat den Weg zum Rathaus rausgesucht. Ich mach das jetzt mal aus, das hat ja keinen Sinn.

○ Du hast Recht, Kiri, aber ohne Navi wird es schwierig. Findest du den Weg auch so?

● Hm ... Ich glaube schon. Auf jeden Fall müssen wir erst mal über die Brücke da hinten fahren.

○ Stimmt, wir müssen ja auf die andere Seite vom Fluss. Hoffentlich ist auf der Brücke nicht wieder Stau. Und dann müssen wir irgendwie nach Norden ...

● Wo ist denn Norden?!

○ Naja, es ist jetzt zwei Uhr, und die Sonne kommt von links, also ist rechts etwa Norden.

● Du orientierst dich in der Stadt an den Himmelsrichtungen?

○ Klar, warum nicht? Wie machst du das denn?

● Ich hab' das so im Gefühl, zum Beispiel, dass du an der nächsten Kreuzung rechts abbiegen solltest.

○ Sag' ich doch: rechts. Ach, jetzt ist rot.

● Die Straße da müssen wir ein Stück entlang, und dann ist da irgendwo eine Tankstelle. Da müssen wir links, und dann ist es nicht mehr weit. Ich erkenne die Straße dann, wenn ich sie sehe. Jetzt wird's gleich grün.

○ Oh! Also ... Hier rechts rein. Ah, da ist die Tankstelle. Sag mal, haben wir noch ein bisschen Zeit? Oder sind wir schon spät dran?

● Nee, wir haben Zeit. Wir sollen erst in zehn Minuten da sein.

○ Dann tanke ich noch mal schnell. Sonst vergesse ich das nachher bloß.

● Ich warte im Auto, okay?

○ Ja, klar. Ich bring dir ein Eis mit.

● Oh ja, das ist eine tolle Idee! Danke!

Track 31

○ Hier ist dein Eis.

● Cool, danke!

○ So, wo komm ich jetzt hier wieder runter? Ah, da hinten!

● Pass auf, da kommt was!

○ Ja, seh ich. So, jetzt ist frei. Wo müssen wir jetzt lang?

● Erst mal links, irgendwie hier in das Wohngebiet rein.

○ Oh nein, Wohngebiete sind furchtbar. Da verfährt man sich immer.

● Und dann wieder links. Hier! Hier! Hier! Warum fährst du da nicht rein?

○ Da durfte ich nicht rein. Das war eine Einbahnstraße.

● Okay, dann die nächste. Warum bremst du?

○ Hier ist rechts vor links, und ich muss ja erst mal gucken, ob was kommt. Siehst du, ein Fahrrad.

● Ups, das hab ich nicht gesehen. Aber jetzt kannst du abbiegen.

○ Da vorne kommen wir auf die Hauptstraße.

● Ist da auch rechts vor links?

○ Nein! Siehst du das Schild da nicht? Das heißt Vorfahrt achten!

● Oh. Stimmt. Ja, sorry, ich hab keinen Führerschein! Aber ich erkenne jetzt die Straße! Wir sind gleich da. Du musst über die Hauptstraße rüber, und da ist es gleich. Da, das weiße Haus!

Track 32

1 Wo müssen wir jetzt lang?

2 Kannst du mal gucken, ob da rechts was kommt? Und jetzt?

3 Irgendwas ist mit dem Navi ... Das Navi spinnt ... Oh, danke. Weißt du, wo wir lang müssen?

4 Warte mal, ich muss mal kurz ... Oh, das war knapp.

Track 33

A Passagiere für den Flug MA11-16 nach Marrakesch bitte zu Gate F. Ich wiederhole: Passagiere für den Flug MA11-16 nach Marrakesch bitte zu Gate F.

B Hinweis! Das Rauchen am Bahnhof ist nur in den markierten Bereichen gestattet.

C Wegen eines Polizeieinsatzes im Bereich Wöhrder Wiese kommt es zu Verspätungen im Fahrbetrieb der U-Bahn-Linien U2 und U3. Wir bitten, die Verzögerung zu entschuldigen.

D Willkommen an Bord des Fluges CH17-09 nach Singapur. Der Kapitän und die Crew wünschen Ihnen einen angenehmen Flug.

E Sehr geehrte Fahrgäste, unsere Weiterfahrt verzögert sich leider um einige Minuten. Grund dafür ist ein verspäteter ICE, der vor uns in den Bahnhof einfahren muss.

Track 34

A Der Halter des Wagens mit dem Kennzeichen ERB KK 911 wird aufgefordert, sein Fahrzeug sofort aus dem Halteverbot vor dem Bahnhofsgebäude zu entfernen. Ich wiederhole: Der Halter des Wagens mit dem Kennzeichen ERB KK 911 wird aufgefordert, sein Fahrzeug sofort aus dem Halteverbot vor dem Bahnhofsgebäude zu entfernen.

B Beachten Sie bitte die geänderte Wagenreihung: Die Wagen der zweiten Klasse befinden sich heute in den Abschnitten A bis C, die Wagen der ersten Klasse in den Abschnitten E bis F. In Abschnitt D hält der Waggon mit unserem Bordrestaurant.

C Der ICE 6210 nach München Hauptbahnhof fährt heute leider 45 Minuten später. Grund dafür ist ein Schaden am Gleis. Wir bitten, die Verzögerung zu entschuldigen.

D Hinweis! Lassen Sie Ihr Gepäck nicht unbeaufsichtigt.

Track 35

A Dieser Zug hält heute nicht in Frankfurt Hauptbahnhof. Grund dafür ist eine Baustelle. Wir bitten, dies zu entschuldigen. Fahrgäste nach Frankfurt Hauptbahnhof steigen bitte im Bahnhof Frankfurt Messe aus. Hier haben Sie Anschluss an die U-Bahn Linie 8 nach Frankfurt Hauptbahnhof.

B In Kürze erreichen wir unseren Ziel- und Endbahnhof Lübeck Hauptbahnhof. Dieser Zug endet hier. Alle Fahrgäste bitte aussteigen. Es besteht Anschluss an den Fern- sowie den Nahverkehr. Achten Sie bitte auch auf die Durchsagen und Anzeigen am Bahnsteig.

C Sehr geehrte Damen und Herren, wir erreichen Leipzig Hauptbahnhof mit einer Verspätung von 10 Minuten. In Leipzig erreichen Sie noch den ICE 6210 Richtung Hamburg Hauptbahnhof auf Gleis 7 und den RE Richtung Dresden Hauptbahnhof auf Gleis 12. Der RE Richtung Halle konnte leider nicht warten. Ich wiederhole: Der RE in Richtung Halle Hauptbahnhof konnte leider nicht warten. Den nächsten Anschlusszug nach Halle entnehmen Sie bitte den Durchsagen und Anzeigen am Bahnhof.

D Die Abfahrt unseres Zuges verzögert sich um einige Minuten, weil der vor uns liegende Streckenabschnitt noch nicht frei ist.

E Herzlich Willkommen im Regionalexpress RE 1321. Bitte beachten Sie: Der Zug wird in Weiden geteilt. Der vordere Zugteil fährt weiter nach Bayreuth. der hintere Zugteil nach Bamberg. In welchem Zugteil Sie sitzen, entnehmen Sie bitte den Anzeigen an der jeweiligen Wagentür.

Track 36

Guten Morgen, liebe Hörerinnen und Hörer, zu unserer Reihe „Plus und Minus". In dieser Reihe sprechen wir über die Vor- und Nachteile aktueller Trends, und heute geht es um das Thema „Smart Homes", also Häuser oder

Wohnungen, in denen elektrische und elektronische Geräte miteinander und mit dem Internet verbunden sind und sich über das Smartphone oder über eine Fernbedienung einstellen lassen.

Dazu haben wir zuerst unsere Reporterin Nazanin Amiri losgeschickt. Sie ist zu Besuch bei Julian Heidegger, einem jungen Mann, der sein komplettes Haus smart eingerichtet hat. Er wird uns erzählen, wie diese Entscheidung seinen Alltag verändert hat und welche Vorteile ein Smart Home haben kann.

Außerdem haben wir nachher noch einen Gast im Studio, Frau Melanie Reimann, Expertin für Datenschutz und Datensicherheit. Mit ihr wollen wir über die Risiken sprechen, die so ein Smart Home mit sich bringen kann.

Track 37

\# Nun gebe ich zunächst weiter an unsere Reporterin Nazanin Amiri. Nazanin, wo bist du gerade?

● Hallo, ich bin hier in Herrn Heideggers Wohnung, und er hat mir schon einiges an Geräten gezeigt. Ich muss sagen, es ist wirklich eine eigene Welt. Der Staubsauger ist ein Roboter, der selbstständig die Wohnung putzt. Der Backofen erkennt von alleine, wann der Kuchen fertig ist. Und die Heizung kann er mit dem Smartphone schon anmachen oder höherstellen, bevor er nach Hause kommt. Herr Heidegger, erzählen Sie uns doch mal, welche Vorteile so ein Smart Home für Sie hat.

○ Also, das Beste daran ist, dass es so praktisch ist. Sehen Sie hier meine Kaffeemaschine? Die ist mit dem Internet verbunden, und ich kann sie mit einer App bedienen. Dazu brauche ich nur meine Stimme und ein kleines Gerät in meinem Schlafzimmer. So brauche ich zum Beispiel morgens vor dem Aufstehen nur zu sagen: „Sag der Kaffeemaschine, dass sie Kaffee machen soll." Dann bleibe ich noch ein paar Minuten im Bett, und wenn ich aufstehe, ist der Kaffee schon fertig. Das ist so cool!

● Ah ja, ich sehe, Sie verwenden ganze Kaffeebohnen, und hier ist die Milch drin. Aber die Tasse müssen Sie schon noch selbst unter die Maschine stellen, oder?

○ Ja, natürlich, das kann die Maschine noch nicht, aber das wird irgendwann auch möglich sein. Man bräuchte ja nur einen Roboterarm. Aber Sie haben recht: Ich muss abends daran denken, die Tasse bereitzustellen.

● Was für Vorteile gibt es noch, außer dass ein Smart Home praktisch ist?

○ Ein ganz großer Vorteil ist, dass man mit intelligenten Geräten Strom sparen kann. Ich kann zum Beispiel sehr bequem alle Steckdosen ausschalten. Etwa so ... Sehen Sie? So sind sie nicht die ganze Zeit auf Standby. Und meine Fenster sind mit der Heizung verbunden. Wenn ich ein Fenster öffne, schaltet sich die Heizung in diesem Raum automatisch aus. So spare ich Heizenergie.

● Wenn wir annehmen, dass Sie sonst alle Geräte auf Standby hätten und mit eingeschalteter Heizung lüften würden, dann sparen Sie auf diese Weise Energie, das stimmt. Man hört aber auch oft, dass manche sich aus Gründen der Sicherheit für ein Smart Home entscheiden. Stimmt das?

○ Ja, auf jeden Fall. Ein weiterer Vorteil eines Smart Homes besteht tatsächlich darin, dass man es sehr sicher gestalten kann. Ich habe zum Beispiel außen und innen Kameras. Die laufen immer, wenn ich weg bin. Da oben hängt zum Beispiel eine. Keine Angst, die ist gerade nicht an. Dann kann ich von unterwegs auf meinem Handy den Livestream ansehen und weiß, was bei mir zu Hause los ist.

● Das könnte auch für Leute interessant sein, die kleine Kinder, kranke Eltern oder ein Haustier haben.

○ Ja, ganz bestimmt.

● Herr Heidegger, vielen Dank für das Gespräch und dafür, dass Sie uns Ihre Wohnung gezeigt haben. Das war's erst mal von uns hier in Julian Heideggers Smart Home. Und damit schalte ich wieder zurück ins Studio.

\# Vielen Dank für das interessante Interview, Nazanin.

Track 38

● Jetzt begrüße ich hier im Studio unseren Gast, Melanie Reimann, Expertin für Datenschutz und Datensicherheit. Sie sehen Smart Homes eher kritisch, habe ich recht? Welche Nachteile können diese denn haben?

○ Eine ganz große Gefahr besteht darin, dass wir keine Kontrolle über die Daten haben, die da von uns gesammelt werden können. Jedes Gerät, das Sie mit dem Internet verbinden, produziert Daten. Man kann erkennen, wann Sie morgens aufstehen, was Sie essen und trinken, wann Sie das Haus verlassen und zurückkommen, welche Filme Sie sich ansehen und so weiter. Das sind sehr private Daten, die für viele Unternehmen allerdings interessant sein könnten.

● Aber die meisten Systeme sind doch relativ sicher, oder?

○ Das Dumme ist: Sie wissen nicht, auf was für Computern Ihre Daten gespeichert werden. In Deutschland ist der Datenschutz recht streng, aber wenn die Unternehmen Ihre Daten auf Rechnern im Ausland speichern, dann gilt das deutsche Recht nicht. Dann können Daten zum Beispiel verkauft und mit anderen Daten kombiniert werden, ohne dass Sie etwas dagegen unternehmen können. Sie wissen es wahrscheinlich nicht einmal.

● Sie sprechen jetzt darüber, dass die Daten von Unternehmen weitergegeben werden können. Und welche Rolle spielen Hacker und Kriminelle?

○ Da sprechen Sie ein wichtiges Thema an. Viele Käufer wollen ihr Zuhause mit smarten Geräten sicherer machen und verbinden alle möglichen Geräte miteinander. Der Nachteil daran ist, dass jedes dieser Geräte gehackt werden kann und das ganze System, also Ihr ganzes Zuhause, dann nicht mehr gut geschützt ist. Wenn ein Hacker erst einmal ihr System kontrolliert, kann es zum Beispiel sein, dass Sie nicht einmal mehr in ihr eigenes Haus hineinkommen.

● Vielen Dank, Frau Reimann, das war ein sehr interessanter Bericht über die Nachteile, die ein Smart Home haben kann. Vielen Dank auch Ihnen, liebe Hörerinnen und Hörer. Das war's schon wieder für heute aus unserer Reihe „Plus und Minus". Ich freue mich, wenn Sie auch nächste Woche wieder dabei sind.

Track 39

● Guten Tag! Kann ich Ihnen helfen?

○ Ja, gern. Ich suche eine Jacke.

● Da sind Sie hier richtig. Was für eine Jacke soll es denn sein?

○ Ich hätte gern eine Jacke, mit der ich durch den Regen gehen kann, ohne nass zu werden.

● Eine Regenjacke?

○ Nein, keine richtige Regenjacke. Ich suche eine Jacke, die ich ganz normal im Alltag tragen kann. Sie soll gut aussehen, und ich möchte darin nicht so leicht schwitzen, wenn es mal ein bisschen wärmer ist. Aber ich möchte auch nicht gleich nass werden, wenn es regnet.

● Verstehe. Sind Sie viel draußen unterwegs?

○ Ja, ich bin viel zu Fuß unterwegs und ich fahre auch oft mit dem Fahrrad zur Arbeit.

● Dann wäre es bestimmt auch nicht schlecht, wenn die Jacke winddicht wäre, oder?
○ Winddicht wäre super, aber es wäre mir, wie gesagt, auch sehr wichtig, dass ich zum Beispiel beim Fahrradfahren nicht schwitze, wenn ich die Jacke trage.
● Also eine atmungsaktive, wind- und regendichte Jacke, die gut aussieht. Kommen Sie mal mit. Da haben wir bestimmt etwas für Sie.

Track 40

● Wie wäre es mit dieser hier? Die hat eine schöne Form, und das Material ist bei den unterschiedlichsten Temperaturen sehr angenehm. Fühlen Sie mal.
○ Hm ... ja, das fühlt sich ganz gut an. Aber ist die auch wirklich regendicht?
● Ja, absolut. Die Nähte sind so gemacht, dass auch nach längerer Zeit kein Wasser durchkommt.
○ Hm ... Kann man die Kapuze abnehmen?
● Nein, eine abnehmbare Kapuze ist oft eine Stelle, an der Wasser hineinkommen kann. Aber Sie können die Kapuze ganz klein machen und hier oben verschwinden lassen. Sehen Sie? Das ist viel besser als eine abnehmbare Kapuze. Probieren Sie sie doch mal an. Wie fühlen Sie sich?
○ Gut. Die Jacke ist schön leicht. Und sie sitzt wirklich gut. Die Farbe gefällt mir auch.
● Ja, die Farbe steht Ihnen sehr gut. Und sehen Sie mal, die Ärmel sind einstellbar. Sie können sie enger machen, dann sind Sie besser gegen Kälte geschützt. Oder Sie stellen sie weiter ein, dann bekommen Sie mehr Luft. Unter den Armen sind außerdem noch Reißverschlüsse, die Sie öffnen können, wenn Ihnen warm wird.
○ Was soll die denn kosten?
● Die liegt bei 480 Euro.
○ Hm ... Ich hatte eher an 100 bis 200 Euro gedacht.
● Wir haben auch günstigere Modelle. Sehen Sie mal, diese hier kostet 120 Euro. Die ist auch sehr schön.
○ Ja, die ist vielleicht auch nicht schlecht. Aber die Farbe gefällt mir bei der anderen besser. Rot mag ich nicht so gerne.
● Wir hätten sie auch noch in anderen Farben, glaube ich. Da müsste ich gleich mal im Lager nachsehen. Aber probieren Sie sie doch erst einmal an. Hier bitte, ich denke, M müsste passen.
○ Danke. Ist die Qualität vergleichbar?
● Naja, nicht unbedingt. Ich sage es mal so: Es hat schon seinen Grund, warum der Preis bei der ersten höher ist. Aber das hier ist auch eine gute Jacke: wasserdicht, winddicht und das Material ist ebenfalls atmungsaktiv. Nur die Extras wie die Reißverschlüsse unter den Armen haben Sie halt nicht. Die Temperatur innerhalb der Jacke ist also nur über den vorderen Reißverschluss regelbar, indem Sie die Jacke aufmachen. Wie gefällt sie Ihnen denn?
○ Sehr gut. Ich glaube, die würde ich nehmen, wenn Sie sie noch in einer anderen Farbe haben.
● Warten Sie einen Moment, ich sehe kurz im Lager nach. Die Größe ist gut, oder?
○ Ja, super.

Track 41

Guten Tag! Was kann ich für Sie tun?

Wie gefällt Ihnen denn dieser hier?

Oder dieser. Der ist recht klein, aber es passt trotzdem genug rein, zumindest für eine Tageswanderung.

Ja, das ist abnehmbar. Dadurch wird der Rucksack sogar noch ein bisschen kleiner. Und mit diesem Schutz hier können Sie ihn auch ohne Kopfteil vor Regen schützen.

Leider nicht. Der Rücken ist nur bei den großen Rucksäcken einstellbar. Wollen Sie noch mal einen größeren probieren?

Der liegt bei 120 Euro.

Sehr gut. Das ist auch wirklich ein schönes Modell.

Track 42

Guten Tag! Kann ich Ihnen helfen?

Im Gebirge und im Alltag ... Das heißt, die Schuhe sollten nicht zu schwer und hart sein.

Welche Schuhgröße haben Sie denn?

Dann kommen Sie mal mit. Wie wäre es mit diesen hier? Die sind weich und leicht, aber auch gut fürs Gebirge geeignet.

Ja, sicher. Wie gefallen Ihnen diese hier?

Ja, die sind 100 % wasserdicht. Möchten Sie sie anprobieren?

Dann hole ich sie Ihnen eine Nummer größer. Einen Moment bitte, ich gehe kurz ins Lager. In der Farbe, die Sie gerade anprobiert haben, oder in Dunkelgrün?

Track 43

1 ● Guten Tag! Was kann ich für Sie tun?
○ Ich habe vor ein paar Wochen einen Rasierapparat bei Ihnen gekauft, und der ist mir gestern schon kaputtgegangen. Deshalb würde ich ihn gern zurückgeben.
● Haben Sie das Gerät dabei?
○ Ja, hier, bitte.
● Und den Beleg?
○ Den habe ich nicht mehr.
● Ohne Beleg kann ich da leider nichts machen, tut mir leid.
○ Aber ich habe den Rasierapparat ganz sicher hier gekauft. Wer behält denn für jedes Gerät den Beleg?
● Das müssen Sie schon machen, ohne Beleg haben Sie kein Rückgaberecht, tut mir leid.
○ Also so was! Das war das letzte Mal, dass ich hier etwas gekauft habe. Auf Wiedersehen.
● Da kann ich leider nichts machen. Wiedersehen!

2 ● Guten Tag! Was kann ich für Sie tun?
○ Ich möchte ein Buch zurückgeben, das ich letzte Woche bei Ihnen gekauft habe.
● Haben Sie den Beleg noch?
○ Ja, hier, bitte. Und das Buch.
● Darf ich fragen, warum Sie es umtauschen möchten?
○ Es sollte ein Geschenk für meine Tochter sein, aber sie hat das Buch schon.
● Hören Sie, ich darf leider kein Geld zurückgeben, aber ich stelle Ihnen einen Gutschein über den Betrag aus.
○ Sie können mir das Geld nicht zurückgeben?
● Nein, das geht leider nicht. Wir dürfen nur Gutscheine ausstellen. Dafür können Sie sich dann ein anderes Buch aussuchen.
○ Aber ich möchte gar kein anderes Buch. Ich wollte dieses hier nur zurückgeben.
● Das geht leider nicht. Aber der Gutschein ist ein Jahr lang gültig. Sie können ihn zu einem späteren Zeitpunkt verwenden.

○ Hm, das finde ich ja nicht so toll. Aber was soll's, das merke ich mir für die Zukunft.

3 ● Guten Tag! Wie kann ich Ihnen helfen?
○ Ich möchte gern diese Uhr zurückgeben. Ich wollte sie meinem Mann schenken, aber seine Schwester schenkt ihm auch eine Uhr.
● Das ist ja ärgerlich. Wollen Sie sich noch etwas umsehen, ob Sie vielleicht ein anderes Geschenk für Ihren Mann finden?
○ Nein, danke. Ich würde die Uhr nur zurückgeben.
● Haben Sie die Quittung noch?
○ Ja, hier, bitte.
● Danke sehr. Und hier sind Ihre 258 Euro und 52 Cent.
○ Danke.
● Bitte sehr! Einen schönen Tag noch!

Track 44

● Guten Tag! Was kann ich für Sie tun?
○ Ich habe vor ein paar Wochen einen Rasierapparat bei Ihnen gekauft, und der ist mir gestern schon kaputtgegangen. Deshalb würde ich ihn gern zurückgeben.
● Haben Sie das Gerät dabei?
○ Ja, hier, bitte.
● Und den Beleg?
○ Den habe ich nicht mehr.
● Ohne Beleg kann ich da leider nichts machen, tut mir leid.
○ Aber ich habe den Rasierapparat ganz sicher hier gekauft. Wer behält denn für jedes Gerät den Beleg?
● Das müssen Sie schon machen, ohne Beleg haben Sie kein Rückgaberecht, tut mir leid.
○ Also so was! Das war das letzte Mal, dass ich hier etwas gekauft habe. Auf Wiedersehen.
● Da kann ich leider nichts machen. Wiedersehen!

Track 45

● Guten Tag! Was kann ich für Sie tun?
○ Ich möchte ein Buch zurückgeben, das ich letzte Woche bei Ihnen gekauft habe.
● Haben Sie den Beleg noch?
○ Ja, hier, bitte. Und das Buch.
● Darf ich fragen, warum Sie es umtauschen möchten?
○ Es sollte ein Geschenk für meine Tochter sein, aber sie hat das Buch schon.
● Hören Sie, ich darf leider kein Geld zurückgeben, aber ich stelle Ihnen einen Gutschein über den Betrag aus.
○ Sie können mir das Geld nicht zurückgeben?
● Nein, das geht leider nicht. Wir dürfen nur Gutscheine ausstellen. Dafür können Sie sich dann ein anderes Buch aussuchen.
○ Aber ich möchte gar kein anderes Buch. Ich wollte dieses hier nur zurückgeben.
● Das geht leider nicht. Aber der Gutschein ist ein Jahr lang gültig. Sie können ihn zu einem späteren Zeitpunkt verwenden.
○ Hm, das finde ich ja nicht so toll. Aber was soll's, das merke ich mir für die Zukunft.

Track 46

● Guten Tag! Wie kann ich Ihnen helfen?
○ Ich möchte gern diese Uhr zurückgeben. Ich wollte sie meinem Mann schenken, aber seine Schwester schenkt ihm auch eine Uhr.
● Das ist ja ärgerlich. Wollen Sie sich noch etwas umsehen, ob Sie vielleicht ein anderes Geschenk für Ihren Mann finden?

○ Nein, danke. Ich würde die Uhr nur zurückgeben.
● Haben Sie die Quittung noch?
○ Ja, hier, bitte.
● Danke sehr. Und hier sind Ihre 258 Euro und 52 Cent.
○ Danke.
● Bitte sehr! Einen schönen Tag noch!

Track 47

Guten Tag! Was kann ich für Sie tun?

Darf ich fragen, warum Sie sie zurückgeben möchten?

In Ordnung. Dann geben Sie mir die Schuhe doch mal. Hm … Die sehen noch ganz gut aus, aber hier ist eine kleine Stelle … Haben Sie die Schuhe auf der Straße getragen?

Okay. Haben Sie den Beleg dabei?

Vielen Dank. Ich hole Ihnen schnell die andere Größe.

Track 48

Guten Tag! Wie kann ich Ihnen helfen?

Was stimmt denn nicht mit dem Kabel?

Haben Sie die Quittung noch?

Sollen wir mal nachsehen, ob wir ein passendes Kabel für Sie finden? Dann können wir das alte gleich umtauschen.

In Ordnung. 17 Euro und 95 Cent, bitte sehr, einen schönen Tag noch!

Track 49

Hallo! Was kann ich für dich tun?

Was ist denn mit der Tasche?

Ja, das sollte natürlich nicht passieren. Das ist ja ärgerlich. Hast du mal den Beleg?

Dann kann ich da nichts machen. Ohne Beleg dürfen wir nichts zurücknehmen.

Nee, sorry, da kann ich nichts machen. Tschüss!

Track 50

1. Brauch'n Sie 'nen Beleg?

2. Treuepunkte? Sammeln Sie?

3. Einmal die Geheimzahl und mit Grün bestätigen, bitte.

4. Ham Sie 'ne Kundenkarte?

Track 51

● Hallo, hier ist der Anrufbeantworter von Eylem Yontar. Ich bin gerade nicht erreichbar, aber wenn Sie mir nach dem Piepton eine Nachricht hinterlassen, rufe ich Sie zurück. Dan - ke!

○ Hallo Eylem, hier ist Dennis. Hättest du vielleicht Lust, zusammen mit den Kindern in den Zoo zu gehen? Lea und Julia fragen die ganze Zeit, wann wir endlich das Elefantenbaby angucken gehen. Und das wäre für Emre bestimmt auch toll, oder?

Wir könnten Mittwochmorgen hinfahren, da ist es nicht so voll wie am Wochenende. Falls du Zeit hast, müssten wir uns noch überlegen, wie wir hinkommen. Wollen wir vielleicht mit der Straßenbahn fahren? Ich glaube nämlich, wir kriegen die Kinder nicht alle ins Auto.
Die Frage wäre auch noch, wie wir das mit dem Mittagessen

machen. Was hältst du davon, wenn wir etwas mitnehmen und dann einfach im Zoo eine Pause mit Picknick machen? Es gibt da aber auch ein kleines Restaurant, wenn du lieber etwas essen gehen möchtest.

Am liebsten würde ich das jetzt natürlich persönlich mit dir besprechen, aber du bist ja gerade nicht zu Hause … Lass uns doch heute Abend noch mal telefonieren. Dann können wir das gemeinsam überlegen. Ich versuche es später noch mal! Bis dann!

Track 52

● Hallo, hier ist der Anrufbeantworter von Eylem Yontar. Ich bin gerade nicht erreichbar, aber wenn Sie mir nach dem Piepton eine Nachricht hinterlassen, rufe ich Sie zurück. Dan - ke!

○ Hallo liebe Eylem! Hier ist Lotte. Nein, du bist anscheinend wirklich nicht zu Hause. Ich hatte gehofft, dass du doch noch ans Telefon gehst. Naja, dann muss ich dir doch auf den AB sprechen. Also sorry erst mal, dass ich mich so spät melde. Ich habe meine Mailbox heute Morgen erst abgehört und musste dann schnell zur Arbeit. So früh wollte ich dich wirklich nicht aus dem Bett klingeln.

Du hattest mich gefragt, ob ich am Wochenende mit euch ins Stadion kommen will. Das ist natürlich total lieb, und ich würde auch sehr gerne was mit euch machen. Aber … Ehrlich gesagt, interessiere ich mich nicht so besonders für Fußball. Vielleicht könnten wir auch zusammen schwimmen gehen? Oder in den Stadtpark? Das Spiel ist bestimmt am Samstag, oder? Wollen wir nicht lieber am Sonntag was machen? Samstags ist bei mir generell eher schlecht, weil ich da oft zu meinen Eltern fahre.

Und dann hattest du noch vorgeschlagen, morgen zusammen zum Friseur zu gehen, aber da kann ich leider nicht. Da hab ich Spätdienst, und morgens ist es bei dir ja meistens schlecht wegen der Kinder. Hättest du vielleicht auch nächste Woche Zeit?

Wir können das ja später noch mal besprechen. Wie wäre es, wenn wir nachher einfach noch mal telefonieren? Ruf mich doch an, wenn du zu Hause bist. Ich bin jetzt noch bis 18 Uhr erreichbar, dann bin ich bis etwa halb neun weg, und ab halb neun kannst du mich auch wieder erreichen. Bis später dann, tschü-üs!

Track 53

● Hey hey, na?
○ Hey du! Hast du auch schon Feierabend?
● Ja, ich hab gerade Schluss gemacht und sitz jetzt im Bus.
○ Sag mal, hättest du Lust heute Abend ein Bierchen zu trinken?
● Ein Bierchen? Ja, warum nicht. Wo denn?
○ In der kleinen Kneipe hinterm Bahnhof?
● Hinterm Bahnhof? Da, wo wir früher öfter mit Felix waren? Die ist total gemütlich und nett, aber da ist es mir oft zu laut. Dann muss ich immer tausendmal nachfragen, was du gesagt hast. Mir wäre es lieber, wenn wir vielleicht irgendwo hingehen, wo es leiser ist … Vielleicht in die Wunderbar?
○ Ich weiß nicht. Die Wunderbar … Da fühle ich mich nicht so wohl.
● Was? Warum fühlst du dich da nicht wohl?
○ Da ist es so hell und kalt, und der Raum ist so groß, das mag ich nicht so gerne. Ich gehe viel lieber in dunkle, gemütliche kleine Kneipen.
● Hm … Gemütlich also und nicht so laut … Und ich würde am allerliebsten irgendwo hingehen, von wo aus wir später leicht zu Fuß nach Hause kommen. Ich finde es

immer so anstrengend, spät noch mit dem Bus zu fahren. Also irgendwo in der Nähe vom Bahnhof oder in der Innenstadt.
○ In der Innenstadt … Da fällt mir das Café Fatal ein.
● Ein Café? Ich dachte, du wolltest Bier trinken. Kaffee ist abends nicht so meins.
○ Nein, nein, das heißt nur so. Die haben von morgens bis abends um 11 auf. Morgens ist es eher wie ein Café und abends eine ganz normale, gemütliche Kneipe. Aber die spielen keine Musik, und darum ist es nicht so laut. Kennst du das gar nicht?
● Nee, habe ich noch nie gehört.
○ Das gefällt dir bestimmt. Dann lass uns doch in einer Stunde am Bahnhof treffen, und dann gehen wir zusammen hin, okay?
● Ja, klingt gut. Bis dann!

Track 54

Hey du! Na? Sag mal, hast du Lust auf eine Runde Tennis zum Feierabend?

Wie wär's mit Golf? Das ist nicht so anstrengend.

Dann schlag du doch was vor. Worauf hättest du Lust?

Der Park ist ganz nett, aber mir ist es noch ein bisschen zu kalt, um draußen zu sitzen. Wenn wir rausgehen wollen, dann lass uns lieber spazieren gehen. Was hältst du davon, wenn wir einen Spaziergang am Fluss machen?

Gut, dann treffen wir uns in einer Stunde an der Brücke, okay?

Track 55

Hallo! Du, hättest du vielleicht Lust, zusammen in die Bibliothek zu gehen? Heute hat sie bis 19 Uhr auf, das ist der beste Tag, um nach der Arbeit noch hinzugehen.

Wenn du magst, könnten wir noch in das kleine Bibliothekscafé gehen. Weißt du, welches ich meine? Das ist im ersten Stock, wenn man an den Reiseführern vorbeigeht.

Hundertwasser? Das kenn ich nicht. Ist das nett?

Das klingt super. Bei Apfelkuchen bin ich dabei. Dann treffen wir uns erst mal in der Bibliothek. Sagen wir 17:30? Schaffst du das?

Super, dann bis gleich.

Track 56

● Boah, endlich Feierabend. Ich hab echt genug vom ewigen Sitzen. Am liebsten würde ich mit dem Fahrrad nach Hause fahren, aber das ist leider ein bisschen zu weit. Sport wäre nicht schlecht. Machst du Sport, Stefan?
○ Ja.
● Was machst du denn? Gehst du joggen oder ins Fitnessstudio?
○ Nein, ich mache Taekwondo.
● Einen Kampfsport! Wie bist du dazu gekommen?
○ Ich habe etwas gesucht, was nicht langweilig ist. Mir ist es bei einer Sportart wichtig, dass man nicht nur den Körper trainiert, sondern auch mit dem Kopf dabei ist. Das fehlt mir zum Beispiel im Fitnessstudio.
● Ist das nicht gefährlich? Ich würde denken, man verletzt sich leicht.
○ Das kommt total darauf an, wie und mit wem du trainierst. Und das Training ist ja auch kein Wettkampf, es ist sehr sozial, man muss viel Rücksicht aufeinander nehmen. Wenn du Lust hast, komm doch mal mit zum Probetraining. Es sind auch viele Frauen dabei.

● Hm … Was mir bei einem Sport wichtig ist, ist, dass ich mit netten Leuten zusammen trainiere. Wie ist das denn bei euch?
○ Die sind alle total nett, auch die Trainer. Ich kann es echt empfehlen. Und nach der Arbeit ist es das Beste, wenn man sich noch mal richtig bewegt und ins Schwitzen kommt. Danach habe ich immer den Kopf frei und bin total zufrieden.
● Das klingt super. Vielleicht komme ich dann nächste Woche einfach mal mit?
○ Ja, klar!

Track 57

● Liebe Hörerinnen und Hörer, hier sind wir wieder mit „Drei Lieblingsbücher", unserer Reihe, in der unsere Hörer berichten können, welche Bücher ihnen besonders gefallen. Wie jedes Mal haben wir auch heute wieder ein Thema, und zwar: Kinderbücher! Wenn Sie uns von Ihrem liebsten Kinderbuch erzählen möchten, rufen Sie uns an! Ich freue mich schon auf unseren ersten Anrufer, und hier ist er auch schon. Guten Morgen!
○ Guten Morgen.
● Sagen Sie unseren Hörerinnen und Hörern auch einmal, wie Sie heißen?
○ Mein Name ist Roman Perkovic.
● Welches Buch möchten Sie uns heute vorstellen, Herr Perkovic?
○ Ich möchte das Buch „Krabat" von Otfried Preußler vorstellen. Es spielt um 1700 in der Lausitz, an der tschechischen Grenze. Die Hauptfigur ist der 14-jährige Junge Krabat …

● Unsere nächste Zuhörerin heißt Kerstin Fischer. Frau Fischer, was ist denn Ihr Lieblingsbuch?
○ Mein Lieblingsbuch heißt „Till Eulenspiegel". Es ist ein sehr lustiges Buch, in dem mehrere kurze Geschichten erzählt werden. Die Hauptfigur ist ein Mann, der Till Eulenspiegel heißt. Heute würde man sagen, er tritt als Straßenkünstler auf oder er ist ein Clown …

● Dann kommen wir auch schon zu unserer letzten Anruferin. Sie heißt Antonia Hofreiter und erzählt uns von einem Märchen, nicht wahr, Frau Hofreiter?
○ Ja, genau. Als Kind habe ich Märchen geliebt. Das schönste war für mich immer „Frau Holle".
● Worum geht es denn in dem Märchen? Können Sie uns das kurz erzählen?
○ Es geht um ein Mädchen, das bei seiner Stiefmutter und Stiefschwester lebt. Seine richtigen Eltern sind schon tot. Das Mädchen ist lieb und fleißig, aber die Stiefmutter behandelt es sehr schlecht. Eines Tages fällt dem Mädchen etwas in den Brunnen, an dem es immer Wasser holen muss …

Track 58

● Liebe Hörerinnen und Hörer, hier sind wir wieder mit „Drei Lieblingsbücher", unserer Reihe, in der unsere Hörer berichten können, welche Bücher ihnen besonders gefallen. Wie jedes Mal haben wir auch heute wieder ein Thema, und zwar: Kinderbücher! Wenn Sie uns von Ihrem liebsten Kinderbuch erzählen möchten, rufen Sie uns an! Ich freue mich schon auf unseren ersten Anrufer, und hier ist er auch schon. Guten Morgen!
○ Guten Morgen.
● Sagen Sie unseren Hörerinnen und Hörern auch einmal, wie Sie heißen?
○ Mein Name ist Roman Perkovic.

● Welches Buch möchten Sie uns heute vorstellen, Herr Perkovic?
○ Ich möchte das Buch „Krabat" von Otfried Preußler vorstellen. Es spielt um 1700 in der Lausitz, an der tschechischen Grenze. Die Hauptfigur ist der 14-jährige Junge Krabat, der eine Lehre in einer Mühle anfängt. Doch in der Mühle lernt Krabat nicht nur, wie man Mehl macht. Er erfährt auch einiges über Magie, denn sein Meister, also der Chef der Mühle, ist ein Zauberer. Dadurch können die Leute, die in der Mühle arbeiten, zu schwarzen Vögeln werden und fliegen. Krabat bemerkt bald, dass diese Zauberei nicht nur positive Seiten hat. Er bekommt Angst und versucht wegzulaufen, aber das geht nicht, weil sein Meister seine Gedanken kontrolliert. Eine ganz wichtige Rolle spielen die elf anderen jungen Männer, die in der Mühle arbeiten, denn in dem Buch geht es auch um Freundschaft, Mut und Vertrauen. Mehr verrate ich jetzt nicht, um die Spannung nicht kaputtzumachen.
● Was hat Ihnen an dem Buch so gut gefallen? Warum ist es Ihr Lieblingsbuch?
○ Ich habe es schon als Jugendlicher geliebt. Das erste Mal habe ich es gelesen, als ich selbst 14 Jahre alt war. Damals fand ich es wahnsinnig spannend und konnte nachts gar nicht schlafen, weil ich immer an das Buch denken musste. Als Erwachsener habe ich es vor ein paar Jahren wieder gelesen und ich fand es immer noch genauso interessant und unheimlich. Außerdem liebe ich Fantasie-Geschichten, und dieses Buch hat einen ganz eigenen Zauber. Wirklich empfehlenswert, für Jugendliche genauso wie für Erwachsene.
● Das kann ich gut verstehen. Ich kenne das Buch auch, und mir ging es damit ganz genauso. Vielen Dank, Herr Perkovic.

Track 59

● Unsere nächste Zuhörerin heißt Kerstin Fischer. Frau Fischer, was ist denn Ihr Lieblingsbuch?
○ Mein Lieblingsbuch heißt „Till Eulenspiegel". Es ist ein sehr lustiges Buch, in dem mehrere kurze Geschichten erzählt werden. Die Hauptfigur ist ein Mann, der Till Eulenspiegel heißt. Heute würde man sagen, er tritt als Straßenkünstler auf oder er ist ein Clown. Aber das ist nicht die ganze Wahrheit. Das wäre zu einfach. Till zeigt den Leuten Tricks und spielt dabei immer mit ihnen. Manchmal sind seine Tricks lustig, manchmal aber auch kritisch oder sogar böse. Dabei geht es ihm auch um Kritik. Er kritisiert Probleme seiner Zeit und das Verhalten der Menschen. Man versteht ihn nie ganz, und das gefällt mir so gut. Dadurch bringen einen die Geschichten zum Nachdenken. Es heißt, dass Till Eulenspiegel wirklich gelebt hat, und zwar um 1300 in der Nähe von Braunschweig. Und bis heute werden Bücher über ihn geschrieben. Erst 2017 hat Daniel Kehlmann den Roman Tyll veröffentlicht. Den habe ich natürlich auch gleich gelesen. Er ist ein bisschen anders als die Eulenspiegelgeschichten, die ich sonst kenne. Noch ein bisschen böser. Aber er hat mir auch sehr gut gefallen.
● Vielen Dank, Frau Fischer, für Ihre Vorstellung von Till Eulenspiegel, einer ganz wichtigen Figur in der deutschen Literatur.

Track 60

● Dann kommen wir auch schon zu unserer letzten Anruferin. Sie heißt Antonia Hofreiter und erzählt uns von einem Märchen, nicht wahr, Frau Hofreiter?
○ Ja, genau. Als Kind habe ich Märchen geliebt. Das schönste war für mich immer „Frau Holle".

● Worum geht es denn in dem Märchen? Können Sie uns das kurz erzählen?
○ Es geht um ein Mädchen, das bei seiner Stiefmutter und Stiefschwester lebt. Seine richtigen Eltern sind schon tot. Das Mädchen ist lieb und fleißig, aber die Stiefmutter behandelt es sehr schlecht. Eines Tages fällt dem Mädchen etwas in den Brunnen, an dem es immer Wasser holen muss. Die Stiefmutter wird sehr wütend und zwingt es hinterherzuspringen. Also springt das Mädchen. Lange, lange fällt es nach unten. Am Ende landet es aber nicht im Wasser, wie man denken könnte, sondern auf einer schönen, grünen Wiese. Da steht ein Backofen, in dem ein Brot liegt. Das Brot ruft: „Hol mich raus, hol mich raus! Sonst verbrenne ich!" Also holt das Mädchen das Brot aus dem Backofen. Dann kommt das Mädchen zu einem Baum, der ganz viele Äpfel hat. Die Äpfel sind schon ganz rot, und der Baum ruft: „Schüttle mich, damit meine Äpfel runterfallen! Sie sind so schwer!" Also schüttelt das Mädchen den Baum, und alle Äpfel fallen herunter. Als Nächstes kommt das Mädchen zu einem Haus. Aus dem Fenster sieht eine alte Frau mit sehr großen Zähnen. Erst hat das Mädchen Angst, aber die Frau ist sehr freundlich und lädt sie zu sich ein: „Komm herein, du kannst bei mir wohnen. Du musst mir nur ein wenig helfen und zum Beispiel einmal am Tag die Bettdecken kräftig schütteln, dann schneit es auf der Erde. Als Frau Holle ist es meine Aufgabe, dafür zu sorgen, dass es jeden Winter viel Schnee gibt." Da höre ich mal auf, zu erzählen. Auf jeden Fall war Frau Holle die Heldin meiner Kindheit.
● Was mochten Sie so an ihr?
○ Sie kann es auf der Erde schneien lassen! Wer kann das schon? Das fand ich als Kind toll. Und sie ist die erste Person, die nett zu dem Mädchen ist. Gleichzeitig ist sie stark. Das ist auch etwas, was ich an dem Märchen mag. Es hat eine unheimliche Kraft: starke Bilder, starke Figuren.
● Gleichzeitig hat es eine ganz klare Botschaft - ohne das Ende verraten zu wollen: Sei ein guter Mensch, dann ist auch das Leben gut zu dir.
○ Das stimmt, viele Märchen sind ja dazu da, die Kinder zu etwas zu erziehen. Sie sollen sich ein Beispiel an dem Mädchen nehmen. Das hat bei mir nicht ganz funktioniert: Ich wollte nicht so sein wie das Mädchen, sondern wie Frau Holle.
● Das kann ich verstehen. Sie ist eine starke Frau in einer fantastischen Zauberwelt, und gleichzeitig ist sie freundlich und gut. Das fand ich als Kind auch toll. Vielen Dank, Frau Hofreiter.
Damit sind wir schon wieder am Ende unserer Sendung „Drei Lieblingsbücher". Wenn Sie selbst Lust haben, Ihr Lieblingsbuch bei uns vorzustellen, dann hoffe ich, dass Sie nächste Woche dabei sind und uns anrufen unter 0900-835 ...

Track 61

● Sag mal, weißt du, was heute Abend im Fernsehen kommt?
○ Nee, keine Ahnung. Warte, ich guck mal kurz. Also ... Um 20 Uhr die Nachrichten ... Und dann ... Ah hier. Also, im Ersten kommt eine Doku über Meerestiere. Im Zweiten ein Krimi. Auf Sat.1 Big Brother.
● Oh Gott, bloß nicht so eine dumme Show.
○ Nee, da habe ich auch keine Lust drauf. Dann ist RTL auch nichts für uns ... Auf Pro7 kommt The Big Bang Theorie in der Wiederholung.
● Aber das ist eine Serie. Es ist ein bisschen blöd, wenn man nur eine Folge sieht.

○ Ja, finde ich auch. Auf Arte kommt eine Sendung über Kleidungsproduktion in Indien.
● Und im Dritten?
○ „Rundum gesund", ein Gesundheitsmagazin. Das kenne ich auch nicht.
● Kommt denn nicht irgendwo ein normaler Spielfilm?
○ Naja, der Krimi auf dem Zweiten. Oder wir suchen online.
● Hm ... Lass uns doch mal in den Krimi reingucken. Wenn er uns nicht gefällt, können wir immer noch online suchen.
○ Ja, das ist gut.

Track 62

○ Sollen wir erst die Beweise sichern lassen?
● Ja, ich hab die Spurensicherung schon angerufen. Die Kollegen kommen. Bis dahin sorg bitte dafür, dass niemand in die Wohnung geht. Ich möchte nicht, dass hier irgendjemand rumläuft und Beweise kaputtmacht.
○ Okay. René? Kannst du hier mal zumachen, bis die Spurensicherung kommt? Da darf jetzt niemand rein.
Wird gemacht!
● Konntest du schon etwas über das Opfer in Erfahrung bringen?
○ Ja, wenn das Opfer die Person ist, die nach Aussagen des Einwohnermeldeamtes hier wohnt, dann geht es um Sandro Keller, 32 Jahre alt, Mechaniker von Beruf. Keine Vorstrafen.
● Hm ... Keine Vorstrafen ... Dann können wir annehmen, dass das Opfer selbst nicht an irgendwelchen illegalen Aktivitäten beteiligt war ... Nach allem, was wir bis jetzt gesehen haben, war der Täter allerdings professionell. Das war kein Anfänger.
○ Ja, das denke ich auch.
● Also, was wissen wir bis jetzt? Was hast du schon alles aufgeschrieben?
○ Das Opfer ist seit höchstens fünf Stunden tot. Es liegt im Wohnzimmer auf dem Fußboden. Die Blutspuren zeigen, dass die Tat genau hier stattgefunden hat. Vermutlich wurde der Tote nach der Tat nicht mehr bewegt.
● Das muss die Spurensicherung aber noch bestätigen.
○ Ja, natürlich.
● Was noch?
○ Der Täter war sehr vorsichtig. Bis jetzt haben wir keine Hinweise auf die Identität des Täters.
● Richtig. Aber! Eine Sache noch: An der Tür gibt es keine Hinweise auf einen Einbruch. Wahrscheinlich hat das Opfer die Tür also selbst geöffnet. Vielleicht kannte es den Täter.
○ Stimmt. Kei-ne Ein-bruchs-spu-ren, Op-fer und Tä-ter bekannt, Frage-zeichen. Und jetzt? Was machen wir, während wir auf die Spurensicherung warten?
● Du kannst schon mal anfangen, die Nachbarn zu befragen. Jetzt ist es 7 Uhr, also hat die Tat mitten in der Nacht stattgefunden, wenn das mit den fünf Stunden stimmt. Frag mal rum, ob irgendjemand was Verdächtiges gesehen oder gehört hat. Falls es Zeugen gibt, die wichtige Hinweise geben können, sagst du mir Bescheid.
○ Wird gemacht.

Track 63

Liebe Hörerinnen und Hörer, herzlich willkommen zu unserem „Gesundheitsmagazin am Mittag". Mein Name ist Yasmin Abdulai und ich begrüße an dieser Stelle unseren Gesundheitsexperten Dr. Mihail Andropov, dem Sie Ihre Fragen zum Thema Gesundheit stellen können. Guten Tag, Herr Dr. Andropov.
● Guten Tag.

\# Am Telefon haben wir auch schon unseren ersten Anrufer, Sebastian Weill. Guten Tag, Herr Weill.

○ Guten Tag.

\# Herr Weill, aus welchem Grund rufen Sie uns heute an?

○ Also, ich bin 34 Jahre alt und habe Probleme mit dem Blutdruck. Mein Arzt will mich mit Medikamenten behandeln, aber ich fühle mich wirklich noch zu jung dafür, dauernd Medikamente zu nehmen. Und ich habe gehört, dass man mit einer gesunden Lebensweise auch viel erreichen kann. Was ist denn dabei wichtig? Wozu würden Sie mir da raten?

● Also, erst einmal ist es natürlich richtig, hohen Blutdruck mit Medikamenten zu behandeln, wenn die Werte wirklich kritisch sind. Aber Sie haben recht: Auch eine gesunde Lebensweise kann helfen, den Blutdruck unter Kontrolle zu bekommen. Wie ernähren Sie sich denn?

○ Hmm, relativ normal, aber eigentlich ganz gesund, denke ich. Ich achte darauf, genug Obst und Gemüse, aber wenig Fleisch zu essen. Alkohol trinke ich nur wenig. Und ich rauche nicht.

● Treiben Sie Sport?

○ Nein, leider nicht.

● Das sollten Sie ändern. Ich würde Ihnen raten, mindestens viermal in der Woche Sport zu machen. Das ist gesund, hat keine Nebenwirkungen und verbessert die Stimmung. Und Sport ist das Wundermittel gegen Blutdruckprobleme.

○ Das habe ich auch schon gehört, aber ich bin ein bisschen faul. Nach der Arbeit bin ich oft müde und dann habe ich keine Lust auf Sport. Außerdem mag ich keine Fitness-Studios, und alleine im Park zu joggen macht mir auch keinen Spaß.

● Dann suchen Sie sich etwas anderes. Sie könnten zum Beispiel einen Mannschaftssport ausprobieren, wenn Sie lieber unter Leuten sind. Oder einen Kampfsport. Oder sie verabreden sich mit jemandem zum Schwimmen. Nach zwei bis drei Wochen werden Sie merken, wie viel besser Sie sich fühlen, und dann wird es auch viel einfacher, den inneren Schweinehund zu überwinden.

○ Vielleicht versuche ich es mal mit Kampfsport. Ich mag Kung-Fu-Filme, daher könnte mir das schon gefallen.

● Ja, dann wäre das vielleicht etwas für Sie. An Ihrer Stelle würde ich ruhig etwas Neues ausprobieren und dann vor allem darauf achten, am Ball zu bleiben. Welche Sportart es dann am Ende ist, ist nicht so wichtig. Hauptsache, Sie bewegen sich regelmäßig und haben Spaß daran. Und messen Sie immer wieder Ihren Blutdruck. Dann werden Sie schon nach wenigen Wochen sehen, dass Ihre Werte besser werden.

○ Das hört sich vernünftig an. Ich gehe gleich mal ins Internet und suche mir eine Kampfsportschule. Jetzt bin ich gerade richtig motiviert. Vielen Dank für Ihren Rat!

● Sehr gern.

\# Das war Sebastian Weill aus Aschaffenburg, der hoffentlich bald seinen Blutdruck in den Griff bekommt. Vielen Dank und gute Besserung, Herr Weill, und vielen Dank, Herr Doktor Andropov. Wir hören uns nach einer kleinen Pause wieder. Bleiben Sie dran.

Track 64

\# Hier sind wir wieder mit unserem Gesundheitsmagazin am Mittag. Bis 13:00 Uhr können Sie unserem Arzt, Herrn Dr. Andropov, noch Fragen rund ums Thema stellen. Und jetzt begrüße ich unsere nächste Anruferin, Natascha Siemsen aus Ahrensburg, guten Tag.

○ Guten Tag.

\# Frau Siemsen, was fehlt Ihnen?

○ Ich schlafe immer sehr schlecht. Abends komme ich nicht zur Ruhe, nachts wache ich oft auf, und wenn ich morgens früh aufstehen muss, bin ich den ganzen Tag müde. Erst abends werde ich richtig wach. Aber dann ist es allmählich schon wieder Zeit, ins Bett zu gehen.

● Das hört sich so an, als würden Ihre Schlafzeiten nicht zu Ihrem Typ passen. Wann müssen Sie denn unter der Woche morgens aufstehen?

○ Um halb 6, weil ich um halb 8 bei der Arbeit sein muss.

● Und wenn Sie am Wochenende ausschlafen können, wann wachen Sie da von alleine auf?

○ So zwischen 9 und 10.

● Das ist ein ziemlich großer Unterschied. Am besten wäre es sicherlich, wenn Sie mit Ihrem Arbeitgeber sprechen könnten. Können Sie nicht vereinbaren, dass Sie eine Stunde später anfangen und dafür auch eine Stunde länger bleiben?

○ Ich denke nicht, dass das möglich ist.

● Dann gibt es noch ein paar andere Tricks. Sind Sie vor dem Einschlafen häufig noch am Bildschirm, zum Beispiel am Computer oder am Handy?

○ Ja, wenn ich nicht einschlafen kann, dann spiele ich oft noch ein paar Handyspiele.

● Das ist nicht so gut. Bildschirme und Displays senden blaues Licht aus und das macht uns wach. Schwaches, rotes Licht ist besser. Lesen Sie lieber ein wenig bei Kerzenschein, dann werden Sie schneller müde. Noch eine Frage: Wie lange vor dem Einschlafen essen Sie die letzte Mahlzeit?

○ Meistens direkt bevor ich ins Bett gehe. Ich koche, esse und dann mache ich mich bettfertig.

● Das kann auch zu Schlafprobleme führen. Am besten ist es, die letzte Mahlzeit mindestens drei Stunden vor dem Einschlafen zu sich zu nehmen. Dann ist der Körper nicht mehr mit dem Essen beschäftigt, wenn Sie schlafen wollen. Außerdem kann er das Essen besser aufnehmen.

○ Das werde ich mal versuchen.

● Das wird sicherlich helfen. Und noch ein letzter Tipp: Experimentieren Sie ein bisschen mit der Dauer Ihres Schlafs. In einigen Phasen schläft man besonders tief, in anderen weniger fest. Wenn der Wecker klingelt, während wir gerade tief schlafen, ist das Aufstehen besonders schwer. Eine halbe Stunde vorher kann es leichter sein, weil wir gerade nicht so fest schlafen. Sie können dazu ein Schlaftagebuch führen, dann finden Sie möglicherweise Ihre persönliche ideale Schlafdauer heraus.

○ Das ist eine gute Idee, das mache ich. Vielen Dank!

\# Auch Ihnen vielen Dank, Frau Siemsen. Hoffentlich schlafen Sie bald wieder besser. Damit sind wir am Ende unserer Sendung, mein Name ist Yasmin Abdulai und bei mir im Studio war Doktor Mihail Andropov.

Track 65

1 Ich hab schon ganz lange so einen nervigen Husten und der geht nicht weg. Ich kann auch schlechter atmen als früher. Das merke ich zum Beispiel, wenn ich eine Treppe hochgehe. Wenn ich oben ankomme, bin ich ganz außer Atem. Soll ich mal zum Arzt gehen? Was meinst du?

2 Ich bin immer so nervös und unruhig. Und dauernd vergesse ich etwas. Wo habe ich denn jetzt wieder meine Kaffeetasse hingestellt? Ach, da ist sie ja. Außerdem ist mir oft heiß. Kennen Sie das auch? Wissen Sie, was man da machen kann?

3 Ich hab oft kalte Füße und bin müde. Und ich kann mich nicht gut auf meine Hausaufgaben konzentrieren. Sport finde ich total anstrengend. Und dann habe ich auch noch oft Rücken-, Kopf- und Augenschmerzen. Wozu würdest du mir raten?

4   Irgendwie habe ich Probleme mit dem Magen. Mir ist oft schlecht und ich habe häufig Bauchschmerzen. Haben Sie irgendwelche Tipps, was man für seinen Magen tun kann?

Track 66

1   So, dann kommen Sie mal mit nach vorne. Ich mache Ihnen noch das Rezept fertig. Die Tabletten bitte, wie Frau Doktor Reiners gesagt hat, jeweils morgens und abends vor dem Essen einnehmen. Bitte schön, hier ist das Rezept. Wiedersehen!

2   Dann setzen Sie sich mal und machen Sie bitte den linken Arm frei. Den Arm bitte hier ablegen und ganz locker lassen. Bitte ganz normal atmen und nicht sprechen. Und dann warten wir einen Moment. 120 zu 80, das ist bestens.

3   Legen Sie bitte mal den Fuß hoch. Ich nehme Ihnen schon mal den Verband ab, und dann kommt Frau Doktor Reiners und sieht sich Ihren Fuß an. Ah, ich sehe schon: Es hat noch geblutet. Dann bekommen Sie nachher noch einen neuen Verband. Warten Sie bitte einen Augenblick, ja? Die Ärztin kommt gleich.

4   Ihr Gewicht brauchen wir noch. Ziehen Sie mal bitte die Schuhe und am besten auch den Pulli aus und stellen Sie sich hier auf die Waage. 75 Kilo, danke, dann können Sie die Schuhe wieder anziehen. Ich sehe gerade, Ihr Gewicht ist die letzten drei Male gleich geblieben. Sehr gut.

5   Würden Sie einmal den Arm freimachen? Gut. Und dann machen Sie bitte einmal die Hand zur Faust. Das ist aber nicht so einfach bei Ihnen. Wahrscheinlich haben Sie heute noch nicht so viel getrunken. Die Faust bitte ein paar Mal öffnen und schließen. Ah, jetzt sehe ich was. Keine Angst, das tut gar nicht weh. So, schon geschafft. Bitte noch ein paar Sekunden draufdrücken. Sehr gut, dann sind wir fertig. Das war gar nicht so schlimm, oder?

Track 67

● Notrufzentrale Lübeck, guten Tag.
○ Guten Tag, mein Name ist Annika Dummert. Ich bin in der Nähe vom Bahnhof. Hier liegt ein Mann auf dem Boden.
● Wo genau sind Sie?
○ Hinter dem Hauptbahnhof. Wenn man im Bahnhof den hinteren Ausgang nimmt, dann geht man doch auf ein Einkaufszentrum zu. Und um das Einkaufszentrum herum führt ein Weg, der endet dann auf dem Parkplatz. Der Mann liegt relativ weit vorne auf diesem Weg, ziemlich nah an der Eingangstür vom Einkaufszentrum.
● Ist der Mann ansprechbar?
○ Nein, ich habe ihn angesprochen und an der Schulter berührt, aber er reagiert nicht. Er hat die Augen zu.
● Können Sie Blut oder Verletzungen bei ihm sehen?
○ Nein, gar nichts. Ich habe keine Ahnung, was passiert ist. Seine Kleidung ist auch nicht kaputt, soweit ich das sehen kann.
● Gibt es irgendwelche Hinweise darauf, dass der Mann Alkohol getrunken oder Drogen genommen hat?
○ Nein, gar nichts. Äußerlich ist ihm nichts anzusehen.
● In Ordnung. Es ist schon ein Krankenwagen zu Ihnen unterwegs. Bleiben Sie bitte dort und warten Sie auf die Kollegen. Und lassen Sie bitte Ihr Handy an, damit die Kollegen Sie anrufen können, okay?
○ Ja, in Ordnung. Ich bleibe hier und warte. Danke.
● Wiederhören.
○ Wiederhören.

Track 68

A   Entschuldigung, können Sie mir helfen? Ich habe Schmerzen in der Brust. Ich glaube, es ist das Herz. Können Sie einen Krankenwagen rufen?

B   Ich bin von der Leiter gefallen. Ich dachte erst, es wird gleich wieder gut. Aber wenn ich versuche aufzustehen, wird mir ganz schwarz vor den Augen. Können Sie mir bitte einen Krankenwagen rufen?

C   Oah, ich bin gestürzt. Und jetzt kann ich nicht mehr aufstehen. Mein Fuß tut total weh. Ich glaube, der ist gebrochen. Ich brauche einen Krankenwagen.

Track 69

Notrufzentrale, guten Tag?

Ist die Frau ansprechbar?

In Ordnung. Die Kollegen sind schon auf dem Weg zu Ihnen. Bleiben Sie bitte bei der Frau und versuchen Sie, sie zu beruhigen. Der Krankenwagen ist in wenigen Minuten da. Auf Wiederhören.

Track 70

Notrufzentrale, guten Tag?

Ist der Mann ansprechbar oder ist er bewusstlos?

In Ordnung. Ich habe Ihnen schon einen Krankenwagen geschickt. Bleiben Sie bitte bei dem Mann und sprechen Sie mit ihm. Stellen Sie immer wieder Fragen, damit er nicht ohnmächtig wird. Die Kollegen sind in ein paar Minuten da. Wiederhören.

Track 71

Notrufzentrale, guten Tag?

Was macht der Junge? Ist er ansprechbar?

Beruhigen Sie den Jungen bitte und sagen Sie ihm, dass er nicht aufstehen soll. Er soll einfach sitzen bleiben und warten, es ist sofort jemand bei Ihnen. Wiederhören.

Track 72

○ Firma InTec, Sie sprechen mit Frau Jansen. Guten Tag.
● Guten Tag, hier ist Martín Lopez von der Beratungsagentur Alpha. Ich wollte eigentlich mit Herrn Babic sprechen. Ist das nicht seine Nummer?
○ Doch, wir teilen uns das Büro und den Anschluss. Aber Herr Babic ist leider gerade nicht da.
● Wissen Sie, wann ich ihn erreichen kann?
○ Soweit ich weiß, hat er heute Vormittag einige Termine außer Haus. Aber ich glaube, ab dem frühen Nachmittag müsste er wieder da sein. Soll ich ihm etwas ausrichten?
● Das wäre nett. Könnten Sie ihm sagen, dass ich noch einige Steuerunterlagen von ihm bräuchte? Am wichtigsten wären die Bescheide der letzten beiden Jahre.
○ In Ordnung, ich notiere es: Steuerunterlagen, Bescheide der letzten beiden Jahre. Wie war noch gleich Ihr Name?
● Martín Lopez. Meine Nummer ...
○ Ist das die, von der aus Sie gerade anrufen?
● Ja, genau.
○ Dann speichere ich die gleich. Herr Babic ruft Sie dann heute Nachmittag zurück, oder spätestens morgen, in Ordnung?
● Ja, wunderbar. Vielen Dank, auf Wiederhören!
○ Wiederhören.

Track 73

● Werkzeug Laskowski, Sie sprechen mit Herrn Salman, guten Tag?

○ Guten Tag, hier ist Daniela Leidinger von der Firma Braun in Unterheckenhofen.

● Ah, Frau Leidinger! Wie schön, mal wieder von Ihnen zu hören. Worum geht es denn?

○ Wir hatten doch letzte Woche Nägel bei Ihnen bestellt. Ich fürchte aber, da ist bisher nur die Hälfte angekommen.

● Warten Sie ... So, Frau Leidinger, jetzt kann ich nachschauen. Haben Sie die Bestellnummer gerade zur Hand?

○ Das ist die 5895567.

● Ah, da haben wir die Bestellung. Also, ich sehe hier 50 mal 100 Nägel.

○ Ja, genau. Wir haben aber nur ein Paket mit 25 mal 100 Nägeln bekommen. Ist da noch ein zweites Paket unterwegs?

● Einen Augenblick bitte, bleiben Sie kurz dran, ... Nein ... eine Sekunde noch, ich habe es gleich. Hier habe ich schon die ganzen Versandpapiere der letzten Woche. Einen kleinen Moment ... Ah, und da sind ja auch die Unterlagen zu Ihrer Bestellung. Hmm, ich denke, da hat jemand beim Versand etwas falsch gemacht. Hier steht nämlich, dass nur 25 Päckchen rausgegangen sind ... Seltsam ... Das tut mir leid, Frau Leidinger. Ich werde die Bestellung gleich in Auftrag geben, dann geht die zweite Hälfte heute noch raus und Sie haben sie morgen. Ist das in Ordnung?

○ Ja, natürlich. Es eilt nicht, wir haben ja erst einmal 2.500 Nägel.

● Gut, Frau Leidinger, ich mache gleich alles fertig. Vielen Dank für Ihren Anruf.

○ Danke Ihnen. Wiederhören!

Track 74

Guten Tag, hier ist Özlem Yildiz aus der Abteilung Einkauf. Entschuldigung, ich habe Ihren Namen nicht verstanden. Ich wollte eigentlich mit Herrn Tal sprechen. Bin ich da richtig?

Wissen Sie, wann ich ihn erreichen kann?

Das wäre nett. Könnten Sie ihm sagen, dass ich hier eine Bestellung von ihm habe? Er hat Papier für den Drucker bestellt. Leider hat er nicht angegeben, wie viel er braucht. Das muss ich aber wissen, damit ich die Bestellung fertigmachen kann.

Özlem Yildiz. Sehen Sie meine Nummer?

Wunderbar! Vielen Dank, auf Wiederhören!

Track 75

Guten Tag, hier ist Ilse Knopp.

Ich hatte letzte Woche weiße Rosen bei Ihnen bestellt. Zum Einpflanzen in den Garten. Aber ich glaube, Sie haben mir rote Rosen geschickt. Ich kann es nicht sehen, die Pflanzen blühen ja noch nicht. Aber auf dem Schild sind rote Rosen abgebildet.

Ja genau, so habe ich es bestellt. Aber sind die Rosen, die ich bekommen habe, denn auch wirklich weiß? Auf dem Schild sieht das ja anders aus.

Das ist gut. Dann kann ich sie also gleich rauspflanzen.

Dann bin ich ja beruhigt. Vielen Dank!

Auf Wiederhören!

Track 76

Schon gestern hat es hier vor dem Firmengebäude Proteste gegeben, und auch heute sind wieder zahlreiche Arbeitnehmerinnen und Arbeitnehmer auf die Straße gegangen, um gegen die geplanten Entlassungen von etwa 300 Mitarbeiterinnen und Mitarbeitern zu demonstrieren. Kurz zum Hintergrund: Seit etwa einem halben Jahr ist bekannt, dass das Unternehmen plant, Personal zu entlassen. Immer wieder hat es mit dem Betriebsrat und mit der Gewerkschaft Gespräche gegeben. Und immer wieder hat man sich auch geeinigt. Die Mitarbeiterinnen und Mitarbeiter waren bereit, einige Kompromisse einzugehen, damit die Stellen gerettet werden können. Gestern Morgen wurde nun bekannt, dass es wahrscheinlich doch zu Entlassungen kommen wird. Da ist der Ärger natürlich groß. Den bekommt man auch zu spüren, wenn man hier mit den Demonstranten spricht. Sie sind wütend, sie sind enttäuscht, sie fühlen sich nicht ernst genommen. Wir haben einige von ihnen gefragt, wie sie die Situation momentan erleben.

Track 77

1 Wir haben alle Angst um unseren Arbeitsplatz. Ich habe zwei Kinder, die beide noch zur Schule gehen. Was sollen wir denn machen, wenn ich meine Arbeit verliere? Sie sagen zwar, dass sie die Entlassungen sozial gestalten wollen. Das heißt, sie behaupten, dass Angestellte mit Kindern oder ältere Mitarbeiter besser geschützt sind. Aber wie soll das bei 300 Entlassungen denn gehen? Die meisten von uns haben doch Familie! Ich arbeite seit sieben Jahren in dem Unternehmen. Und wissen Sie, wie lang meine Kündigungsfrist ist? Drei Monate! Die können mich in drei Monaten vor die Tür setzen, obwohl ich hier so lange Vollzeit gearbeitet habe. Wie soll ich denn so schnell eine neue Arbeit finden?

2 Wir haben in den letzten Monaten so viele Kompromisse geschlossen: Wir haben auf Lohnerhöhungen verzichtet, wir haben unbezahlte Überstunden gemacht, wir haben unsere Urlaubstage nicht genommen. Und alles nur, damit sie hier niemanden entlassen. Stellen Sie sich das mal vor: Sie arbeiten Vollzeit, machen dann noch Überstunden, die Sie nicht bezahlt bekommen, nur damit das Unternehmen mehr Geld verdient und die Leute ihre Arbeit nicht verlieren. Und dann heißt es: Sorry, es geht nicht anders, wir entlassen doch.
Ich selbst habe Glück. Ich bin in der Gewerkschaft und habe deshalb einen besonderen Kündigungsschutz. Aber es geht mir ja nicht nur um mich selbst: Als Gewerkschafterin fühle ich mich auch dafür verantwortlich, dass so etwas nicht passiert. Wozu haben wir denn all diese Gespräche geführt? Eins ist klar: Wenn sie uns nicht heute noch eine Lösung anbieten, dann streiken wir. Und einen Streik, da bin ich mir sicher, einen Streik wollen sie bestimmt nicht. Vielleicht gibt es dann doch noch eine Lösung.

3 Das Unternehmen hatte in letzter Zeit immer weniger Aufträge. Gleichzeitig sind die Energiepreise gestiegen. Wenn man aber immer weniger verkauft und gleichzeitig immer höhere Kosten hat, gibt das natürlich Probleme. Deshalb waren wir ja auch bereit, Kompromisse einzugehen.
Aber auch in schwierigen Zeiten kann man doch planen. Wie man mit einer Krise umgeht, ist meiner Meinung nach eine Frage des Managements. Wir haben das Gefühl, dass das Management überhaupt keine Rücksicht auf uns nimmt. Wir zählen nicht, wir sind nicht wichtig. Das Einzige, was für die Geschäftsleitung noch

eine Bedeutung hat, sind die Zahlen: Gewinne und Verluste. Aber wissen Sie, was sie auf diese Weise verloren hat? Unser Vertrauen. Den Chefs vertraut von uns doch niemand mehr! Statt uns zu entlassen, sollte man lieber das Management austauschen!

Track 78

Willkommen bei der Polizeidirektion Mitte. Wenn Sie Fragen oder Informationen zu einer laufenden Ermittlung haben, drücken Sie bitte die 1. Halten Sie in diesem Fall bitte das Aktenzeichen des Falles bereit. Für Beschwerden und Anzeigen drücken Sie bitte die 2. Für allgemeine Fragen drücken Sie bitte die 3. Falls es sich bei Ihrem Anliegen um einen Notfall handelt, rufen Sie bitte die Notfallnummer 110 an.

Track 79

○ Polizeidirektion Mitte, was kann ich für Sie tun?
● Guten Tag, mein Name ist Leon Shapira. Ich rufe an, weil ich glaube, dass mein Vermieter mich betrogen hat.
○ Was ist passiert?
● Also, mein Vermieter hat mir letztes Jahr die Wohnung wegen Eigenbedarf gekündigt. Das darf er ja nur, wenn er selbst oder jemand aus seiner Familie die Wohnung braucht. Er meinte, seine Tochter würde in die Wohnung einziehen. Aber das ist nie passiert.
○ Woher wissen Sie das?
● Ich wohne jetzt ganz in der Nähe meiner alten Wohnung und gehe dort ab und zu vorbei. Außerdem habe ich noch Kontakt zu meiner früheren Nachbarin. Wir haben beide gesehen, dass die Wohnung etwa ein halbes Jahr lang renoviert wurde. Als die Renovierungsarbeiten fertig waren, ist ein junger Mann eingezogen. Der ist aber schon wieder draußen. Jetzt wohnt in der Wohnung ein Paar, wie mir meine Nachbarin erzählt hat.
○ M-hm. Ja, das hört sich wirklich so an, als ob ihre Kündigung möglicherweise nicht rechtens war.
● Ja, das denke ich auch. Was kann man denn da machen? Kann ich ihn anzeigen?
○ Ja, das können Sie, aber dafür bin ich leider nicht zuständig. Da würde ich Ihnen die Nummer von unserer Abteilung geben, die sich um Mietrechtsverstöße kümmert. Haben Sie was zum Schreiben da?
● Ja, habe ich.
○ Also, das ist die 0911 - 5775 1873. Ich denke, dass die Kollegen dort Ihnen weiterhelfen können.
● Vielen Dank, auf Wiederhören!
○ Wiederhören.

Track 80

○ Ja, bitte?
● Guten Tag, ich bin Leon Shapira. Wir hatten gestern telefoniert. Es ging um eine Kündigung wegen Eigenbedarf.
○ Ja, ich erinnere mich. Guten Tag, kommen Sie rein. Setzen Sie sich doch. Warten Sie, ich öffne kurz meine Notizen zu unserem Telefonat. So, da habe ich sie auch schon. Hm hm, ja, okay, ... Ja, jetzt bin ich wieder im Bilde. Ihr Vermieter hat Ihnen die Wohnung gekündigt, Sie sind ausgezogen und jetzt haben Sie den Verdacht, dass es gar keinen Eigenbedarf gab.
● Ja, genau. Ich glaube, meinem Vermieter war die Miete, die ich gezahlt habe, einfach nicht hoch genug. Als ich die Wohnung vor fast fünf Jahren gemietet habe, ging das noch über seine Eltern. Die waren nicht daran interessiert, so viel Miete wie möglich aus der Wohnung zu holen. Sie haben mir die Wohnung zu einem wirklich

fairen Preis vermietet und ich war darüber sehr froh, weil es damals schon nicht ganz einfach war, in der Stadt eine günstige Wohnung zu finden.
○ Ah, verstehe. Und dann hat der Sohn die Wohnung übernommen?
● Ja. Seine Eltern sind schon recht alt, daher haben sie die Wohnung letztes Jahr an meinen damaligen Vermieter übergeben. Wahrscheinlich hat er sich geärgert, dass die Miete so niedrig ist. Aber solange der Mieter nicht wechselt, kann er den Mietpreis ja nur um 15% erhöhen. Das hat er auch sofort gemacht. Aber ich denke, das war ihm immer noch nicht genug.
○ Das hören wir öfter. Die Mieten steigen zurzeit enorm und viele Vermieter sind froh, wenn ihre Mieter ausziehen, weil sie in einem neuen Vertrag die Miete dann viel stärker erhöhen können, manchmal sogar um 50% oder mehr.
● So war das auch bei mir.
○ Haben Sie das Kündigungsschreiben dabei?
● Ja, das habe ich hier. Bitte schön.
○ Danke. Aha ... Hm ... Ja ... Also, so, wie ich das sehe, ist die Kündigung gar nicht genügend begründet. Der Vermieter muss eigentlich ganz genau schreiben, wer die Wohnung benötigt und aus welchem Grund. Hier steht ja nicht einmal, wer da einziehen sollte.
● Das heißt, ich musste eigentlich gar nicht ausziehen?
○ Nein, ich denke nicht. Warum haben Sie die Kündigung nicht überprüfen lassen?
● Ich weiß nicht ... Es war alles so stressig: Die Kündigung war ein ziemlicher Schock für mich, und dann hatte ich nur drei Monate Kündigungsfrist. Ich musste innerhalb dieser kurzen Zeit eine neue Wohnung finden, das war nicht einfach. Da bin ich gar nicht auf die Idee gekommen, dass die Kündigung nicht rechtens ist. Ich bin es auch nicht gewohnt, bei solchen Dingen gleich zu einem Anwalt zu gehen.
○ Merken Sie sich das auf jeden Fall für die Zukunft: Wenn Ihnen die Wohnung gekündigt wird, lassen Sie die Kündigung überprüfen! Dafür brauchen Sie auch keinen teuren Anwalt. Gehen Sie zum Mieterschutzbund. Der berät Sie in solchen Fällen. Das würde ich Ihnen übrigens auch für diese Kündigung raten: Ich kann zwar Ihre Anzeige aufnehmen, aber ich bin keine Mietrechtsberatung. Die bekommen Sie beim Mieterschutzbund.
● Das ist eine gute Idee. Da werde ich mich nachher gleich noch drum kümmern.
○ Gut. Und ich nehme schon mal die Anzeige auf. Dazu füllen Sie mir bitte als Erstes mal dieses Formular aus.

Track 81

Polizeidirektion Neuhaus, was kann ich für Sie tun? Was ist passiert?

Das hört sich wirklich so an, als ob Sie hier im Recht sind.

Sie können ihn anzeigen, aber dafür bin ich nicht zuständig. Da würde ich Ihnen die Nummer von der zuständigen Abteilung geben. Haben Sie was zum Schreiben da?

Also, das ist die 09583-753653. Die Kollegen dort werden Ihnen sicher weiterhelfen.

Wiederhören.

Track 82

Ja, bitte?

Ja, ich erinnere mich. Guten Tag, kommen Sie rein und setzen Sie sich. Warten Sie kurz, ich muss die Datei mit meinen Notizen von gestern öffnen ... Hier habe ich sie schon. Also ... Ah ja. Ihre Heizung ist kaputt und Sie haben die Miete gemindert, und jetzt will Ihnen der Vermieter kündigen. Hat er Ihnen die Kündigung schon geschickt?

Ah, verstehe. Und Sie haben Ihrem Vermieter mitgeteilt, dass die Heizung kaputt ist, **bevor** Sie die Miete gemindert haben?

So, wie ich das sehe, haben Sie alles richtig gemacht. Sind Sie Mitglied im Mieterschutzbund?

Dann würde ich Ihnen empfehlen, dort Mitglied zu werden. Sie bekommen dort einerseits eine Beratung, wenn Sie eine brauchen. Andererseits helfen die Ihnen auch, wenn es einen Gerichtsprozess gibt. Für die Anzeige müssten Sie bitte als Erstes dieses Formular ausfüllen ...

Track 83

○ Ja, bitte?
● Guten Tag, mein Name ist Bong Keduk. Ich habe einen Termin bei Frau Mbembe.
○ Ja, das bin ich. Kommen Sie rein. Setzen Sie sich doch. Sie haben noch Fragen zu Ihrem Antrag auf Arbeitslosengeld, richtig?
● Ja, genau. Ich habe schon angefangen, das Formular auszufüllen, aber ich habe nicht alles verstanden.
○ Dann zeigen Sie mir doch mal das Formular. Okay, Vorname, Name, da fehlt nur die Anrede.
● Was bedeutet denn Anrede?
○ Herr oder Frau oder, wenn Sie einen Doktortitel haben, Doktor.
● Nein, ich habe keinen Doktortitel.
○ Also Herr.
● Und noch eine Frage: Was ist ein Geburtsname?
○ Wenn man heiratet und einen neuen Nachnamen annimmt, dann ist der alte Name der Geburtsname. Sie haben Ihren Namen nicht geändert, oder?
● Nein, nein, das habe ich nicht.
○ Gut, dann schauen wir weiter ... Ah, Ihre Rentenversicherungsnummer fehlt.
● Was ist das denn?
○ Das ist eine Nummer, die Sie auf Ihrem Sozialversicherungsausweis finden. Wenn Sie den nicht dabeihaben, müssten Sie zu Hause noch einmal nachsehen. Wenn Sie keinen Sozialversicherungsausweis haben, können Sie Ihrer Krankenversicherung oder der Rentenversicherung eine E-Mail schreiben.
● Ach so! Es geht um die Kranken- und Rentenversicherung! Jetzt verstehe ich. Da muss ich noch mal zu Hause nachsehen.
○ Gut. Dann lasse ich das noch leer. Das Nächste ist der Zeitpunkt. Möchten Sie den Antrag sofort stellen, oder arbeiten Sie zurzeit noch und möchten den Antrag nur jetzt schon für später stellen?
● Nein, ich möchte den Antrag sofort stellen.
○ Und dann zu Ihrem Familienstand ... Da haben Sie „geschieden" angekreuzt, aber das Datum fehlt noch.
● Das war der 25. Februar 2018. Aber ich habe eine Frage: Was bedeutet „eingetragene Lebenspartnerschaft"?
○ Das ist eine Partnerschaft zwischen zwei Männern oder zwischen zwei Frauen, die offiziell eingetragen ist. Heute macht man das nicht mehr. Jetzt können auch zwei Männer oder zwei Frauen ganz normal heiraten. Aber es gibt noch Menschen, die diese alte eingetragene Lebenspartnerschaft haben.
● Ah, verstehe. Und noch eine Frage: Was schreibe ich bei Bearbeitungsvermerke?
○ Gar nichts, das machen wir. Sehen Sie? Da steht: „Nur vom Jobcenter auszufüllen".

● Wie gut, dann ist das ja auch erledigt und wir sind mit der Seite fertig, oder?
○ Genau.

Track 84

○ Gut, dann die nächste Seite. Leben Sie alleine, oder wohnen in Ihrer Wohnung noch andere Personen?
● Ich wohne mit meiner Freundin und meinem Sohn zusammen.
○ Wie alt ist Ihr Sohn?
● 16.
○ Gut, dann müssten Sie nachher noch die Anlage WEP ausfüllen. Das ist ein Extra-Formular, das Sie ausfüllen müssen, wenn Sie ein Kind zwischen 15 und 24 Jahren haben. Und Sie haben gesagt, dass Sie eine Freundin haben. Sie sind nicht verheiratet, aber Sie leben zusammen, richtig?
● Ja.
○ Das ist für das Amt eine eheähnliche Gemeinschaft, wir sagen auch Verantwortungs- und Einstehens-Gemeinschaft. Gut. Nächster Punkt: Zahlen Sie Miete und Heizung selbst?
● Meine Freundin und ich zahlen das zusammen.
○ Gut, aber Sie zahlen auch einen Teil?
● Ja.
○ Dann kreuze ich hier „ja" an, und Sie müssen später die Anlage KDU ausfüllen. Dann noch ein paar persönliche Angaben. Sind Sie bei einem anderen Jobcenter registriert und haben dort Arbeitslosengeld beantragt?
● Nein.
○ Gut. Sind Sie gesund?
● Ja.
○ Haben Sie Asyl beantragt?
● Nein.
○ Dann sind wir auch schon mit der zweiten Seite fertig.

Track 85

○ Dann kommen wir jetzt zur dritten Seite. Punkt 4 spielt für Sie keine Rolle, aber Punkt 5 wahrscheinlich schon. In bestimmten Fällen können Sie nämlich Mehrbedarf beantragen. Mehrbedarf bedeutet, dass Sie mehr Geld brauchen als normal. Zum Beispiel, wenn Sie alleinerziehend sind. Das sind Sie doch, wenn ich Sie richtig verstanden habe, oder?
● Ja, ich denke schon. Meine Freundin wohnt bei uns, aber sie ist nicht die Mutter meines Sohnes.
○ Dann sind Sie alleinerziehend. Brauchen Sie außerdem eine besondere Ernährung, weil Sie zum Beispiel Allergien haben?
● Nein, ich esse ganz normal.
○ Haben Sie eine Behinderung?
● Was bedeutet das?
○ Wenn Sie zum Beispiel nicht gut sehen oder nicht gehen können oder aus einem anderen Grund körperliche Schwierigkeiten haben.
● Nein.
○ Dann brauchen wir noch Informationen zu Ihrem Einkommen und Ihrem Vermögen.
● Was ist denn da der Unterschied? Das ist doch beides Geld, oder?
○ Einkommen ist Geld, das regelmäßig kommt, zum Beispiel der Lohn oder die Rente. Vermögen ist Besitz, also zum Beispiel ein Haus oder eine größere Summe Geld auf der Bank. Aber das machen wir nicht jetzt, dafür müssen Sie nachher noch die Anlagen EK und VM ausfüllen.
● In Ordnung.

○ Dann müssen wir noch Informationen zu Ihrer Situation in den letzten fünf Jahren ergänzen. Wo haben Sie gearbeitet?
● Ich habe in den letzten fünf Jahren als Koch in einem Restaurant gearbeitet.
○ Wie hieß das Restaurant?
● Das war das Asia-Restaurant hier in Hannover.
○ War das ein sozialversicherungspflichtiger Job oder ein Minijob?
● Was bedeutet das?
○ Hatten Sie eine Krankenversicherung und Rentenversicherung oder war es ein 450-Euro Job?
● Das war mit Krankenversicherung.
○ Also sozialversicherungspflichtig, gut. Selbstständig haben Sie nicht gearbeitet, oder?
● Nein.
○ Haben Sie Familienmitglieder gepflegt?
● Nein.
○ Haben Sie irgendwann nicht arbeiten können und deswegen Geld bekommen? Zum Beispiel, weil Sie krank oder arbeitslos waren?
● Nein, ich habe die ganze Zeit gearbeitet und war nicht krank.
○ Haben Sie jetzt irgendwelche anderen Gelder beantragt? Wohngeld vielleicht?
● Nein.
○ Ist Ihnen Ihr Arbeitgeber noch Geld schuldig? Oder hat er alles bezahlt?
● Er hat alles bezahlt, da sind keine Schulden mehr offen.
○ Gut. Sie sagten auch, dass Sie gesund sind. Das heißt, Sie müssen nicht wegen eines Unfalls Arbeitslosengeld beantragen?
● Nein.
○ Sie sind geschieden, das haben Sie ja schon gesagt. Dann kreuze ich das hier auch an, und Sie müssten später noch die Anlage UH1 ausfüllen. Sind Sie gesetzlich krankenversichert?
● Ja.
○ Bei welcher Krankenversicherung?
● Bei der BGK.
○ Möchten Sie da auch weiterhin bleiben?
● Ja.
○ Gut. Dann haben wir es fast geschafft. Hier müssten Sie noch Ihre Kontodaten eintragen und dort unterschreiben. Und dann gebe ich Ihnen die Anlagen, die Sie noch ausfüllen müssen.

Track 86

Haben Sie einen Titel, oder was schreiben wir bei „Anrede"?

Haben Sie Ihre Rentenversicherungsnummer dabei?

Wie ist Ihr Familienstand?

Leben Sie alleine oder mit anderen Personen zusammen? Beschreiben Sie bitte genau, mit wem, also: Wie sind Sie verwandt? Wie alt sind die Personen? Leben Sie in einer eheähnlichen Gemeinschaft?

Zahlen Sie die Kosten für Ihre Unterkunft und Heizung selbst? Wie viel ist das monatlich?

Haben Sie Asyl beantragt oder bekommen?

Haben Sie Kinder? Falls ja: Sind Sie alleinerziehend?

Sind Sie gesund oder haben Sie Krankheiten oder Behinderungen, die für Ihre zukünftige Arbeit wichtig sind?

Wo haben Sie zuletzt gearbeitet und wie lange?

War das eine sozialversicherungspflichtige Beschäftigung oder ein Minijob?

Sind Sie krankenversichert? Gesetzlich oder privat? Und bei welcher Krankenkasse?

Track 87

● Guten Morgen! Was kann ich für Sie tun?
○ Guten Morgen. Ich überlege, ein Konto zu eröffnen, und würde mich gern nach Ihren Bedingungen erkundigen.
● Natürlich, sehr gerne. Dann würde ich Sie bitten, mir kurz zu folgen. Wir setzen uns dort hinten an den Tisch, da haben wir etwas mehr Ruhe.
So, bitte schön.
Sie möchten sich über die Bedingungen für ein Konto erkundigen, hatten Sie gesagt. Dachten Sie dabei an ein Sparkonto oder an ein Girokonto?
○ An ein Girokonto.
● Und das Konto ist für Sie selbst?
○ Ja, genau.
● Wie alt sind Sie denn, wenn ich fragen darf?
○ Ich bin 31. Warum ist das wichtig?
● Für Kundinnen und Kunden bis 28 haben wir günstigere Konditionen, deshalb habe ich gefragt. Aber das betrifft Sie dann ja nicht. Also, bei einem Girokonto berechnen wir eine Kontoführungsgebühr von 3,80 Euro im Monat. Sie wird einmal jährlich von Ihrem Konto abgebucht, und zwar immer zum Jahresende.
○ Und Überweisungen? Muss ich dafür etwas bezahlen?
● Nein, Überweisungen sind kostenlos. Aber die Gebühren für die EC-Karte kommen noch dazu und, falls Sie das möchten, für eine Kreditkarte. Die EC-Karte kostet 15 Euro im Jahr, die Kreditkarte 30 Euro.
○ Und wie ist es, wenn ich mein Konto überziehe? Wie hoch sind die Zinsen für den Dispo?
● Bis 10.000 Euro Minus zahlen Sie bei uns gar keine Zinsen. Bei mehr als 10.000 Euro wären es dann 7%.
○ Gut, das ist mir noch nie passiert. Dann hätte ich noch eine Frage zu den Kontaktmöglichkeiten. Wie kann ich Sie erreichen, wenn ich Schwierigkeiten oder Fragen habe?
● Zu unseren Öffnungszeiten sind wir natürlich persönlich für Sie da. Außerdem sind wir schriftlich erreichbar und für allgemeine Fragen auch telefonisch. Wenn Sie uns allerdings telefonisch Aufträge erteilen möchten, müssten wir dafür extra das Telefon-Banking einrichten. Und wir können auch die Funktion des Online-Bankings für Sie freischalten, wenn Sie das wünschen. Das wäre natürlich kostenlos. Damit sind Sie sehr flexibel und Sie haben auch die Möglichkeit, uns über Ihren Account E-Mails zu schicken.
○ Das hört sich gut an. Dann würde ich mir das alles noch einmal überlegen und komme vielleicht Ende der Woche wieder. Vielen Dank auf jeden Fall!
● Sehr gern. Ich gebe Ihnen noch meine Karte mit, dann können Sie mich jederzeit anrufen, wenn Sie noch Fragen haben.
○ Danke schön. Auf Wiedersehen!
● Auf Wiedersehen.

Track 88

○ Guten Tag. Ich würde gern ein Konto bei Ihnen eröffnen.
● Sehr gern. Setzen Sie sich bitte noch einen Augenblick, ich bin gleich bei Ihnen.
○ Danke sehr.
● So, jetzt wäre ich soweit. Herzlich willkommen, mein Name ist Jonathan Ngufor.
○ Danke. Isabel Zielinski.

● Dann kommen Sie doch mal mit, Frau Zielinski. Haben Sie sich schon über unsere Konditionen informiert? Auf unserer Homepage zum Beispiel?

○ Ich war vorgestern hier und habe mit Ihrem Kollegen gesprochen.

● Sehr gut. Dann würde ich mit Ihnen die Unterlagen durchgehen, und wir machen gleich alles fertig.

○ Gerne.

● Also: Was für ein Konto möchten Sie denn? Ein Sparkonto oder ein Girokonto? Privat oder geschäftlich?

○ Ein privates Girokonto bitte.

● Für Sie allein, oder als Gemeinschaftskonto mit einer anderen Person zusammen?

○ Für mich allein.

● Sind Sie über 28?

○ Ja.

● Möchten Sie bei der Eröffnung gleich eine Kreditkarte beantragen oder brauchen Sie keine?

○ Eine Kreditkarte wäre gut.

● Eine normale oder Gold?

○ Eine ganz normale. Die kostet 30€ im Jahr, richtig?

● Ja, genau. Also eine normale Kreditkarte. Dann bräuchte ich einmal Ihre persönlichen Daten. Haben Sie ihren Ausweis dabei?

○ Ja, natürlich. Hier, bitte.

● Den Ausweis müsste ich nachher auch noch einmal kopieren. Aber erst einmal schreibe ich Ihre Daten ab: Name, ja, Geburtsdatum, Land ist Deutschland, gut, Wohnort, Staatsangehörigkeit deutsch, und Ihre Adresse. Gut. Wie können wir Sie am besten kontaktieren, telefonisch oder per E-Mail?

○ Das geht beides. Hier bitte, meine Karte. Da steht beides drauf.

● Danke sehr. Wenn Sie das Online-Banking einrichten möchten, dann wäre dies auch die Nummer, an die wir die TANs schicken würden.

○ Was sind denn TANs?

● Wenn Sie online Bankgeschäfte abschließen, also zum Beispiel Geld überweisen, dann brauchen Sie zur Sicherheit eine TAN. Das ist ein Code aus sechs Zahlen, den Sie dann eingeben müssen. Möchten Sie das Online-Banking einrichten?

○ Ja, ich denke schon. Das ist bestimmt praktisch.

● Das ist sehr praktisch. Sie können dann alles von zu Hause aus erledigen. Möchten Sie dafür die Nummer verwenden, die hier auf Ihrer Karte steht?

○ Ja, gern.

● Zum Online-Banking erhalten Sie dann in den nächsten Tagen noch Post. Sie bekommen einen Nutzernamen und in einem getrennten Schreiben ein Passwort. Erst dann können Sie sich auf unserer Internetseite einloggen. Dann noch eine letzte Frage: Sind Sie in einem anderen Land steuerpflichtig? Also, arbeiten Sie zum Beispiel im Ausland und müssen dort Steuern zahlen?

○ Nein. Ich bin nur in Deutschland steuerpflichtig.

● Gut, dann hätten wir alle nötigen Informationen. Über unsere Bedingungen hat Sie mein Kollege schon informiert?

○ Ja, genau.

● Ich fasse trotzdem noch einmal ganz kurz zusammen, damit es keine Missverständnisse gibt: Die Kontoführungsgebühr beträgt 3,80€ im Monat, die Gebühren für die EC-Karte 15€ und für die normale Kreditkarte 30€ im Jahr. Der Dispo ist bis 10.000€ zinsfrei, bei über 10.000€ liegt der Zinssatz bei 7%. Mit der EC-Karte können Sie bei unseren Partnerbanken kostenlos Geld am Automaten abheben, mit der Kreditkarte beträgt die Gebühr 2% vom Betrag, mindestens aber 5€.

○ Und welche Banken sind das, bei denen ich umsonst abheben kann?

● Dafür gebe ich Ihnen nachher noch eine Liste, die bekommen Sie zusammen mit den restlichen Dokumenten.

○ Gut.

Track 89

● Dann bräuchte ich noch ein paar Unterschriften von Ihnen. Hier müssten Sie einmal den Vertrag unterschreiben. Und hier das SEPA-Lastschriftmandat, damit erlauben Sie uns, die Gebühren von Ihrem Konto abzubuchen. Hier noch die Datenschutzerklärung, damit wir die Daten, die bei Ihren Bankgeschäften entstehen, verarbeiten können. Und die Erklärung zur Datenübermittlung an die SCHUFA.

○ Was ist das denn?

● Die SCHUFA sammelt Informationen über die Zahlungsfähigkeit von Bankkunden. Wenn Sie zum Beispiel Schulden haben und sie nicht zahlen, dann geben die Banken diese Information an die SCHUFA weiter. Und wenn Sie dann in Zukunft einen Vertrag abschließen möchten, sagen wir zum Beispiel, Sie möchten ein Auto kaufen oder brauchen einen neuen Handyvertrag, dann fragt der Autoverkäufer oder der Handyanbieter bei der SCHUFA nach, welche Informationen dort über Sie vorliegen.

○ Muss ich das unterschreiben?

● Das ist eine Voraussetzung für den Vertragsabschluss.

○ In Ordnung.

● Vielen Dank. Dann sind wir schon fast fertig, ich gehe nur noch kurz Ihren Ausweis kopieren. Einen Augenblick, ich bin gleich zurück.

Track 90

Guten Tag. Kann ich Ihnen helfen?

Sehr gern. Was für ein Konto soll es denn sein? Ein Sparkonto oder ein Girokonto?

Privat oder geschäftlich?

Für Sie allein oder mit einer anderen Person zusammen?

Kennen Sie die Bedingungen unserer Girokonten?

Bitte. Fragen Sie nur.

Die Kontoführungsgebühren betragen 4,50€ im Monat. Sie werden einmal jährlich, und zwar immer zum Jahresende von Ihrem Konto abgebucht.

Bei privaten Konten nehmen wir keine Gebühren für Überweisungen. Das ist kostenlos.

Bis 8.000 Euro zahlen Sie bei uns keine Zinsen. Über 8.000 Euro berechnen wir dann 7%.

Eine EC-Karte kostet 20 Euro im Jahr.

Eine normale Kreditkarte kostet 40 Euro im Jahr, eine Kreditkarte in Gold 85 Euro.

Das sind unsere Partnerbanken. Da gebe ich Ihnen nachher eine Liste. Haben Sie sonst noch Fragen, oder möchten Sie das Konto vielleicht gleich schon eröffnen?

Sehr gern. Dann kommen Sie doch mal mit. Setzen Sie sich, ich hole kurz die Unterlagen. So, da haben wir alles, was wir brauchen. Haben Sie Ihren Ausweis dabei?

Dann geben Sie ihn mir doch bitte kurz, damit ich Ihre Daten abschreiben kann. Den Ausweis muss ich nachher noch kopieren. Möchten Sie, dass ich Ihnen auch gleich das Online-Banking einrichte?

Gut, dann machen wir das auch sofort. Die Daten zum Einloggen bekommen Sie dann per Post. Einen Moment bitte, ich kopiere kurz Ihren Ausweis.

Track 91

● In den letzten 20 Jahren hat sich das Bezahlen in Deutschland stark verändert. Wie wollen wir in Zukunft bezahlen? Diese Frage stellt Julia Krüger in unserem Feature: „Bald nur noch bargeldlos?"

○ Erinnern Sie sich noch daran, wie man vor 2002 in Deutschland bezahlt hat? Vor der Einführung des Euro? Damals gab es noch D-Mark und Pfennig. Eine Kugel Eis hat zum Beispiel 60 Pfennig gekostet, ein Brot etwa 4 Mark. Dann kam der Euro, wir mussten alle unser Geld umtauschen und auf einmal waren die Preise überall nur noch halb so hoch. Für 20 Mark bekam man 10 Euro.

Viele Leute meinten damals, dass mit der Umstellung von der D-Mark auf den Euro alles teurer wird. Darum wurde der Euro auch Teuro genannt. Aber mit der Zeit haben wir uns alle daran gewöhnt. Immer seltener hörte man, dass jemand beim Bezahlen noch in D-Mark umgerechnet hat. Heutzutage gibt es das fast gar nicht mehr.

Ein großer Vorteil des Euro ist natürlich, dass man heute in ganz Europa problemlos bezahlen kann. Früher musste man Reiseschecks einpacken. Oder man hat größere Mengen Bargeld mitgenommen und im Ausland umgetauscht. Das war unpraktisch und richtig sicher hat man sich auch nicht gefühlt. Heutzutage gehen wir mit unserer EC-Karte oder unserer Kreditkarte ganz selbstverständlich an irgendeinen Geldautomaten auf der Welt und heben einfach Geld ab. In vielen Supermärkten und großen Geschäften zahlt man direkt mit Karte.

Und damit sind wir auch schon beim Hauptthema unseres Features: Bezahlen mit der EC-Karte oder mit der Kreditkarte ist ja schon lange normal. Kontaktloses Bezahlen, Bezahlen mit der App auf dem Smartphone, das ist allerdings noch relativ neu und zweifellos der Trend unseres Jahrzehnts. In vielen Teilen Europas wird heute schon in jedem Laden oder Restaurant auf diese Weise gezahlt. Dort ist es schon schwierig, überhaupt noch mit Bargeld zu bezahlen. In Schweden oder England zum Beispiel haben viele Leute gar kein Bargeld mehr in der Tasche.

In Deutschland dagegen nehmen viele kleinere Läden, Cafés und Restaurants gar keine Karten. Und auch viele Kunden zahlen lieber bar. Im Internet gibt es deutschsprachige Foren, auf denen man sich über Ängste und Sorgen austauscht. Es wird darüber diskutiert, was passiert, wenn es irgendwann vielleicht kein Bargeld mehr gibt. Warum ist das so? Wir haben einen Spaziergang durch die Bonner Innenstadt gemacht und uns verschiedene Meinungen angehört.

Track 92

A Ich frage mich, wozu wir Bargeld überhaupt noch brauchen. In anderen Ländern Europas ist es völlig normal, alles mit der Karte oder mit einer App zu bezahlen. Deutschland ist da total zurück. Hier suchen die Leute an der Kasse ihr Kleingeld zusammen. In Schweden oder England hält man einfach kurz sein Handy neben das Gerät an der Kasse. So wird die Zukunft aussehen und ich würde mir wünschen, dass wir in Deutschland auch bald mehr moderne Bezahlmethoden haben.

B Das Bezahlen mit dem Smartphone nimmt zu. Für viele ist das praktisch. Aber es gibt ja immer noch Leute, die kein Smartphone haben. Entweder, weil sie es sich nicht leisten können, oder, weil sie sich ganz bewusst dagegen entscheiden. Für diese Menschen wird es in Zukunft noch schwieriger, bestimmte Produkte oder Dienstleistungen zu bezahlen. Und noch etwas: Was machen Sie, wenn Sie auf der Straße jemand fragt, ob Sie etwas Kleingeld haben? In England haben gut organisierte Straßenmusiker inzwischen ein Lesegerät, mit dem man bargeldlos etwas Geld dalassen kann. Aber für viele Menschen wird das nicht funktionieren. Ohne Bargeld wird es also schwieriger für diejenigen, die es jetzt schon nicht gerade leicht haben.

C Ehrlich gesagt, fasse ich Geld nicht gern an. Wer weiß, wo das schon überall war? Die Münzen sind immerhin aus Metall, das ist einigermaßen hygienisch. Da können Viren nicht so gut überleben und man bekommt keine Krankheiten. Aber Geldscheine? Ich weiß nicht. Ich bin selbst nicht gesund und ich habe Angst vor Krankheiten. Darum bezahle ich lieber nicht bar, am liebsten kontaktlos. Da kann nichts passieren.

D Naja, es ist praktischer, einfach mit der App zu bezahlen. Ich muss nicht darüber nachdenken, ob ich genug Geld dabeihabe. Das Kleingeld sammelt sich nicht in meinem Portemonnaie. Und ich muss nicht mehr selber rechnen, wenn ich bezahle. Kopfrechnen ist nämlich nicht so mein Ding. Da nehme ich lieber kurz das Smartphone. Ich würde es super finden, wenn es diese Zahlweise noch viel mehr geben würde.

E Wissen Sie, was mir am Barzahlen gefällt? Dass ich anonym bleibe und niemand meine Daten sammeln kann. Nur, wenn ich mit meiner EC-Karte zum Bankautomaten gehe und Geld abhebe, entstehen Daten. Aber was ich für mein Geld kaufe, kann nicht überprüft werden. Wenn ich mit der EC-Karte bezahle, sieht man jedes Geschäft, in dem ich war, auf meinem Konto. Und wenn ich mit dem Smartphone bezahle, entstehen noch mehr Daten. Das möchte ich nicht.

F Es wird oft als Fortschritt angesehen, wenn wenig bar gezahlt wird. Aber ich frage mich, was genau die Vorteile sind. Und ob die Nachteile nicht genauso wichtig sind. Nur, weil etwas technisch neu ist und modern wirkt, heißt das doch nicht, dass es ein Fortschritt für die Gesellschaft ist. Gesellschaftlicher Fortschritt bedeutet für mich etwas anderes.

Das war Julia Krüger mit dem ersten Teil unseres Features „Bald nur noch bargeldlos?" Hören Sie nach einer kurzen Pause auch den zweiten Teil. Hier kommen Expertinnen und Experten aus den Bereichen Finanzen und Datenschutz zu Wort …

Track 93

Guten Tag und herzlich willkommen zu unserer Sendung „Beruf und Zukunft". Wir sprechen heute mit drei jungen Menschen, die gerade dabei sind, ihre berufliche Zukunft zu planen, und dabei ganz unterschiedliche Ideen entwickelt haben. Bei mir im Studio sind Malte Wegers, der gerade eine Ausbildung zum Tierpfleger macht, Serap Akgül, die Ärztin werden möchte, und Mladen Todorov, ein junger Tänzer. Aber das erzählen uns die jungen Leute besser selbst. Würden Sie sich und Ihren beruflichen Hintergrund kurz vorstellen? Herr Wegers, möchten Sie anfangen?

Ja, gern. Also, mein Name ist Malte Wegers. Ich bin 29 Jahre alt und mache gerade eine Ausbildung zum Tierpfleger. Das ist genau das, was ich immer schon machen wollte. Ich bin mit vielen verschiedenen Tieren aufgewachsen. Wir hatten Katzen, Hühner, Schafe, Fische … Sogar ein Pferd hatten wir mal. Als Kind war mein Traumberuf Tierarzt, aber dafür muss man studieren. Und Ich hatte nie vor, das Abitur zu machen. Ich habe meinen Realschulabschluss gemacht und dann wollte ich arbeiten. Erst habe ich allerdings eine andere Ausbildung gemacht und gearbeitet, aber dazu kommen wir vielleicht später noch. Im Moment bin ich als Tierpfleger sehr zufrieden. Für mich wäre es am schönsten, wenn ich das mein ganzes Berufsleben über machen könnte. Eines würde ich auf jeden Fall niemals tun, und zwar in einem Labor arbeiten. Aber im Zoo, im Tierheim oder beim Tierarzt, das kann ich mir alles gut vorstellen. Ja, dann würde ich an Serap weitergeben.

Danke. Also, ich heiße Serap Akgül und studiere im ersten Semester Medizin. Ärztin war schon immer mein Traumberuf, schon seit ich klein war. Immer, wenn mich Erwachsene früher gefragt haben, was ich mal werden will, habe ich gesagt: Ärztin! Aber der Weg dahin ist nicht leicht. Erst einmal war immer klar, dass ich in der Schule gute Noten brauche und ein gutes Abitur machen muss. Aber eine gute Abiturnote reicht auch nicht. Für Medizin muss man außerdem einen Medizinertest machen und der ist richtig hart. Jetzt habe ich alles geschafft und bin an der Uni. Ausruhen kann ich mich da aber immer noch nicht. Das Studium ist nämlich wirklich nicht einfach. Aber mein Traum, Ärztin zu werden, ist die Mühe auf jeden Fall wert. Am liebsten würde ich später als Hausärztin arbeiten. Da kennt man seine Patientinnen und Patienten persönlich und das ist mir wichtig. Wo ich nicht arbeiten möchte, das wäre die Notaufnahme einer großen Klinik in der Stadt. Das war es erst einmal zu mir. Mladen?

Ja, danke. Mein Name ist Mladen Todorov und ich bin Tänzer. Dafür bin ich mit 10 Jahren von zu Hause ausgezogen und an eine professionelle Ballettschule nach Hamburg gegangen. Dort habe ich auch gewohnt. Wir hatten mehrere Stunden am Tag Tanzunterricht und nebenbei sind wir noch auf eine normale Schule gegangen. Letztes Jahr habe ich mein Abitur und gleichzeitig meinen Abschluss als staatlich geprüfter Tänzer gemacht. Jetzt bewerbe ich mich gerade für ein Studium. Ich möchte Tanz studieren. Für die Zukunft wünsche ich mir natürlich, auf vielen berühmten Bühnen zu tanzen! Mein Ziel ist es, so lange wie möglich als Tänzer zu arbeiten. Aber bis zur Rente kann man das nicht machen, das geht körperlich nicht. Mit Ende 30 muss man sich etwas anderes suchen. Viele, die nicht mehr auf der Bühne stehen und tanzen, geben später Ballettunterricht. Aber das kann ich mir nicht vorstellen. Zum Glück gibt es auch noch andere Möglichkeiten im Ballett, selbst wenn man nicht mehr aktiv tanzt.

Track 94

Vielen Dank für diese Vorstellungsrunde. Jetzt würde ich Ihnen gerne noch ein paar kurze Fragen zu Ihrer Vergangenheit stellen. Warum haben Sie sich für diese Berufe entschieden? Und wie hat Ihre Familie jeweils darauf reagiert? Herr Wegers vielleicht wieder zuerst?

Also, bei mir war es nicht ganz so einfach, mein Berufsziel durchzusetzen. Meine Eltern haben einen eigenen Laden. Sie verkaufen Handys und Handyverträge. Und sie haben sich immer gewünscht, dass ich den Betrieb später übernehme. Daher habe ich auch zuerst eine kaufmännische Ausbildung gemacht. Aber das Verkaufen liegt mir leider gar nicht. Nach ein paar Jahren habe ich mir gesagt: Jetzt reicht es. Ich werde mir etwas anderes suchen. Meine Eltern fanden das unmöglich: Eine zweite Ausbildung! Mit 26! Aber ich habe es geschafft. Jetzt bin ich viel glücklicher und mittlerweile sehen meine Eltern das auch. Sie haben aufgehört, darüber zu schimpfen, und hören sich inzwischen auch die Geschichten über meine Tiere an.

Bei mir waren es nicht meine Eltern, die es mir schwer gemacht haben. Sie haben immer an mich geglaubt und mich unterstützt. Und als Kindergartenkind war es auch kein Problem. Wenn ein kleines Mädchen Ärztin werden möchte, finden die Erwachsenen das süß. Aber dann fing es damit an, dass meine Lehrerinnen und Lehrer auf der Grundschule nicht dachten, dass ich Abitur machen würde. Und auf dem Gymnasium haben sie nicht geglaubt, dass ich mal studiere. Wissen Sie, meine Eltern haben beide nicht studiert und ich habe einen türkischen Namen. Aber es gibt einen Satz, den habe ich mir immer wieder gesagt und der heißt: Ihr werdet schon sehen. Ein Satz übrigens, den ich auch heute noch oft denke.

Für mich war es auch ein Kindheitstraum, Tänzer zu werden. Ich habe schon als kleines Kind getanzt. Meine Eltern haben beide eher praktische Berufe, und sie mussten sich an den Gedanken, dass ich Tänzer werden möchte, erst gewöhnen. Dazu kam, dass man mit der Ausbildung ganz früh anfangen muss. Ich hatte ja schon gesagt, dass ich erst zehn war, als ich nach Hamburg an die Schule gegangen bin. Das war für meine Eltern schwierig. Schließlich wussten sie nicht, ob ich als Jugendlicher vielleicht die Lust verliere. Aber ich wollte es unbedingt und ich habe ihnen damals gesagt: Ich werde euch nicht enttäuschen. Sie haben mir vertraut und mich gehen lassen. Ich habe die Schule geliebt. Zum ersten Mal waren da lauter Kinder und Jugendliche, die so waren wie ich. Wir wollten alle tanzen!

Track 95

Nachdem wir jetzt einen kurzen Ausflug in die Vergangenheit gemacht haben, würde ich gerne noch einmal mit Ihnen über Ihre Zukunft sprechen. Wie stellen Sie sich Ihre berufliche Zukunft vor? Herr Wegers, bitte.

Wie ich am Anfang schon gesagt habe: Meinen Traumberuf habe ich gefunden. Wenn alles gut geht, bin ich auch in 20 Jahren noch Tierpfleger. Vielleicht arbeite ich dann immer noch in dem Zoo, in dem ich jetzt bin. Auf jeden Fall möchte ich Weiterbildungen machen, und später auch meine Meisterprüfung. Dann bin ich Tierpflegemeister und kann selbst junge Leute ausbilden. Das würde mir Spaß machen. Sogar einen eigenen kleinen Zoo oder einen Wildpark könnte ich dann eröffnen.

Nach meinem Studium muss ich noch einige Jahre weiterlernen, während ich praktisch arbeite. Wenn ich damit fertig bin, möchte ich eine eigene Praxis auf dem Land eröffnen. Viele Ärztinnen und Ärzte wollen in der Stadt arbeiten, weil die Bedingungen dort besser sind. Aber ich möchte aufs Land. Dann arbeite ich als Hausärztin in einer Kleinstadt und kenne meine Patientinnen und Patienten persönlich. Das ist mir sehr wichtig. Meine Familie hat einen Hausarzt, der meine Großeltern, meine Eltern, meine Geschwister und mich kennt. Das finde ich toll. So eine Ärztin will ich auch werden.

In fünf oder zehn Jahren tanze ich hoffentlich noch. Ich sage hoffentlich, weil man natürlich nie weiß, was passiert. Eine kleine Verletzung kann manchmal schon das Ende der Karriere bedeuten. Aber sagen wir, fünfzehn Jahre tanze ich noch. Danach muss ich mir eine Alternative überlegen. Einige Tänzer werden später Choreografen. Das würde mir auch gefallen. Man denkt sich die verschiedenen Szenen aus, wie sie auf der Bühne aussehen sollen und wie man das tänzerisch gestalten kann. Ich denke, wenn ich älter bin, arbeite ich hinter der Bühne. Aber ganz ohne Bühne werde ich wahrscheinlich nie leben.

Track 96

○ Hallo, liebe Leute da draußen, hier sind wir wieder mit unserem Podcast „Was sagt die Wissenschaft?". Für alle, die das erste Mal dabei sind: Wir sind Schirin und Max und fassen für euch das Neueste aus Wissenschaft und Forschung zusammen. Vor allem geht es uns hier um neue Entwicklungen in den Umwelt-, Sozial- und Kulturwissenschaften.

● In den letzten Wochen habt ihr uns immer wieder geschrieben, dass ihr euch eine Folge zum Thema Zukunft wünscht. Deshalb haben wir uns ausführlich damit beschäftigt. Heute möchten wir euch nun erzählen, welche Trends und Entwicklungen die Wissenschaft in den nächsten Jahren und Jahrzehnten für unsere Gesellschaft erwartet.

○ Genau. Wie immer haben wir uns bemüht, verschiedene Quellen zu verwenden und unterschiedliche Stimmen zu Wort kommen zu lassen. Natürlich kann niemand wirklich in die Zukunft sehen. Aber was man heute schon beobachten kann, sind sogenannte Megatrends. Das sind Entwicklungen, die sich durch große Teile der Gesellschaft ziehen, also in ganz unterschiedlichen Bereichen zu erkennen sind, und von denen die Forscher glauben, dass sie eine wichtige Rolle für unsere Zukunft spielen werden.

Track 97

Der erste große Bereich, der uns an unserem Zukunftsthema interessiert hat, ist das soziale Miteinander. Wie wird dieses im nächsten Jahrhundert aussehen?

Viele aktuelle Entwicklungen sind schon lange bekannt: eine immer größere Mobilität zum Beispiel. Die Leute wohnen heute nicht mehr bis zu ihrem Lebensende an dem Ort, an dem sie auch geboren wurden. Man zieht ganz selbstverständlich dorthin, wo man Arbeit findet. Und das sind meistens die Städte. Forscher gehen daher davon aus, dass es in Zukunft noch größere Städte geben wird. Schon jetzt wachsen die Großstädte stark. Die Folge ist, dass es immer teurer wird, dort zu leben. Deshalb ist seit einiger Zeit auch ein Gegentrend zu beobachten: Das Landleben wird für jüngere Menschen langsam wieder interessanter. Voraussetzung ist dabei allerdings immer, dass es im Dorf oder in der Kleinstadt gutes Internet gibt. Home-Office macht es schließlich möglich, dass man seinen Wohnort frei wählen kann. Aber zum Thema Arbeit kommen wir später noch.

Individualisierung ist ein weiterer Megatrend. Die Einzelperson und ihre individuelle Lebensweise werden immer wichtiger. Das ist nicht erst seit der Digitalisierung so, sondern diese Entwicklung gibt es in Europa schon seit Jahrhunderten. Der Mensch ist nicht mehr so stark von der Gemeinschaft abhängig, aus der er ursprünglich stammt, der Familie zum Beispiel oder der Dorfgemeinschaft. Das bedeutet aber nicht, dass Menschen heute grundsätzlich einsamer sind als früher. Nur wird statt der Gemeinschaft heute das Netzwerk immer wichtiger. Man sucht sich seine Freunde und Partner selbst. Dafür wird es zukünftig noch mehr digitale Möglichkeiten geben.

Ein sehr aktueller Trend ist außerdem die Entwicklung des Rollenbildes von Mann und Frau. Klare Vorstellungen davon, was Männer und Frauen zu tun haben, gibt es heute nicht mehr wie früher. Das Geschlecht wird ganz individuell erlebt und gestaltet. Das heißt, man kann selbst bestimmen, wie man als Mann oder Frau leben möchte. Oder ob man sich vielleicht sogar durch keins der beiden Geschlechter vertreten fühlt. Viele Forscher meinen, dass diese Entwicklung unsere Wirtschaft und unsere Gesellschaft noch weiter verändern wird.

Track 98

Der nächste Bereich, den wir uns angesehen haben, ist die Arbeit. Einerseits verändert sich die Arbeit in Europa dadurch, dass ein großer Teil der Produktion in anderen Ländern stattfindet. Andererseits können viele Arbeiten von Maschinen und Computern erledigt werden.

Daher gibt es immer mehr Menschen, die sich nach dem Sinn ihrer Arbeit fragen. Sie möchten eine Arbeit machen, die ihnen gefällt und die ihnen sinnvoll erscheint. Das führt unter anderem dazu, dass viele jüngere Leute versuchen, ihr Geld mit kreativen Berufen zu verdienen. So arbeiten sie zum Beispiel als Influencer und haben einen eigenen Videokanal oder sie werden Blogger. Das sind spannende, neue Berufsfelder, die viel Freiheit bieten.

Zu den negativen Aspekten einer flexiblen Arbeitsweise gehört allerdings, dass die Arbeit einen immer stärkeren Einfluss auf unser Privatleben hat. Wenn man früher aus der Fabrik oder aus dem Büro kam, hatte man Feierabend. Heutzutage wird erwartet, dass man zumindest noch einmal seine E-Mails durchgeht und beantwortet. Viele Influencerinnen oder Blogger sind rund um die Uhr online und kommunizieren mit ihren Fans. Sie wollen ihnen das Gefühl geben, an ihrem Alltag teilzuhaben und fotografieren oder filmen sich morgens beim Aufstehen, beim Essen oder mit Freunden. Viele private Alltagsmomente erhalten so auch einen materiellen Wert. Vor dieser Vermarktung des Privatlebens warnen viele Forscherinnen und Forscher.

Und auch für Leute, die ganz normale Bürojobs von zu Hause aus machen, ist die neue Flexibilität nicht immer ein Gewinn. Viele denken, dass man im Homeoffice nebenbei noch den Haushalt machen oder sich um die Kinder kümmern kann. Grundsätzlich ist man da natürlich flexibler. Aber es gibt auch Studien, die zeigen, dass dieses Modell vor allem für Frauen viele Nachteile hat. Denn Haushalt, Kindererziehung und nun auch noch die Arbeit gleichzeitig zu machen, ist ziemlich anstrengend. Daher ist hier auch schon wieder ein Gegentrend festzustellen: Wie Schirin eben sagte, werden die Geschlechterrollen zwar immer flexibler. Doch beim Homeoffice ist eher das Gegenteil der Fall. Hier ist von der Flexibilität, die man sonst hat, nicht viel zu merken.

Für die Zukunft sollten wir daher darauf achten, den aktuellen Trends nicht einfach blind zu folgen. Wir müssen uns gut überlegen, wie wir unsere Arbeit in Zukunft gestalten wollen.

Track 99

Jetzt kommen wir noch zu einem weiteren Thema, nach dem viele von euch gefragt haben, nämlich zum Thema Umwelt. Was für eine Welt werden wir unseren Kindern hinterlassen? Wie können wir so konsumieren und leben, dass wir unseren Planeten nicht zerstören? Oder, was uns auch viele gefragt haben: Glauben die Forscher, dass es überhaupt noch möglich ist, die Erde zu retten?

Dazu gibt es unterschiedliche Meinungen. Bis in die 60er und frühen 70er Jahre dachte man, dass es am besten ist, wenn die Wirtschaft einfach immer weiter wächst. 1972 gab es dann die allererste Studie, in der Wissenschaftlerinnen und Wissenschaftler meinten, dass wir nicht mehr und immer noch mehr produzieren und konsumieren können, ohne dass wir die Erde kaputtmachen. Öl, Wasser und andere Ressourcen sind begrenzt, darum kann auch das wirtschaftliche Wachstum nicht endlos weitergehen.

Das Problem ist aber, dass unser Wirtschaftsmodell nur dann funktioniert, wenn weite Bereiche dauernd weiterwachsen. Daher gibt es heutzutage viele Unternehmen, die sich auf grüne Technologien konzentrieren. Der Gedanke dahinter ist: Wenn wir Geräte, Kleidung und Nahrungsmittel so herstellen, dass die Umwelt nicht zerstört wird, dann kann es weiter Wachstum geben. Wir recyceln zum Beispiel unsere Kleidung oder produzieren Autos, die mit Strom fahren.

Andere Forscherinnen und Forscher sagen, dass auch das auf Dauer nicht funktionieren kann. Denn grenzenloses Wachstum kann nicht grün sein. Elektrische Autos brauchen Strom und sie müssen produziert und entsorgt werden. So gesehen ist ein ganz neues Wirtschaftssystem notwendig, das ohne dieses permanente Wachstum läuft und sich daran orientiert, was die Menschen wirklich brauchen. Dabei geht es unter anderem darum, Dinge zu teilen, zu leihen oder zu reparieren. Und es muss eine Industrie geben, die die Dinge so herstellt, dass man sie wieder teilen, leihen oder reparieren kann.

Aktuell geht der Trend aber gerade bei den großen Unternehmen genau in die andere Richtung: Elektrogeräte oder Autos gehen schnell kaputt und lassen sich dann meist gar nicht mehr reparieren. Ein Konto bei einem Video-Streaming-Dienst kann man nicht verleihen wie eine DVD. Und viele Leute wollen sich keine Geräte mit ihren Nachbarn teilen, sondern kaufen sie lieber selbst.

Ihr seht also: Es gibt unterschiedliche Meinungen zu dem Thema und es lohnt sich, sich damit zu beschäftigen. Wir hoffen, es hat euch gefallen, und wir freuen uns, wenn ihr das nächste Mal wieder dabei seid. In der nächsten Folge beschäftigen wir uns noch einmal mit dem Thema Zukunft. Dann geht es um die Bereiche Gesundheit und Alter, Wissen und Bildung und Digitalisierung.

Track 100

Deutschtest für Zuwanderer – Hören Teil 1
Sie hören vier Ansagen. Zu jeder Ansage gibt es eine Aufgabe. Welche Lösung a, b oder c passt am besten?
Markieren Sie Ihre Lösungen für die Aufgaben 1 bis 4 auf dem Antwortbogen.

Beispiel
Guten Tag, Frau Herzl, hier ist Mario Neuner von der Firma ProTech. Sie hatten Ihren Computer bei uns in die Reparatur gegeben. Jetzt haben wir den Fehler gefunden. Wir würden vorschlagen, die Grafikkarte auszuwechseln, aber wir müssten noch darüber sprechen, welche Grafikkarte wir einbauen sollen. Ich bin heute noch bis 17 Uhr in der Firma und morgen dann wieder von 10 bis 17 Uhr. Vielleicht können Sie mich einfach mal zurückrufen. Unsere Nummer haben Sie ja. Wiederhören.

Nummer 1
Hallo Kathi, hier ist Astrid. Ich weiß, du hast morgen eigentlich frei, aber Martin hat sich krank gemeldet. Heute kommen wir noch gut zurecht, aber für morgen brauchen wir noch jemanden. Hast du vielleicht morgen Zeit und kannst einspringen? Es wäre die Frühschicht von 8 bis 14 Uhr. Ich rufe jetzt auch noch mal die anderen an, aber es wäre toll, wenn du dich so schnell wie möglich bei mir melden könntest. Danke dir!

Nummer 2
Achtung, eine Durchsage. Der Halter des weißen Lieferwagens A – XZ – 225 wird gebeten, das Auto aus dem Parkverbot zu fahren. Ihr Auto steht in der Feuerwehreinfahrt. Fahren Sie es bitte so schnell wie möglich von dort weg. Es geht um einen weißen Lieferwagen mit dem Kennzeichen A – XZ – 225. Danke!

Nummer 3
Hier ist die Abfallsammelstelle der Stadt Röthenburg. Herr Siebert, Sie hatten bei uns Sperrmüll angemeldet, und zwar für den 3. Juli. Ich wollte Ihnen Bescheid sagen, dass wir an dem Tag zwischen acht und zwölf Uhr zu Ihnen kommen. Bitte stellen Sie alles, was wir abholen sollen, bis spätestens acht Uhr raus. Bitte lassen Sie den Gehweg und den Fahrradweg frei, stellen Sie die Sachen am besten in den Hof. Danke!

Nummer 4
Guten Tag, Herr Michel. Hier ist Shahid Gebreyesus, der Klassenlehrer von Natalie. Natalie geht es nicht gut, sie hat Kopfschmerzen und ihr Gesicht ist ganz heiß. Ich denke, sie hat Fieber. Wäre es möglich, dass Sie sie abholen kommen? Im Moment ist sie im Krankenzimmer und Frau Knopp kümmert sich um sie. Aber sie würde sich bestimmt freuen, wenn Sie bald kommen könnten. Sie können dann direkt ins Krankenzimmer gehen. Am Haupteingang nach links und immer geradeaus auf der rechten Seite. Tschüs!

Ende von Hören Teil 1

Track 101

Hören Teil 2
Sie hören fünf Ansagen aus dem Radio. Zu jeder Ansage gibt es eine Aufgabe. Welche Lösung a, b oder c passt am besten?
Markieren Sie Ihre Lösungen für die Aufgaben 5–9 auf dem Antwortbogen.

Nummer 5
Wir kommen zum Wetter, und zwar mit einer Unwetterwarnung für Norddeutschland. Da kommt von der Nordsee her ein starker Sturm mit Windstärke 9 oder 10 auf uns zu. Dieser fegt im Laufe des Tages über das Land und trifft am Abend dann auf Süddeutschland. Also Vorsicht, wenn Sie heute draußen unterwegs sind. Bleiben Sie lieber zu Hause. Bis morgen sollte sich das Wetter beruhigen, dann gibt es nur noch etwas Regen im Süden.

Nummer 6
Hallo liebe Freunde, hier sind wir wieder bei Rock'n'Roll Radio, der Sendung für alle, die alten und neuen Gitarrenrock LIEBEN! Wir haben eine ganz besondere Veranstaltung für euch, und zwar das Hard and Heavy-Festival in Priegnitz an der Oder: vier Tage Musik, Sonnenschein und für alle, die gerne rund um die Uhr dabei sein möchten, Übernachtung auf dem Zeltplatz inklusive. Tickets gibt es bei uns, aber nicht mehr viele, also schnell bestellen!

Nummer 7
Aufgrund der Wetterlage kommt es heute überall im Bundesgebiet zu Zugausfällen. Eis und Schnee, überfrorene Leitungen und schlechte Sicht sorgen dafür, dass Zugfahrten an einigen Orten unmöglich sind. An anderen Orten kommt es zu Verspätungen. Aktuelle Informationen entnehmen Sie bitte der Internetseite der Deutschen Bahn.

Nummer 8
In unserem Gesundheitsmagazin dreht sich heute alles um das Thema Schlaf: Wie viel sollten wir am besten schlafen? Zu welchen Zeiten? Welche Rolle spielt das Bett? Was sollten wir bei der Ernährung beachten? Über diese und viele andere Fragen sprechen wir mit der Schlafforscherin Aljona Friesen, einer Expertin, die sich schon seit 30 Jahren mit dem Thema Schlaf beschäftigt.

Nummer 9
Der FC Trennewurth hat heute in einem spannenden Spiel die Spielervereinigung Marnerdeich besiegt, und zwar mit

3 zu 2. Das entscheidende Tor hat Mark Nedderhoff geschossen, in der 85. Spielminute. Damit bleibt Trennewurth in der zweiten Liga, Marnerdeich spielt nächste Woche gegen Kiel.

Ende von Hören Teil 2

Track 102

Hören Teil 3
Sie hören 4 Dialoge. Zu jedem Dialog gibt es zwei Aufgaben. Überlegen Sie bei jedem Dialog zunächst, ob die Aussage dazu richtig oder falsch ist und welche Antwort a, b oder c am besten passt.
Markieren Sie Ihre Lösungen für die Aufgaben 10–17 auf dem Antwortbogen.

Beispiel
○ Herr Wolf, haben Sie den Schlüssel für den Dienstwagen gesehen?
● Nein, ich weiß nicht, wo der ist. Hängt er nicht an seinem Platz, Frau Chang?
○ Leider nicht. Ich habe in einer Viertelstunde einen Termin, dafür brauche ich das Auto.
● Wer war denn als Letztes mit dem Wagen unterwegs? Waren Sie das heute früh nicht selbst?
○ Ja, das stimmt. Das heißt … Wo könnte ich denn den Schlüssel … Hier, in meiner Hosentasche! Vielen Dank, Herr Wolf, den hätte ich alleine nie gefunden.
● Jetzt aber schnell!

Nummer 10 und 11
○ Guten Tag, Herr Nasser, setzen Sie sich. Was fehlt Ihnen denn?
● Guten Tag, Frau Doktor Specht. Zum Glück nichts, aber ich möchte nächstes Jahr nach Kamerun reisen und wollte fragen, welche Impfungen ich brauche.
○ Also, es gibt eine Pflichtimpfung, die Sie haben müssen, um einreisen zu dürfen. Das ist die Impfung gegen Gelbfieber.
● Können Sie mir die Impfung gleich geben?
○ Nein, das darf ich leider nicht. Dafür müssen Sie zu einem Spezialisten gehen, zu einem Tropenmediziner.
● Ach so.
○ Aber ich würde Ihnen noch ein paar andere Impfungen empfehlen. Haben Sie Ihren Impfausweis dabei?
● Ja, bitte.
○ Also, Ihre Standardimpfungen haben Sie letztes Jahr noch einmal machen lassen. Das ist gut. Aber ich denke, gegen Hepatitis sollten wir Sie impfen.
● In Ordnung. Machen wir das jetzt gleich?
○ Nein, wir müssen den Impfstoff erst bestellen. Am besten machen Sie dafür einen neuen Termin. Dazu lassen Sie sich bitte …

Nummer 12 und 13
○ Hallo, ich bin Yasmin Mbeki, die Mutter von Samira Mbeki.
● Mein Name ist Hauke Jensen. Warten Sie, ich erinnere mich: Sie haben Ihre Tochter letzten Monat bei uns in der Schule angemeldet, richtig?
○ Ja, genau. Wir hatten geplant, dass sie nach den Sommerferien in die fünfte Klasse kommt. Aber jetzt habe ich eine Zusage für einen anderen Schulplatz bekommen und würde Samira gerne wieder abmelden.
● Oh, schade. Darf ich fragen, warum Sie sich so entschieden haben?
○ Zur anderen Schule ist es für Samira viel näher. Sie könnte sogar zu Fuß gehen. Und hierher wäre es sehr weit für sie. Wir mussten sie jeden Tag bringen und abholen.
● Das verstehe ich. Das macht im Alltag wirklich einen großen Unterschied. Dann wünsche ich Ihrer Tochter einen guten Start in der neuen Schule.
○ Dankeschön.

Nummer 14 und 15
○ Herr Nur, Sie haben sich bei uns als Verkäufer beworben. Haben Sie denn schon einmal im Verkauf gearbeitet?
● Ja, ich habe acht Jahre in einem Supermarkt gearbeitet. Das war von 2002 bis 2010.
○ Warum haben Sie dort aufgehört?
● Der Supermarkt hat geschlossen und nur sehr wenige Kolleginnen und Kollegen konnten in andere Filialen wechseln. Ich war leider nicht dabei.
○ Warum haben Sie sich gerade bei uns beworben? Ich meine, von einem Supermarkt in ein Schuhgeschäft, das ist schon ein Unterschied.
● Das stimmt. Aber ich arbeite gerne als Verkäufer. Besonders gut gefällt mir die Kundenberatung. Das hat mir im Supermarkt immer etwas gefehlt. Und in einem Schuhgeschäft könnte ich dieses Talent sicher gut einsetzen.

Nummer 16 und 17
● Anne? Hast du kurz Zeit, die Urlaubsplanung für dieses Jahr zu machen?
○ Ja, das können wir gern machen, Florian.
● Wann möchtest du denn dieses Jahr Urlaub machen?
○ Hm … Am liebsten im August. Und dann fahre ich an die Nordsee.
● Es tut mir leid, aber im August haben Paul und Andrea schon ihren Urlaub eingetragen. Und wenn du dann auch noch weg bist, sind wir zu wenig Leute.
○ Oder im Juli?
● Im Juli geht es auch nicht. Da sind Abdul und Frauke weg.
○ Haben die etwa alle schon ihren Urlaub geplant und eingetragen?
● Ja, Anne, ich fürchte, du bist die Letzte. Aber außer Juli und August hast du freie Wahl.
○ Freie Wahl ist gut, Juli und August sind doch die schönsten Monate. Aber gut, dann nehme ich eben im September Urlaub und fahre nach Italien. An der Nordsee ist es mir dann schon zu kalt.

Ende von Hören Teil 3

Track 103

Hören Teil 4
Sie hören Aussagen zu einem Thema. Welcher der Sätze a–f passt zu den Aussagen 18–20?
Markieren Sie Ihre Lösungen für die Aufgaben 18–20 auf dem Antwortbogen.
Lesen Sie jetzt die Sätze a–f. Dazu haben Sie eine Minute Zeit. Danach hören Sie die Aussagen.

In letzter Zeit arbeiten immer mehr Menschen von zu Hause. Für Tätigkeiten, die man online erledigen kann, fahren immer weniger Menschen ins Büro. Auch Besprechungen und Konferenzen kann man mittlerweile online planen. Das Home-Office hat viele Vor-, aber auch Nachteile. Dazu gibt es unterschiedliche Meinungen. Hören Sie nun einige davon.

Beispiel
Ich arbeite nur zu Hause, und das gefällt mir total gut. Ich bin selbstständig und kann meine Zeit ganz frei einteilen. Viele Leute fragen mich, wie ich Beruf und Privatleben trenne, aber für mich ist das kein Problem. Ich habe ein Arbeitszimmer, in dem mein Schreibtisch steht. Dort verbringe ich meine Arbeitszeit. Meinen Feierabend verbringe ich dann im Wohnzimmer oder in der Küche, wenn ich zu Hause bleibe. So sind die beiden Bereiche gut getrennt.

Nummer 18
Für mich ist das Home-Office eine Lösung für viele Probleme der modernen Arbeitswelt: Ich stehe morgens nicht mehr im Stau oder fahre eine Stunde mit dem Zug zur Arbeit. Das spart Zeit, die ich anders nutzen kann. Seit ich hauptsächlich von zu Hause arbeite, habe ich etwa zwei Stunden mehr am Tag für meine Hobbys. Gleichzeitig ist es gut für die Umwelt, weniger Auto zu fahren. Deshalb bin ich doppelt froh, dass ich mir die Wege sparen kann.

Nummer 19
Also, ich bin da ein bisschen hin- und hergerissen. Es hat auf jeden Fall Vorteile, zu Hause zu arbeiten. Ich zum Beispiel habe zwei kleine Kinder, und die sehen mich an den Tagen, an denen ich zu Hause arbeite, viel mehr. Das ist einerseits schön, aber andererseits ist das für mich auch wirklich anstrengend. Ich kann mich schlecht konzentrieren und meine Kinder verstehen ja noch nicht, dass ich manchmal nicht für sie da sein kann, weil ich arbeiten muss. Außerdem würden mir, wenn ich nur zu Hause arbeiten würde, meine Kolleginnen und Kollegen fehlen. Eigentlich gehe ich ganz gern ins Büro.

Nummer 20
Home-Office? Sie meinen, von zu Hause aus arbeiten? Das kann ich nicht, ich bin Handwerker. Da brauche ich meine Werkstatt, meine Werkzeuge und das ganze Material. Zu Hause zu arbeiten ist für mich nicht möglich. Aber ich weiß auch nicht, ob ich das gut finden würde. Am liebsten bin ich bei der Arbeit unterwegs. Wenn wir bei den Kunden sind und Fenster oder Türen einbauen, das macht mir am meisten Spaß. Da ist man in Kontakt mit anderen Leuten.

Ende von Hören Teil 4

Track 109

Zertifikat B1, Modul Hören
Hören, Teil 1
Sie hören nun fünf kurze Texte. Sie hören jeden Text **zweimal**. Zu jedem Text lösen Sie zwei Aufgaben.
Wählen Sie bei jeder Aufgabe die richtige Lösung.
Lesen Sie zuerst das Beispiel. Dazu haben Sie 10 Sekunden Zeit.

Sie hören eine Durchsage in einem Kaufhaus.
Achtung, eine Durchsage an die Eltern der kleinen Sandra. Sandra sucht ihre Familie. Sie wartet an der Kundeninformation im dritten Stock. Kommen Sie bitte in den dritten Stock, von der Rolltreppe aus immer geradeaus, dann sehen Sie hinten links das Schild der Information. Hier finden Sie eine Mitarbeiterin von uns, die sich gerade um Sandra kümmert.

Sie hören jetzt den Text noch einmal.
[…]

Lesen Sie nun die Aufgaben 1 und 2. Dazu haben Sie 10 Sekunden Zeit.

Sie hören eine Durchsage am Bahnhof.
Information zum ICE 2016 nach Dresden. Dieser Zug hält heute nicht in Lichtenfels. Ich wiederhole: Der ICE 2016 nach Dresden hält heute nicht in Lichtenfels. Reisende nach Lichtenfels nehmen bitte den RE 116 Richtung Leipzig, Abfahrt 12:45 Uhr von Gleis 3. Wir bitten Sie, die kurzfristige Änderung zu entschuldigen, und danken Ihnen für Ihr Verständnis.

Sie hören jetzt den Text noch einmal.
[…]

Lesen Sie nun die Aufgaben 3 und 4. Dazu haben Sie zehn Sekunden Zeit.

Sie hören eine Durchsage im Radio.
Hier sind noch ein paar kurze Verkehrsmeldungen. An alle Autofahrerinnen und Autofahrer, die auf der A1 unterwegs sind: Bitte fahren Sie im Bereich zwischen Osnabrück und Münster vorsichtig, hier befinden sich Radfahrer auf der Fahrbahn. Und noch eine Meldung von der A1: Kurz vor Münster hat sich ein Unfall ereignet, bitte fahren Sie auch dort besonders vorsichtig. Die Abfahrt Münster Nord ist gesperrt, bitte fahren Sie hier nach Möglichkeit früher ab. Und jetzt geht es weiter mit Musik.

Sie hören jetzt den Text noch einmal.
[…]

Lesen Sie nun die Aufgaben 5 und 6. Dazu haben Sie 10 Sekunden Zeit.

Sie hören den Wetterbericht.
Und jetzt das Wetter: Es bleibt auch in den nächsten Tagen heiß und trocken, im Norden mit 25°, im Süden mit 31°, dazu ein leichter, warmer Wind von Süden. In der Nacht liegen die Temperaturen im Norden bei 21°, im Süden bei 25°. Regen wird es auch in den nächsten Tagen nicht geben, aber ein bisschen Hoffnung gibt es hier über dem Atlantik. Da bildet sich langsam ein Tiefdruckgebiet, und wenn wir Glück haben, bringt uns die nächste Woche vielleicht etwas Abkühlung.

Sie hören jetzt den Text noch einmal.
[…]

Lesen Sie nun die Aufgaben 7 und 8. Dazu haben Sie 10 Sekunden Zeit.

Sie hören eine Nachricht auf einem Anrufbeantworter.
Hallo Nurcan, hier ist Natalia. Wir wollten ja heute mit den Kindern ins Museum, aber das geht leider nicht. Daniel ist gestern Abend krank geworden. Ich hatte gehofft, dass es heute früh wieder besser wird, aber jetzt hat er auch noch Fieber bekommen. Vielleicht muss ich nachher mit ihm zum Arzt. Grüß Melanie von mir, und wenn ihr auch ohne uns ins Museum fahrt, wünsche ich euch ganz viel Spaß. Sonst können wir vielleicht nächste Woche zusammen hingehen, wenn Daniel wieder gesund ist. Tschüs!

Sie hören jetzt den Text noch einmal.
[…]

Lesen Sie nun die Aufgaben 9 und 10. Dazu haben Sie 10 Sekunden Zeit.

Sie hören eine Nachricht auf einem Anrufbeantworter.
Guten Tag, Herr Mohamadi. Hier ist Elisa Schröder vom Nordklinikum Fürth. Sie haben morgen eigentlich einen Termin bei uns, aber den müssen wir leider verschieben. Wir haben heute so viele Notfälle reinbekommen, dass wir kurzfristig umplanen mussten. Deshalb kann Ihr Termin morgen leider nicht stattfinden. Wir würden Sie bitten, uns anzurufen, damit wir einen neuen Termin vereinbaren können. Danke und auf Wiederhören.

Sie hören jetzt den Text noch einmal.
[…]

Ende von Hören, Teil 1

Track 110

Hören, Teil 2
Sie hören nun einen Text. Sie hören den Text **einmal**. Dazu lösen Sie fünf Aufgaben.
Wählen Sie bei jeder Aufgabe die richtige Lösung a, b oder c.
Lesen Sie jetzt die Aufgaben 11 bis 15. Dazu haben Sie 60 Sekunden Zeit.

Sie nehmen an einer Führung durch die historische Innenstadt von Rothenburg ob der Tauber in Bayern teil.

Herzlich Willkommen zu unserer Stadtführung durch Rothenburg ob der Tauber. Mein Name ist Greta Hauser. Ich komme selbst aus Rothenburg und habe Kunstgeschichte studiert. Heute möchte ich Ihnen unsere Stadt zeigen. Rothenburg ist weltberühmt für seine alten, historischen Gebäude. Viele stammen aus dem 15. und 16. Jahrhundert, einige sogar aus dem 13. Jahrhundert. Die ganze Stadt ist von einer Mauer umgeben. Die ältesten Teile dieser Mauer sind über 800 Jahre alt. Und das Besondere ist: Über diese Holztreppe dort kann man auf die Mauer hinaufsteigen und um die halbe Stadt herumgehen. Der Blick von dort oben auf die alten Gebäude ist einfach wunderbar.

Apropos wunderbarer Blick. Von hier, wo wir stehen, haben wir eine sehr schöne Aussicht über die Landschaft vor der Stadt. Direkt unter uns sehen Sie den Fluss, die Tauber. Daher kommt auch der Name Rothenburg ob der Tauber. Das Taubertal zieht sich hier in nordsüdlicher Richtung an der Stadt vorbei. Es ist ein sehr beliebtes Tal für Wanderer und Radfahrer, wirklich wunderschön, grün und naturnah.

Um die Stadt herum werden Sie keine Industrie und kaum moderne Gebäude sehen. Aber ‚wovon lebt Rothenburg dann?', werden Sie sich fragen. Die Antwort ist einfach: Von Ihnen, von den Touristen. Im Jahr kommen etwa 2 Millionen Besucherinnen und Besucher aus aller Welt nach Rothenburg - aus China und Japan, Brasilien und den USA. Das ist natürlich eine ganze Menge für so eine kleine Stadt, die gerade einmal 11.000 Einwohner hat.

Schon um 1900 war Rothenburg ein beliebtes Reiseziel und berühmt für seine Schönheit. Im Zweiten Weltkrieg hat es dann einen amerikanischen Flugzeugangriff auf die Stadt gegeben. Die Bomben haben etwa 45% der alten Häuser beschädigt oder zerstört. Die schlimmsten Schäden gab es allerdings im Osten der Stadt, wo etwas neuere Gebäude stehen. Im Zentrum war es nicht so schlimm. Ein zweiter Angriff war auch geplant, aber den hat ein hoher amerikanischer Politiker verhindert, weil er nicht wollte, dass die schöne Stadt ganz zerstört wird.

45%, werden Sie sagen, aber das habe ich ja gar nicht gesehen! Nun, die Stadt hat weder Kosten noch Mühen gescheut und viel Arbeit in einen originalgetreuen Wiederaufbau gesteckt. Die kaputten Gebäude wurden alle wieder genauso aufgebaut, wie sie vor dem Krieg ausgesehen haben. Gleichzeitig hat man darauf geachtet, dass sie auch im 20. Jahrhundert noch den Bedürfnissen der Menschen entsprechen. Und wie Sie sehen, sind die Häuser auch bewohnt. Wir legen viel Wert darauf, dass Rothenburg kein Museum ist, sondern eine lebendige Stadt, in der die Menschen wie überall sonst auch wohnen und arbeiten. So, und jetzt gehen wir mal dort hinüber in Richtung Treppe und steigen auf die Stadtmauer hinauf. Kommen Sie bitte mit.

Ende von Hören, Teil 2

Track 111

Hören, Teil 3
Sie hören nun ein Gespräch. Sie hören das Gespräch **einmal**. Dazu lösen Sie sieben Aufgaben.
Wählen Sie: Sind die Aussagen richtig oder falsch?
Lesen Sie jetzt die Aufgaben 16 bis 22. Dazu haben Sie 60 Sekunden Zeit.

Sie sitzen im Zug und hören, wie sich auf den Sitzen hinter Ihnen ein Mann und eine Frau unterhalten.

○ Ist hier noch frei?
● Ja, natürlich, setzen Sie sich. Fahren Sie auch zur Kieler Woche?
○ Nein, ich fahre nach Neumünster zu meiner Schwester. Was ist denn die Kieler Woche?
● Die kennen Sie nicht? Da haben Sie aber was verpasst! Die Kieler Woche würde ich jedem empfehlen, der gerne am Meer ist. Das ist eine riesige Segelveranstaltung, die jedes Jahr in Kiel stattfindet. Da kommen Schiffe und Boote aus aller Welt.
○ Naja, vom Segeln verstehe ich nicht so viel.
● Das macht nichts. Sie müssen sich ja nicht unbedingt die Rennen ansehen. Es gibt auch noch viele andere Veranstaltungen und Angebote. Man kann zum Beispiel alte Segelschiffe besichtigen oder Fischbrötchen essen. Viele Leute sind gar nicht wegen der Schiffe da, sondern nur wegen der Party.
○ Es gibt eine Party?
● Naja, eigentlich ist es eher ein Volksfest. Die ganze Stadt ist zur Kieler Woche voll. Alle Hotels sind ausgebucht, schon Monate im Voraus. Es soll Kieler geben, die in der Woche zu Freunden oder Verwandten ziehen und ihre Wohnung für die Festtage vermieten. Das soll ziemlich viel Geld bringen, weil die Übernachtungspreise zu der Zeit so hoch sind.
○ Von Neumünster nach Kiel ist es ja nicht so weit. Vielleicht fahre ich mit meiner Schwester mal hin.
● Ja, das ist eine gute Idee. Am schönsten ist die letzte Nacht, da gibt es am Ende ein großes Feuerwerk. Sie haben eine Schwester in Neumünster und kennen die Kieler Woche nicht? Das kann ich immer noch nicht glauben.
○ Sie wohnt noch nicht lange da. Eigentlich kommen wir aus dem Saarland, ganz im Südwesten. Nach ihrer Ausbildung wollte meine Schwester mal etwas anderes sehen und hat sich in den Norden beworben. Und jetzt wohnt sie seit etwa drei Monaten da oben. Ich besuche sie gerade zum ersten Mal.
● Und was erzählt Ihre Schwester so? Gefällt es ihr dort?
○ Ja, es gefällt ihr sehr gut. Sie wohnt ein bisschen außerhalb in einem kleinen Dorf. Da ist es sehr ruhig und sie hat einen ziemlich großen Garten. Sie meint, sie will Tomaten pflanzen.
● Tomaten in Schleswig-Holstein? Hoffentlich hat sie Glück damit. Das Wetter ist hier nicht so wie im Saarland, denke ich. Es regnet sehr oft und kühler ist es auch.
○ Das sagt meine Schwester auch. Sie meint, sie kann selten im T-Shirt draußen sitzen. Entweder ist es kalt oder es regnet, oder beides zusammen. Und das im Juni!
● Richtig schön ist das Wetter meistens im Juli und August. Aber der Sommer ist kurz, das muss man schon sagen. Dafür sind die Nächte im Sommer so richtig lang.
○ Ja, meine Schwester sagt, sie kann um 11 Uhr abends noch draußen lesen. Das kennen wir aus dem Saarland nicht. Es ist wirklich viel länger hell als bei uns.
● Aber wissen Sie auch, was das umgekehrt für den Winter bedeutet? Da ist es dafür viel länger dunkel. Im Dezember geht die Sonne erst um 10 Uhr auf, dann wird es ein bisschen hellgrau, und um vier muss man schon wieder das Licht anmachen. Aber keine Sorge: Dafür freut man sich umso mehr, wenn der Frühling kommt.

Ende von Hören, Teil 3

Track 112

Hören, Teil 4
Sie hören nun eine Diskussion. Sie hören die Diskussion **zweimal**. Dazu lösen Sie acht Aufgaben.

Ordnen Sie die Aussagen zu: Wer sagt was?
Lesen Sie jetzt die Aussagen 23 bis 30. Dazu haben Sie 60 Sekunden Zeit.

Der Moderator der Radiosendung „Meinungen" diskutiert mit seinen Gästen über die Frage: „Können wir mit gutem Gewissen Fleisch essen?" Die Gäste sind Kenan Hansen, seit 20 Jahren Vegetarier, und Maria Huber, Köchin in einem traditionellen Wirtshaus.

\# Herzlich Willkommen, liebe Hörerinnen und Hörer, zu unserer Diskussionssendung „Meinungen". Unser Thema heute lautet: „Können wir mit gutem Gewissen Fleisch essen?" Dazu haben wir zwei Gäste eingeladen. Kenan Hansen isst seit über zwanzig Jahren kein Fleisch und engagiert sich in einem Verein für Tierrechte. Maria Huber ist Köchin, kocht vor allem traditionelle deutsche Gerichte und bereitet täglich viel Fleisch zu. Herr Hansen, was hat Fleischkonsum für Sie mit dem Gewissen zu tun?

● Es gibt viele Gründe, die dagegen sprechen, Fleisch zu essen. Für mich ist der wichtigste Grund das Wohl der Tiere. In unserer Gesellschaft werden Tiere als Waren gesehen, als Produkte. Und genauso werden sie auch behandelt. Ich finde es wichtig, Tiere als lebende Wesen zu sehen, die ein Recht auf gute Lebensbedingungen haben.

\# Wir alle kennen aus den Nachrichten Bilder von Schweinen, Kühen und Hühnern, die dicht an dicht in engen Ställen stehen und sich nicht einmal umdrehen können. Wie sieht es hier mit den Lebensbedingungen aus, Frau Huber?

○ Ich denke, das kommt auf den Betrieb an. Die Bilder, von denen Sie sprechen, kenne ich natürlich auch. Das sind die schlimmen Seiten der Fleischwirtschaft. Aber die haben sich nur so entwickelt, weil es keine vernünftigen Gesetze für den Schutz der Tiere gibt. Solche Bedingungen könnte man doch durch Gesetze verbieten.

\# Was sagen Sie dazu, Herr Hansen?

● Theoretisch stimmt das natürlich. Aber leider sieht die Realität doch ganz anders aus. In einem Stall mit 40.000 Hühnern können Sie sich vorstellen, wie es den Tieren geht: Es ist eng, es ist schmutzig, sie verhalten sich seltsam. Hühner sind eigentlich sehr soziale Tiere. Normalerweise leben sie in kleinen Gruppen von 10 Tieren. In großen Ställen zeigen sie aber kaum noch normales Sozialverhalten. Wenn sie sterben, sind sie etwa 30 Tage alt. Das sind noch Küken, Kinder! Die Probleme sind allen bekannt, aber die Politik unternimmt nichts dagegen.

\# Das heißt, für Sie liegt die Verantwortung beim Verbraucher?

● Eigentlich ist natürlich die Politik zuständig, aber da passiert ja nichts. Da kann ich als Verbraucher nicht einfach sagen: Dann ist das wohl so. Schließlich entscheide ich selbst, was ich kaufe und esse.

\# Was wäre denn, wenn es nur noch Biofleisch geben würde? Hier sind die Bedingungen für die Tiere ja deutlich besser. Frau Huber, wären Sie dafür, dass man die Gesetze so verändert, dass alle Bauern in Bioqualität produzieren müssten?

○ Dann wäre das Fleisch gleich deutlich teurer. Und heutzutage essen viele Leute jeden Tag Fleisch. Das fängt bei der Wurst auf dem Frühstücksbrot an, mittags gibt es vielleicht ein Schnitzel, und abends ein Schinkenbrot. Oder man grillt zusammen. Das könnten sich dann viele Leute nicht mehr leisten. Fleischkonsum wäre dann etwas für die Reichen. Ich weiß nicht, ob wir eine Gesellschaft wollen, in einige Menschen Fleisch essen können und andere nicht.

● Aber Sie können doch die Tiere nicht dafür leiden lassen, dass unsere Gesellschaft ungleich ist! In anderen Dingen haben wir kein Problem mit dem Unterschied zwischen Arm und Reich: Einige können sich ein Auto leisten, andere nicht. Einige wohnen in einer kleinen Wohnung, andere besitzen ein großes Haus. So ist unsere Gesellschaft. Ich wäre sehr dafür, das zu ändern, aber billiges Fleisch ist da doch keine Lösung!

\# Das wäre sicher ein Thema, über das man noch lange diskutieren könnte. Doch ein anderer Aspekt ist beim Fleischkonsum ja auch interessant: die Gesundheit. Immer wieder stellt sich die Frage: Was ist eigentlich gesund und was nicht? Frau Huber, wie sehen Sie den Zusammenhang zwischen Fleischkonsum und Gesundheit?

○ Also, ich esse regelmäßig Fleisch und bin gesund. Aber natürlich ist zu viel nicht gut. Und die Qualität des Fleisches ist natürlich auch wichtig: Je besser die Qualität, desto gesünder. Wenn ich Biofleisch esse, dann kann ich sicher sein, dass die Tiere keine Antibiotika und keine anderen Medikamente bekommen haben. In der konventionellen Fleischproduktion ist das ja schon ein Thema, gerade mit den Antibiotika. Also gutes Fleisch in vernünftigen Maßen, dagegen ist gesundheitlich nichts zu sagen.

\# Was sagen Sie dazu, Herr Hansen?

● Da hat Frau Huber Recht. Ich verzichte zwar nicht aus gesundheitlichen Gründen auf Fleisch, aber es ist auch gesund, sich vegetarisch zu ernähren. Ich selbst habe zum Beispiel sehr gute Cholesterinwerte. Und mit dem Cholesterin haben ja viele Menschen Probleme. Als mein Arzt meine Werte gesehen hat, hat er sofort gefragt, ob ich Vegetarier bin. Ich denke, dass eine fleischlose Ernährung nur Vor- und keine Nachteile hat.

\# Noch eine letzte Frage: Ein Braten, ein Schnitzel oder ein Hähnchen – Fleisch zu essen hat ja für viele Menschen auch mit Genuss und Kultur zu tun. Was sagen Sie dazu, Herr Hansen?

● Ich meine, man kann viele Nahrungsmittel genießen, ohne dafür ein Tier zu töten. Es gibt viele traditionelle Rezepte, die man auch ohne Fleisch kochen kann. Das gilt für die deutsche Küche genauso wie für internationale Gerichte. In anderen Kulturen ist es ja gar nicht so wie in Europa, dass alle jeden Tag Fleisch essen. Aber leckeres Essen gibt es überall auf der Welt.

\# Frau Huber, stimmen Sie zu?

○ Also, wenn ich in meinem Wirtshaus keinen Braten mehr auf den Tisch stelle und den Leuten sage, ab heute gibt es nur noch Tofu, dann kann ich zumachen. Oder wenn ich nur noch vegetarische Currys anbiete und keine Schnitzel mehr brate, dann kommt niemand mehr. Ich denke, die Kultur spielt eine wichtige Rolle. Kultur hat ja ganz viel mit Gewohnheit zu tun, und was man gewohnt ist, das mag man, das macht man, und das kann man auch nicht von heute auf morgen ändern.

\# Dann können wir uns zumindest darauf einigen, dass die Frage, ob man Fleisch isst oder nicht, sehr stark von der eigenen Einstellung abhängig ist. Da spielt einmal die Gewohnheit eine Rolle, wie Frau Huber sagt, aber die persönlichen Werte und die eigene Verantwortung sind auch wichtig, wie Herr Hansen betont. Damit ist unsere Zeit auch schon zu Ende. Ich bedanke mich ganz herzlich bei Ihnen beiden und wünsche Ihnen, liebe Hörerinnen und Hörer, noch einen schönen Abend.

Sie hören jetzt die Diskussion noch einmal.
[...]

Ende von Hören, Teil 4
Sie haben nun 5 Minuten Zeit, Ihre Ergebnisse auf den Antwortbogen zu übertragen.

Ende des Moduls Hören

Track 116

Ich möchte über das Thema „Fit durch Joggen?" sprechen. Zuerst spreche ich über meine persönlichen Erfahrungen. Danach berichte ich über die Situation in meinem Heimatland. Zum Schluss sage ich noch etwas über die Vor- und Nachteile des Joggens.

Ich jogge nicht, obwohl ich weiß, dass das sehr gut für die Fitness ist. Ich wohne mitten in der Stadt und laufe nicht gerne auf der Straße. Ich habe es einmal ausprobiert, aber das hat mir keinen Spaß gemacht. In einem Park oder im Wald würde ich es eher machen. Aber dazu müsste ich erst mit dem Bus fahren. Ich gehe ins Fitnessstudio und schwimme regelmäßig.

Ich komme aus einer kleinen Stadt. Dort gibt es zwar sehr viel Natur, aber fast niemand joggt. In unserer Hauptstadt gibt es allerdings viele Jogger. Wir haben einen großen Park und die Stadt liegt am Meer. Sehr viele joggen am Strand. Das stelle ich mir schön vor. Ich glaube aber, in meinem Heimatland schwimmen die meisten, um fit zu bleiben. Der Vorteil des Joggens ist, dass man günstig etwas für die Fitness tun kann. Man muss ja nicht die teuersten Laufschuhe kaufen. Außerdem kann man dabei auch gut entspannen. Die Nachteile können sein, dass es schlecht für die Gelenke ist, wenn man es übertreibt. Und es kann auch gefährlich sein: Ich würde nicht abends allein im Park joggen. Und tagsüber muss man immer auf die Hunde aufpassen.

Zusammenfassend möchte ich sagen, dass Joggen sicher sehr gut ist, aber ich schwimme lieber.

Vielen Dank für Ihre Aufmerksamkeit.